중국 노동자의
기억의 정치
문화대혁명 시기의 기억을 중심으로

아연 중국연구총서 14
중국 노동자의 기억의 정치 문화대혁명 시기의 기억을 중심으로

2007년 9월 17일 제1판 1쇄 발행

지은이　백승욱 편
펴낸이　정민용
펴낸곳　폴리테이아
출판등록　2002년 2월 19일 제 300-2004-63호
주　소　서울시 종로구 홍파동 42-1 신한빌딩 2층
　　　　전화 02-722-9960(영업), 02-739-9929(편집), 팩스 02-733-9910
표지디자인　송재희
표지사진　김승희

ISBN 978-89-92792-11-0 94300
　　　978-89-955215-7-1 (세트)

* 책값은 뒤표지에 표시되어 있습니다.
* 잘못된 책은 바꿔드립니다.

이 도서의 국립중앙도서관 출판시도서목록(CIP)은 e-CIP 홈페이지(http://www.nl.go.kr/cip.php)에서 이용하실 수 있습니다(CIP제어번호: CIP2007002736).

중국 노동자의
기억의 정치

문화대혁명 시기의 기억을 중심으로

백승욱 편

폴리테이아

차 례

서문 | 7

서론   기억으로 살아나는 현재 속의 과거, 문화대혁명
    1. 개혁개방 시대 중국의 노동자 | 13
    2. 기억과 해석의 문제 | 17
    3. 구술자료를 통해 밝혀내야 할 쟁점들 | 20
    4. 조사에 대한 소개 | 30
    5. 이 책의 구성 | 31

제1장   문화대혁명 연구의 동향과 쟁점
    1. 서론 | 34
    2. 문혁 연구 개관 | 37
    3. 문혁 연구의 주요 쟁점 | 45
    4. 결론 | 76

제2장   노동자의 문화대혁명 참여와 노동관리
    1. 서론 | 78
    2. 본론 | 81
    3. 결론 | 118

제3장   문화대혁명과 노동자의 '교육혁명'
    1. 근대적 교육체계의 수립 | 127
    2. 중국식 교육모델에 관한 논의: 반공(농)반독 | 131
    3. '혁명'으로서의 교육, 그리고 마오의 교육관 | 136
    4. 교육혁명의 전개 | 140
    5. 문혁 시기 교육의 혁명적 실험들 | 143
    6. 결론: 교육혁명의 사회적 결과 | 162

제4장 지역별 사례를 통해서 본 노동자 기억 속의 문화대혁명
  1. 서론 | 166
  2. 베이징의 문혁 | 169
  3. 상하이의 문혁 | 179
  4. 충칭의 문혁 | 188
  5. 다롄의 문혁 | 195
  6. 결론을 대신하여 | 206

제5장 일상생활의 낭만화, 집단화: 신중국1세대 노동자의 기억에 관한 연구
  1. 문제제기 | 231
  2. 이론틀과 자료 소개 | 234
  3. 주체로서의 서사 | 238
  4. 집단기억: 일상생활의 낭만화와 노동자 신분의 재확인 | 253
  5. 행동에서 나타난 역사 계승 | 266
  6. 결론과 이론적 논의 | 271

부록   문화대혁명 연구자료 안내
  1. 서론 | 274
  2. 문혁 연구의 범위와 문혁 자료의 특징 | 277
  3. 문혁 연구자료 | 280
  4. 결론 | 300

참고문헌 | 303

이 책은 2004년도 한국학술진흥재단의 지원에 의해 연구되었음(KRF-2004-042-B00128)

서문

'사회주의 30년, 개혁개방 30년'이라는 표현에서 볼 수 있듯이, 시간의 길이만 놓고 보면 중국은 이제 점점 사회주의 시기보다 탈사회주의 시기의 영향을 더 많이 받는 시점에 들어선 것으로 보인다. 변화 과정이 점진적이었을지는 모르지만, 사회주의 시기의 주요한 제도적 기반들은 서서히 사라져 갔고, 새로운 시장기제들이 그 빈자리를 메워가면서 중국은 세계 세 번째 수준을 넘보는 거대한 경제 대국으로 세계경제의 중심에 편입되었다. 지나간 시대의 유산은 이제 먼 옛날의 일처럼 보인다.

그러나 중국 노동문제에 관심 있는 연구자들의 시각에서 보자면 아직도 중국에서 사회주의 시기의 영향은 적지 않다. 그것은 노동자들의 집단적 행동에서 또는 그것을 표출하는 담론에서 확인되고, 또 노동문제에 대한 정부의 정책 속에서도 줄곧 관찰되고 있다. 중국 노동자들의 세대별 역사적 경험의 차이가 있기 때문에 노동자들이 보이는 현재의 행동 방식에도 세대별 차이점이 쉽게 발견된다. 따라서 이미 상당한 시간이 흘러서 과거의 일로만 보이는 것들이 바로 어제 그제 일어난 일인 양 오늘의 기억 속에서 다시 현재시제로 살아나 현재의 행동에 영향을 끼치고 있다는 점을 무시하기 어렵다. 제도적 변화나 통계적 수치들, 또는 법적 제도의 등장 이면에 놓여 있는 이런 수많은 중국 노동자들의 역사적 경험과 그 기억 방식의 독특성에 대해서 본격적으로 대면하지 않고서는 중국노동관계가 보여주는 이해하기 어려운 특이성을 제대로 규명하기는 불가능해 보인다.

중국 사회주의 시기의 주요한 역사적 사건들을 직접 경험한 일반 노동자들의 기억을 모아 정리해보려는 작업은 이런 이유에서 시작되었다. 공식적으로 정리된 자료 속에서는 일반 노동자들 기억의 서사가 잘 드러나지 않는다는 점에서 이 작업에는 구술사 방법이 필수적이었다. 신중국이 건국될 무렵이나 그전에 태어나 주요한 역사적 사건을 겪은 중국의 노동자들은 이제 대부분 은퇴하여 사회 일선에서 물러나는 나이가 되었고, 또 이들 중 사망하는 사람들도 적지 않게 생겨 좀 더 시간이 흐르면 이들의 경험과 기억을 정리하는 작업은 점점 더 어려워질 것이었다.

물론 이 작업은 중국 자체 내에서 대대적으로 진행하는 것이 가장 손쉽고 체계적일 수 있지만, 아직 그러기에 충분한 조건이 마련되어 있다고 보이지는 않는다. 그 이유는 우리도 작업을 준비해가면서 느낀 것이지만, 이들 나이 든 노동자들 기억의 핵심에는 문화대혁명 시기에 대한 기억이 놓여있기 때문이었다.

문화대혁명은 모두에게 민감한 기억이었는데, 우리가 조사한 노동자들의 사례에서 보이듯, 그 시기에 대한 노동자들의 기억은 사람마다 매우 상이했고, 그 기억들은 중국 정부가 공식적으로 인정하는 기준과 반드시 일치하는 것은 아니었다. 그렇지만 그 시기에 대한 기억은 현재 개혁개방 시대의 공과를 판단하는 기준으로도 중요하게 작용하고 있었다. 문화대혁명이 일어난 지 40주년이던 2006년에도 중국에서 문화대혁명은 여전히 민감한 금기의 대상으로 남아 있다. 외부자로서의 이점을 살려 이 문제에 접근해야 한다는 절박성을 우리가 느낀 데에는 이런 상황적 맥락도 중요했다.

문화대혁명이라는 연구주제는 현대 중국 연구자들에게 비켜서 우회해 갈 수 없는 채무로 남아 있다. 20세기 중국의 모든 모순이 이 사건으로 집약

되어 나타났다고 할 만큼, 문화대혁명은 중국 현대사의 모순의 복판에 놓여 있고, 이를 거치지 않고는 그 후 발생한 어떤 문제도 제대로 해명하기 어려운 '높은 산'이다. 중국 노동자의 구술사 연구라는 주제에서 출발했지만, 연구가 진행되면서 그 핵심이 문화대혁명을 향해 나아가지 않을 수 없던 우리의 공동 작업은 이런 채무감을 조금이나마 덜어보려는 의향을 담고 있는 것이기도 하다.

우리가 문화대혁명이라는 민감한 주제를 포함한 연구를 시작할 수 있던 것은 상황 변화에 덕 본 바가 크다. 문화대혁명 40주년을 맞으면서, 문화대혁명을 직접 경험한 사람들 중, 정부의 공인된 해석과 배치되는 이단적 해석을 하고 있기 때문에 목소리를 드러낼 수 없던 사람들이 이제는 조금씩 제 목소리를 내기 시작하고 있다. 10여 년 전 문화대혁명 30주년 때는 이런 사람들이 소수였지만, 이제 더 나이가 들면서 늦기 전에 자신의 기록을 정리해 남겨두어야 한다는 절박감이 커졌기 때문일 것이다. 그래서 '조반파'를 중심으로 문화대혁명 시기의 또 다른 경험의 층위들을 알아보려는 우리의 연구는 이전보다 훨씬 수월해졌고, 이러한 상이한 기억들은 우리의 구술사 조사에서도 확인될 수 있다.

그런데 중국 노동자를 대상으로 한 우리의 이런 조사 계획은 중국 측에서 같은 문제의식을 지니고 조사를 추진하려는 동료가 없었다면 실행 불가능한 것이었다. 이 조사는 우리의 오랜 친구인 베이징 사회과학원 사회학연구소의 다이젠중(戴建中) 선생이 있어 가능한 것이었다. 그 자신이 라오산지에(老三屆) 세대에 속하였으며, 그가 칭화대 부속 고등중학 3학년일 때 자기 반에서 홍위병이 최초로 결성되는 것을 지켜보았고, 문화대혁명이 발발한 결과 그 자신 대학 진학이 중단되어 인민공사 3년, 공장 7년의 하방 생활을 거쳐야 했던 독특한 경험이 있는 따이 선생은 오래전부터 자신의 삶과 얽혀 있는 시대의 경험을 연구해 보려는 관심이 있었다. 우리의 공동연구 계획을 적극적으로 지지해 준 따이 선생은 이미 사영기업 노동문제를 중심으로 노동자 연구에도 풍부한 경험을 갖고 있어, 중국노동자 구술사를 위한 우리의 공동연구에 큰 도움을 주었다.

또한, 그와 함께 중국 노동문제 조사에 열성을 보이고 있으면서, 구술사 연구에 경험이 많은 베이징 대학교 사회학과의 퉁신(佟新) 교수가 함께 결합해 주었기 때문에 우리는 조사 범위를 더 확대할 수 있었다. 그리고 접촉이 어려운 대상들을 찾아내 심도 있는 조사를 수행해 준 장야오쭈(張耀祖) 선생이 있었기에 우리는 다양한 목소리들을 발굴해 낼 수 있었다.

조사 지역이 많았고, 조사 대상도 많았으며, 시행착오도 여러 번 겪어야 했기 때문에 조사가 수월하지는 않았다. 이 조사가 성공적으로 완료된 데는 이 세 선생과 함께 현지조사를 진행해 준 베이징 사회과학원 사회학연구소의 왕위(王煜) 소장, 상하이 지역의 조사를 준비해주고 사람들을 소개하는 데 도움을 준 딩샤핑(丁霞萍) 선생과 상하이의 여러 분들, 각 지역 조사에 참여하고, 또 구술녹취록 작성까지 맡아서 해준 베이징 대학 사회학과 대학원의 우저빙(吳澤兵), 왕산(王珊), 왕춘라이(王春來), 후위(胡瑜), 쉬단(徐丹), 류진위(劉金玉), 그리고 베이징 사회과학원 사회학연구소의 리웨이동(李偉東), 주칭화(朱慶華), 마단(馬丹), 주민(朱敏) 등의 도움이 중요했다.

또 조사를 준비하는 과정에서 도움을 준 이희영 박사, 수합된 녹취록을 체계적으로 정리하고 요약하는 일을 맡아 준 차홍하, 배성희 씨, 그리고 공동연구 과정의 여러 가지 궂은일을 도맡아 처리해 준 안선덕 씨에게도 감사를 전한다.

사실 이 연구는 연구에 참여한 국내 공동연구자들 모두가 이런저런 형태로 한신대학교 중국지역학과에 몸담고 있던 시절에 추진되었다. 이제 우연치 않게 여러 곳에 흩어져 있게 되었지만, 이 작업이 잘 지속되어 올 수 있던 데는 우리를 묶어준 한신중국포럼 성원들의 관심과 격려가 중요했다. 유세

종, 이일영, 김도희, 임춘성 교수님 등 여러 한신포럼 참여자들께도 감사를 전한다.

우리가 내놓은 이 책을 통해 우리의 조사 결과를 다 보여주기에는 여전히 부족함이 있다. 우리는 조사를 진행해 가면서, 우리가 모르고 있던 것이 얼마나 많은지 새삼 확인하게 되었고, 우리의 조사가 끝이 아니라 이제 겨우 시작의 수순을 밟고 있다는 것을 깨닫게 되었다. 우리가 모은 자료를 포함해 앞으로 여러 자료를 활용하여 문화대혁명 시기와 노동자들의 기억에 대한 연구를 계속 수행해 나갈 계획이다. 주요한 녹취록을 단행본 자료집으로 묶어서 발간할 계획도 가지고 있다. 한국에서의 중국연구가 한정된 틀이나 중국이 내세우는 공식적 견해를 되풀이 하는 방식을 벗어나 새로운 연구의 출로를 찾아가는 데 우리의 공동 작업이 다소 기여했으면 하는 바람이다.

작업의 결과물을 내놓는 시점에 돌이켜 생각해보면 우리는 공동 작업의 한 자락 먼 가닥 끝에서 리영희 선생에게 빚지고 있음을 깨닫게 된다. 우리가 작업을 정리해 가면서 새삼 확인한 것은, 문화대혁명이 중요한 사건임에도 국내에서는 리영희 선생 이후 이에 대한 본격적 연구를 체계적으로 한 경우를 찾아보기 어렵다는 점이었다. 물론 이홍영, 안병준 교수의 연구처럼 외국어로 발표된 한국 출신 학자들의 중요한 성과가 있었지만, 국내에 한정한다면 문화대혁명과 그에 대한 기억은 아직도 본격적 탐구가 진행되지 못한 연구영역으로 남아 있다. 절필을 선언한 리영희 선생에 대해서 중국의 현실을 잘 알지도 못하는 사람들이 투박한 이데올로기의 잣대를 들이대는 것을 보면서 우리는 우리 연구의 의미를 다시 생각해 보게 되었다. 우리는 리영희 선생의 문화대혁명에 대한 소개가 그 이후 연구자들에게 그 경험을 하나의 대안으로 인식시키는 계기였다기보다는, 문화대혁명 자체를 하나의 핵심적 모순이자 문제 자체로서 인식하도록 하는 계기를 제공해 주었고, 그것이 한국에서 비판적 중국연구를 전개해 갈 수 있는 출발점이 되었다는 것을 새삼 확인할 수 있었다. 그런 이유에서 한국에서 중국연구는 '전환시대'의 산물이었고, 지금도 여전히 그렇다는 생각이며, 우리는 이 책을 한국의 비판적 중국연구의 문을 여는 데 헌신한 리영희 선생에게 헌정하는 것이 우리가 선생에게 진 빚을 다소 갚는 길이라고 생각한다.

이 책에 수록된 논문 가운데 1장 안치영의 글은 『한국과 국제정치』 23권 2호(2007년)에, 2장 장영석의 글은 『중국학연구』 제40집(2007년)에, 3장 장윤미의 글은 『국제·지역연구』 제16권 제1호(2007년)에, 부록의 안치영의 글은 『현대중국연구』 8집 2호(2007년)에 일차 게재된 후, 이 단행본에 수록하기 위해 다시 수정작업을 거쳤음을 밝혀둔다.

이 연구는 학술진흥재단 협동연구사업의 지원을 받아 수행되었다. 마침 우리의 연구 작업에 깊은 관심을 가져 준 고려대 아세아문제연구소가 설립 50주년 기념으로 발간하는 아연중국연구총서에 이 책을 포함해 주어서, 연구성과를 발표하는 것이 훨씬 수월해졌다. 이에 대해 아세아문제연구소 소장 최장집 교수님과 아세아문제연구소에 감사드린다. 그리고 힘든 편집 작업을 잘 진행해 준 폴리테이아에도 감사를 전한다. 후속 작업을 다짐하며 독자 여러분의 아낌없는 질정을 바란다.

2007년 8월
저자들을 대표해 백승욱 씀

서 론

기억으로 살아나는 현재 속의 과거, 문화대혁명

백승욱

1. 개혁개방 시대 중국의 노동자

벌써 개혁개방의 탈사회주의 시기를 30여 년 겪으면서, 사회주의 시대에 형성된 중국 사회제도의 틀은 큰 변화를 겪고 있다. 그렇지만, 지난 30년 동안의 사회주의 역사는 지금도 여전히 작동 중이며, 개혁개방 30년을 사회주의 30년과 분리해 이해할 수는 없다. 중국 사회주의 30년의 역사는 이제 개혁개방의 시대 안에서 그 의미가 다시 해석되어야 할 대상으로 자리바꿈하고 있다.

서로 엇물린 반세기 이상의 역사적 궤적을 살펴보려면, 여러 사회적 제도에 초점을 맞추는 방식도 있겠지만, 이런 역사적 변천의 의미를 무엇보다 잘 드러내 주는 것은 사회구조 속에서 변화의 의미를 체현하며 살아온 사람들의 삶의 역사를 살펴보는 일일 것이다. 중국 사회주의의 역사가 자본주의적 사회관계를 비자본주의적인 것으로 바꾸려 한 것이고, 그에 비해 개혁개방의 시기가 그에 대한 재역전 과정이라면, 이런 과정은 사람들의 삶에도 적지 않은 영향을 끼치기 마련인데, 그중에서도 삶의 변화의 가장 극적인 대비가 나타나는 곳은 바로 노동자들의 삶일 것이다.

사회주의 시기 중국 노동자들의 경험이 늘 동일한 것은 아니었다. 노동관계 영역 또한 다른 사회 분야와 마찬가지로 사회주의 전망에 대한 대립적 시각의 영향을 받았고, 어떤 노선이 주도하는가에 따라 상이한 정책들이 등장했다. 중앙집중적인 정책이 시행되는지, 아니면 좀 더 탈집중적인 정책이 시행되는지, 또는 기술과 생산력을 우위에 두는 노선이 주도하는지, 그렇지 않고 생산관계의 변화를 더 중시하는 노선이 주도하는지에 따라 노동관계는 상이한 구도로 전개되었다.

사회주의 시기 노동관계의 변화를 우리는 '단위체제'라는 틀에서 이야기할 수 있다(백승욱 2001; Lü and Perry 1997; 劉建軍 2000). 단위체제란 중국 사회주의 시기의 자족적 체제를 일컫는 것으로, 특히 도시와 농촌을 구분하여, 주로 도시의 정규노동자를 대상으로 안정된 직장과 사회보장의 틀을 제공함으로써 사회주의체계의 틀을 유지해 간 사회관리체제를 말한다. 고용 문제 해결을 중앙정부와 지방정부가 나눠 맡음으로써 단위를 통한 종신고용체제를 수립했고, 임금제도에서는 임금 격차를 축소하고, 균분적 원리를 갖는 사회보장체제를 택함으로써 노동자의 불만을 최소화하는 것이 단위체제의 특징이었다. 역사적으로 보자면, 이런 단위체제의 성립에는 특히 문화대혁명을 거치면서 형성된, 중국 사회 고유의 사회세력 간 힘의 절충적 타협이 중요한 동학으로 작동하고 있었다. 1950년대부터 형성되던 단위체제의 구조가 1970년대 문화대혁명의 후과 속에서 훨씬 단단하게 고정되어 갔던 것이다.

개혁개방은 사회적 작동 원리 면에서 이런 단위체제를 해체하는 과정이기도 했다. 단위체제에서 단위들 사이의 혜택은 고르지 않았고, 이 때문에 사회적 불만이 커지기도 했다. 단위가 떠안는 사회적 부담 또한 시간이 가면서 점점 더 커지는 구조였는데, 단위가 사회적 부담을 떠안는다는 것은 단위가 경제적 조직보다 훨씬 복잡한 사회적 고려를 하는 사회적 조직의 역할을 맡는다는 것을 뜻하는데, 이 때문에 개혁개방의 시기가 요구하는 시장 효율성에 적합한 조직으로서의 역할을 해 나가는 데는 그만큼 '경쟁력'이 떨어지지 않을 수 없다는 비판을 받아 왔다. 따라서 개혁개방의 주도세력은 기업관리체제의 변화를 도모하면서, 기업관리자의 권한을 증대시키는 동시에, 다른 한편에서는 노동자들이 지닌 권한을 점차 축소하고, 노동자들을 시장 규율에 복속시키는 정책을 추진한다(백승욱 2003; 김재관 2004; 장영석 2002; 장윤미 2003: Lee 2002; Solinger 2003; Chen 2003).

'주인공'의 지위에서 밀려나 대체 가능한 시장의 요소로 전락한 중국 노동자들의 사회적 불만은 개혁개방기 사회 불만의 주요 구도를 형성했다. 단위체제가 무너진 자리에 새로운 노동관계의 틀을 이루는 제도는 자리를 잡지 못했고, 문제를 부분적으로나마 해결하고자 등장한 제도들은 혜택에서 배제되는 다수 노동자의 문제를 해결하지 못하는 한계를 지니고 있었다. 불만이 제기되는 배경은 여러 가지였고, 종사하고 있는 지위에 따라 상황 또한 매우 달랐다. 과거의 단위 틀로부터 어느 정도라도 보호받는 일부 노동자들이 있는 반면에, 구조조정의 대상이 되는 기업에 속해 있기 때문에 실업자 지위로 떨어진 노동자들 또한 다수 출현했다. 처음부터 노동보호의 대상에서 배제되는 사영기업·외자기업의 노동자들도 적지 않았고, 법이 정비되어도 실질적 보호를 받지 못하는 문제가 중요해졌다. 1990년대 후반부터 가속화한 국유기업의 구조조정은 나이 든 노동자들의 면직 문제를 발생시켰고, 퇴직자들에 대한 사회보장 비용의 체불이라는 문제를 낳았다. 면직 문제를 해결하기 위해 등장한 '재취업 공정'은 문제를 근본적으로 해결하지 못하고, 임시방편적 조치로 문제를 부분적으로만 해결하려 했다(장영석 2005; Won 2004; Solinger 2002; Lee 2002; Chen 2007).

실업 문제가 심각해지고 2002년에는 주요 공업도시에서 파업이 장기화하는 사태까지 벌어지자 중앙정부는 노동자의 불만을 무마시키는 것이 정책의 주요 관건이라고 보고, 실업 문제를 완화하고 구조조정 기업에서 노동자의 고용승계나 퇴직자 경제보상금 지급 등의 방식으로 사회 문제를 완화하기 위한 노력을 전개했다.

그런데 개혁개방기 이후 전개되는 노동자들의 저항이나 단체행동을 관찰해보면 중요한 특징을 하나 발견하게 되는데, 과거의 기억이 그런 행위의 중요한 자원으로 동원된다는 점이다(佟新 2006). 이런 현상은 사회주의 시기를 직접 경험한 나이 든 노동자들의 경우 분명하게 나타나며, 또한 좀 더 젊은 연령대에서도 과거로부터 전수된 역사가 새로운 행동 방식을 구성하는 담론에 활용되기도 한다.

개혁개방의 전체 방향에 대해 찬성하는 노동자들도, 연금제도의 미비나 사회보장 비용의 체불 등 직접적으로 개인에게 영향을 주는 개혁개방의 정책과 마주치면 '주인공' 지위의 하락을 한탄하며 바로 비판을 제기하는 경우가 많다. 이런 경우 이들의 주요 비판의 논거가 되는 것은 '과거의 노력과 기여'에 대한 '현재적 보상'의 부당함이다. 그리고 문제가 되는 기여는 기업 차원에 한정되는 것이 아니라, 좀 더 넓은 차원, 즉 '사회주의 신중국'에 대한 기여까지 포함되며, 따라서 현재적 보상의 책임 또한 기업 차원이 아니라 더 큰 사회적·국가적 차원의 문제로 제기된다(Blecher 2002; Cai 2002; Hurst and O'Brien 2002).

이렇게 동원되는 기억의 자원은 명시적이지는 않더라도 암묵적으로 문화대혁명에 준거하는 경향이 있다. 왜냐하면 문화대혁명 시기가 국가의 권위나 기업의 권위가 가장 크게 도전받았던 시기이고, 비록 파벌 대립이 존재했지만 노동자의 목소리가 가장 조직적으로 부각되었던 시기이기 때문이다. 현재 중국이 여전히 '사회주의' 간판을 걸고 있는 이상, 사회주의 간판과 대립하는 자본주의적 변화들에 대한 저항이 계속 분출하고, 그것이 사회주의 시기, 특히 '사회주의에서의 계속혁명'을 표명한 문화대혁명 시기의 준거를 부활시키는 것은 어찌 보면 당연하다고 할 수 있다. 사회주의와 문화대혁명 시기에 대한 준거점의 부활은 단순히 담론의 차원에서만 등장하지 않고 때로는 조직의 차원에서 나타나기도 한다. 중국 노동자의 기억으로 살아나는 현재 속의 과거의 초점 시기가 문화대혁명 시기로 모이는 것은 이런 이유 때문이다.

이렇게 우리는 기억이 현재 노동자들의 주요한 정치 자원으로 작동하고 있음을 알 수 있다. 이때 기억은 과거 그대로의 기억이 아니라, 현재의 맥락 속에서 늘 새롭게 선택되고 재구성되는 기억이다. 기억 속에서 과거는 늘 현재 속에 있으며, 현재는 늘 과거에 대한 기억의 영향 속에서 작동한다.

2. 기억과 해석의 문제

구술사 방법을 활용한 기억에 대한 연구는 세계적으로 점점 더 늘어나고 있다(이희영 2005; 윤택림 2004). 기억에 대한 관심이 늘어나는 것은 다소 역설적으로 생각될 수도 있는데, 기록 매체와 미디어의 발달, 그리고 민주주의의 진전 등에 따라 과거보다 더 많은 목소리가 공식적으로 기록으로 남겨지고, 역사로 전승될 수 있는 상황이 되었음에도, 기억과 구술에 의존할 필요가 더욱 커지는 상황이 다소 의외이기 때문이다.

그렇지만 기록의 정리가 체계화될수록, 역사적 기록으로 남는 자료들의 취사선택에는 훨씬 더 엄격한 '정치적' 선별기준이 작용한다. 표준적인 역사는 늘 이단적인 해석을 배제하며, 표준적 해석에 어긋난 논의에 대해서는 자료의 부족, 전문성의 결여, 편협한 정보에 기반을 둔 정리라는 식의 '객관성'

또는 '전문성'의 담론을 동원해 그것이 하나의 유의미한 해석으로 남는 것을 가로막는 경우가 많다. 특히 지배적 이데올로기와 저촉되는 이단적 해석에 대해서는 더욱 엄격한 태도를 보인다.

기억의 재발굴 작업은 지배적 이데올로기, 지배적 담론이 배제하고 제거한 다양한 역사 경험과 해석의 자원들을 발굴하는 작업이기도 하다. 표준적 역사 해석이 해석에서 나타나는 갈등을 배제하려 하는 데 반해, 기억의 재발굴은 갈등적 역사 해석에 담겨 있는 숨겨진 목소리를 되살리는 작업이다.

구술사 방법에 따른 기억 자료의 발굴은 서로 연계되면서도 상이한 세 가지 목적이 있다고 할 수 있다.

1) 행위자들이 의식 속에서 세계를 어떻게 구성하고 그 세계 속에서 자신의 삶을 어떻게 역사적으로 해석하고 있는지에 질문의 초점을 맞추는 접근이 있을 수 있다. 이는 현상학적 접근법을 따르는 것으로, 세계란 행위자가 의미를 부여하고 구성하는 의식의 현상 속에서 이해될 수 있다는 점을 강조하는 접근법이다. 특히 구술생애사처럼 한 개인의 생애에 초점을 맞추면서 개인의 외적 경험이 어떻게 내적 세계를 구성해 내는지를 분석하고자 할 때 이런 관심은 두드러지게 나타난다.

2) 주류 역사서술에서 배제된 대상들의 목소리 내기 방법으로서 구술사가 이용될 수 있다. 포스트콜로니얼리즘에서 많이 주장되듯이, 서발턴(subaltern) 주체들은 주류 담론 내에서, 또는 그에 대해 대립되는 체계적 구도 속에서 독자적인 목소리를 내기가 불가능하다. 언어와 담론의 서술체계가 이미 주류적 목소리 내기만을 가능하게 만들기 때문이다. 구술된 기억의 서사는 기존의 체계화된 담론의 구조를 해체함으로써, 그 빈 공간에서 서발턴 주체들의 목소리를 유용하게 담아낼 수 있다.

3) 정치적 세력관계는 특정한 역사 해석을 억압하면서, 같은 시기에 벌어진 역사적 사건들에 관한 병존하는 상반된 해석들 가운데 특정세력의 입

장만을 인정하고, 나머지를 허용하지 않는 경우가 있다. 이때 개인의 경험에 바탕을 둔 구술사 서술 작업은 갈등하는 해석 중에서 하위 영역에 묻혀 있는 목소리를 발굴해 기존의 해석과 대립시키는 자원을 만들어 낼 수 있다.

중국에서 구술사 방법의 중요성은 특히 세 번째 측면과 관련된다. 개혁개방기에 중국은 제도적 틀을 변환하는 작업을 진행하는 동시에, 현재의 정책 변화에 정당성을 부여하기 위해 과거 사회주의 시기의 역사를 특정한 방식으로 정리하는 작업을 진행해 왔다. 1981년 〈건국 이래 당의 약간의 역사 문제에 관한 결의〉가 그 대표적 작업이라 할 수 있고, 그 이후의 역사 해석 또한 이런 관방 해석에서 크게 벗어날 수 없었다. 다른 부분에 대한 논의들은 조금씩 허용되더라도, 1957년 반우파 투쟁이나 1966년 이후 문화대혁명에 대한 해석, 1989년 톈안먼 사태 등 민감한 주제들에 대해서는 관방의 해석과 상이한 해석이 등장할 수 있는 공간이 허용되지 않았다.

이 가운데 우리가 다루려는 주제인 노동자들의 기억과 관련해 중요한 시기는 특히 문화대혁명 시기이다. 문화대혁명은 관리자 중심의 기업 내 권력관계를 노동자의 발언권이 확대되는 방향으로 바꾸어 놓았다. 또 기업 내에서 파벌이 나뉘고 상이한 파벌에 속한 노동자들 사이에서 일어난 대립의 결과는 이후에도 지속적으로 기업 내의 사회적 관계에 영향을 끼쳤다. 당과 군에 대항한 조반파의 투쟁은 복잡한 갈등 구도를 만들었으며, 피해자와 가해자의 구분을 모호하게 섞어놓았다. 문화대혁명의 기억은 또한 이후 노동자 권익의 침해가 발생했을 때 그에 대처하는 저항 담론으로 활용되기도 했다(백승욱 2007).

이처럼 문화대혁명은 현실의 노동자들의 삶에 적지 않은 족적을 남겼고, 그에 대한 해석의 방식 또한 다양하게 분기한다(마이스너 2005). 정부의 표준적 담론이 그것을 아무리 하나의 방식으로 통일하려 해도, 그와 배치되고 대립하는 기억들을 완전히 억압할 수는 없으며, 이런 기억들은 늘 새로운 방식의 이단적 해석들로 분출되어 나온다(딜릭 2005). 때로는 구체적 사실이 잘 드러나 있지 않은 중요한 사건들에 대한 회고를 통해서, 때로는 중요한 충돌이 발생할 때 대립적인 시각을 담은 구술과 기억을 보여줌으로써, 기억의 재현은 역사에 대한 새로운 논란거리를 제공하고 있다(劉國凱 2006c; 徐友漁 1999; 宋永毅 主編 2007; 陳益南 2006).

최근 중국에서는 혁명 1·2세대가 사망하는 나이가 되면서 다양한 회고록의 출판이 늘어나고 있다. 또한 각종 르포르타주나 개인 회고록의 출판 또한 늘어나면서, 표준적인 해석과 대립되는 단편들이 나타나고 있는 것도 사실이다. 회고록은 많은 경우, 자신의 행동을 합리화하거나 역사 사실을 왜곡하는 문제를 낳기도 하지만, 반면 다양한 형태의 일반 민중의 구술이나 회고는 드러나지 않던 사실에 관해 새로운 자료를 제공해 주기도 한다.

더욱이 문화대혁명을 경험한 고참 노동자들의 기억이 더 흐려지거나 그들이 죽기 전에 기록된 자료를 남겨야 한다는 단순한 이유에서도 구술 기억의 정리는 중요한 의미를 지닌다. 문화대혁명 시기 중국 노동자의 경험은 기록된 자료의 형태로 남아 있는 것이 거의 없기 때문에, 이 작업은 시기를 놓치면 안 될 다소 절박성을 지니고 있다.

3. 구술자료를 통해 밝혀내야 할 쟁점들

중국 사회주의 시기에 대해 체계적 연구를 진행하려면 아직도 많은 시간이 필요하다. 특히 서로 피해와 갈등으로 얽혀 있는 시기에 대한 언급은 매우 조심스럽고 민감한 주제이다. 구술사 작업은 이런 민감한 주제의 일부에 대해, 표준적 역사 해석에서는 발견하기 힘든 이야기의 실마리를 제시해 준다.

중국 사회주의 시기, 특히 문화대혁명 시기에 관한 구술사 작업이나 이와 관련된 새로운 자료의 발굴을 통해 과거 역사를 새로운 시각에서 바라볼 필요가 있는 몇 가지 계기를 살펴보기로 하자.

1) 1950년대의 낭만적 회고

1950년대 후반은 대약진의 실패에 따라 사회적 고통이 컸던 시기이다. 그러나 구술조사의 결과는 의외의 내용을 보여주는데, 1950년대가 힘들기는 했어도, 상당히 낭만적으로 채색되어 기억되고 있음을 발견할 수 있다. 나이 많은 노동자에게 언제가 제일 좋았던 때냐고 물어보면, 많은 경우 1950년대라고 대답하는 것을 볼 수 있다.

이런 대답이 나오는 중요한 이유는 1950년대가 노동자들에 대한 사회적 대우가 좋았고 기술을 보유한 노동자로서의 자긍심이 컸던 시기인 동시에, 당시 신중국 초기에 헌신성이 두드러졌던 시기이기 때문이라고 할 수 있다. 농촌과 도시의 여건이 달랐다는 점도 지적할 수 있을 것이다. 이 시기는 유토피아적으로 기억되며, 오늘날 노동자의 '주인공 지위' 하락과 대조를 이룬다.

그런데 1950년대가 단순히 낭만적 유토피아의 시기로만 남아 있는 것은 아니다. 1960년대 문화대혁명 개시기의 사회적 갈등을 살펴보면, 그 기원에 1957년 반우파투쟁의 흔적이 남아 있음을 발견할 수 있다. 반우파를 비판하고 색출하는 방식의 정풍운동은 1957년 이후에도 반복되었고, 그것은 문화대혁명의 갈등을 증폭시킨 '원한'의 밑바탕에 놓여 있었다. 문화대혁명 초기의 정풍운동 또한 이런 반우파운동의 반복으로 해석되면서 묵은 구원(舊怨)은 더 깊어졌는데, 이후 반전된 상황에서 구원은 새로운 대립선을 계속 만들어 냈다.

2) 문화대혁명의 개시[1]

지방과 공장에서 문화대혁명의 기억에 대한 조사를 수행하다 보면, 수도 베이징과 상하이 이외의 타 지역(특히 공장)에서 문화대혁명의 개시 상황은 다소 달랐다는 점을 발견할 수 있다.

공장에서 일어난 문화혁명의 전개과정을 이해하기 위해서는 사회주의 교육운동, 특히 '4청운동'(四淸運動)과 문화대혁명의 연결고리를 중요하게 살펴볼 필요가 있다. 〈문혁 16조〉도 4청운동과 문화대혁명을 연결시킨 바 있는데, 노동자들의 기억 속에서도 4청운동과 문화대혁명은 시기를 구분하기 어렵게 섞여 있었고, 4청운동이 '자연스럽게' 문화대혁명으로 이어졌다는 이야기를 많이 들을 수 있다.

그렇지만 이 4청운동에서 문화대혁명으로 이어지는 과정은 자연스러운 것은 아니었고, 문화대혁명 초기 대립의 격화도 이 과정에서 발생하게 되는데, 왜냐하면 반우파운동의 연장선으로 이해된 4청운동과 문화대혁명의 방식이 같으냐 다르냐의 해석을 놓고서 문화대혁명 초기에 대립이 형성되고 피해자들이 발생했기 때문이다. 주로 당조직이나 4청공작조에게 우파 분자로 지목된 사람들 가운데 상당수는 과거 반우파운동 시기에 문제가 있던 사람이거나, 당을 비판하다 눈 밖에 난 사람, 출신 성분이 안 좋은 사람 등, 여러 가지 이유로 지목되어 비판받고 박해받은 사람들인데, 이들 중 다수가 이후

---

[1] 중국 정부의 공식적 해석과 다른 시각에서 문화대혁명의 전개과정을 서술한 것으로는 백승욱(2007) 참조. 중국의 공식적 입장은 王年一(2004); 진춘밍 외(2000) 참조. 큰 틀에서 공식적 해석에 따라 연대기적 정리를 하고 있는 것으로 MacFarquhar and Schoenhals(2006)도 참조. 조반파의 경험에 대한 정리로는 Lee(1978); 劉國凱(2006c); 徐友漁(1999); 宋永毅 主編(2007); 陳益南(2006) 참조. 공식적 해석과 상반된 관점에서 문화대혁명의 함의를 찾아보려는 시도로는 마이스너(2005); Bettelheim(1974); Andors(1977); 발리바르(1991); Badiou(2005) 참조. 연구사와 자료에 대한 좀 더 자세한 검토는 이 책의 제1장과 부록 참조.

문화대혁명 과정에서 조반파가 된다. 문화대혁명 초기에 4청운동의 피해자 중 일부는 『인민일보』 사설이나 〈문혁 16조〉를 접하고 나서, 문화대혁명의 방식이 4청운동과 다르다는 것을 발견하고 당조직의 사업방식을 비판하고 나서는데, 그 때문에 오히려 집중공격을 받은 경험도 있다.

문화대혁명 시기에 누가 왜 조반파가 되었는지를 알기 위해서는 이 4청운동에서 문화대혁명으로 이어지는 시기에 대한 분석이 중요해진다.

공장 문화대혁명의 전개에서 중요한 또 하나의 주제는 홍위병의 대교류(大串連)가 공장 문화대혁명에 끼친 영향이다. 1966년 여름부터 전국적으로 전개된 홍위병 대교류는 지방 홍위병의 상경뿐 아니라, 수도 홍위병의 지방 교류도 촉진했다. 특히 베이징에서 주요 대학의 조반파 홍위병들은 각 주요 도시에 연락사무소를 설치하여 현지의 문화대혁명에 깊숙이 개입했다. 1966년 가을 당중앙은 홍위병들이 공장의 경험 교류를 위해 방문하는 것을 규제했지만, 사회에서 이루어진 홍위병과 조반파의 교류를 막지는 못했다. 각 지역 노동자들 사이에서 보수파와 조반파의 대립이 형성되는 과정에서 수도 홍위병은 이런 대립구도가 형성되는 데도 연루되었고, 때로는 조반파의 상경투쟁을 지원하는 등 주요한 역할을 했다.

3) 문화대혁명의 확대

문화대혁명은 1966년 10~12월 사이에 급진화 과정을 겪는다. 이는 문화대혁명 초기에 예상하지 못한 변수들이 개입되었기 때문이며, 위로부터 당의 정풍운동 형태로 시작한 초기의 문화대혁명이 대중운동으로 전환한 것은 바로 이 시기였다. 세 가지 정도의 계기가 여기서 중요했다.

첫 번째는 혈통론 논쟁이었다. 공작조 파견과 동시적으로 진행된 초기 홍위병의 결성은 '온갖 잡귀신을 타도하자'라는 구호 아래 주로 과거 행적에 '문제 있는 분자'를 공격하는 데 활동을 집중했다. 당연히 이 시기 홍위병 결성을 주도한 세력은 '홍오류'에 속하는 출신성분이 좋은 간부 자제들이었다. 반면 출신성분이 나빠 '흑오류'로 분류된 세력과 이들에 동조적인 태도를 보인 학교 관계자들은 심한 박해를 받았다. 혈통론을 둘러싼 대립은 초기 홍위병에 대립하여 조반파 홍위병이 결성되는 중요한 계기였다. 공장에서도 유사한 대립선이 나타났는데, 주로 당조직을 장악한 세력과 이들에게 박해받은 세력 사이의 대립선이 나타났으며, 후자에는 출신성분에 문제가 있는 사람들이 포함되는 경우가 많았다.

혈통론의 논리가 주도하고 공작조 파견 활동이 중요하던 '문혁 초기 50일'은 마오쩌둥(毛澤東)의 개입으로 혈통론이 반동적 노선으로 비판받은 후 끝났고, 그 이후에는 공작조가 작성한 '검은 자료' 탈취를 위한 조반파의 공격이 거세졌다. 특히 10월 5일의 〈긴급지시〉는 '반혁명'으로 탄압받은 대중들을 복권시키고 문화혁명의 지도를 당위원회에서 대중으로 넘김으로써 문화대혁명이 확대되는 중요한 계기가 되었다.

두 번째 중요한 계기는 〈공업 10조〉가 통과된 12월 4~6일의 중공중앙정치국확대회의였다. 이 회의를 거치면서 문화혁명은 상부구조에 한정된 문제에서 '토대'로 확대되고, 문예계를 넘어 명시적으로 '권력을 쥐고 있는 당권파'(黨權派)와 전사회로 확대된다. 공장 문화혁명의 확대 또한 이 회의에서 결정되었다.

세 번째 계기는 1967년 들어 광범위하게 전개된 탈권투쟁이었다. 상하이에서 시작하여, 각 지역의 홍위병 조반파와 노동자 조반파를 중심으로 전개된 탈권투쟁은 당조직과 국가조직을 마비시키면서 문화혁명을 당의 통제로부터 완전히 떼어놓아 대중적 소요의 시기에 돌입하였다. 공장에서 파벌 분화와 대립의 격화가 본격적으로 발생하기 시작한 것은 이 시기였다. 대부분의 공장에서 파벌 분화는 당조직을 중심으로 하는 파와 그에 대립하는 다른 파벌로 나타났다.

4) 문화대혁명의 착종성

이른바 '보황파'(保皇派, 나중에는 보수파라고 부름)와 조반파의 대립으로 나뉜 문화대혁명의 균열구도는 1967년 2월을 거치면서 더욱 복잡해진다. 1967년 1월부터 문화대혁명 과정에 군이 좌파 지지(三支兩軍)의 명분으로 개입하면서, 어떤 지역에서는 보수파와 조반파의 대립이 무장충돌로 격화되고, 어떤 지역에서는 군이 조반파 중 한 분파를 지지하면서 조반파가 다시 온건파와 급진파로 분열되는 현상이 나타나기 시작했다.

이처럼 '2월 반혁명 진압'(二月鎭反)의 과정에 당과 군이 폭넓게 개입하면서 조반파의 공세는 점점 더 당을 타겟으로 집중되었다. 군의 입장 또한 통일되기보다 분열되면서, 서로 지지하는 세력이 달라지고 서로 다른 세력의 무장투쟁을 지원하기에 이르렀으며, 무장한 조직들 사이의 투쟁은 1967년 전시기에 걸쳐 점점 더 격화되었다.

보수파 대 조반파의 단순한 이분대립이 아니라, 여기에 추가해 조반파 내부에서 온건파와 급진파의 균열이 발생하면서 많은 지역에서 일반적으로 삼분대립의 구도가 형성되었으며, 이것이 아직까지 대중들의 기억 속에 남아 있는 문화혁명 시기의 일반적 대립구도였다(徐友漁 1999).

혁명위원회의 결성은 이런 대립의 해결책이기보다는 이런 대립을 강제로 종식시키고, 문화대혁명의 과정에 군과 당의 영향력이 다시 강화되는 과정이었다. 혁명위원회의 결성과 '대연합'(大聯合)의 호소는 일시적으로 무장대립을 봉합했지만, 이후 조반파에 대한 숙정 작업이 시작되면서 이런 혁명위원회의 틀은 문제를 근본적으로 해결하지 못했으며, 대중운동에 대해 당과 군이 우위에 서서 정리하는 방식이 보편적으로 정착되어 갔다.

문화대혁명 시기에 모든 노동자가 조반파와 보수파 어느 한 쪽에 속하도록 분열되었던 것만은 아니다. 적지 않은 사람들은 양쪽 모두에 거리를 두는 소요파(逍遙派)의 태도를 견지했는데, 이런 소요파에는 정치적 동요에 휘말리기를 꺼리는 사람들도 포함되었지만, 그 외에도 초기에 적극분자로 나섰다가 집중공격을 받고 행동에서 물러난 세력 또한 포함되어 있었다.

5) 문화대혁명의 정리과정

각 성에서 혁명위원회가 건립되고, 이어 1969년 9차 당대회가 개최되면서 문화대혁명은 질서의 시기에 들어선다. 질서의 시기에 접어들면 당에 대한 대중운동의 우위라는 상황은 반전되어 대중운동에 대한 당의 우위가 관철된다.

이 시기에 두드러진 것은 세 가지이다. 첫 번째는 노동자에게 배우자는 명분으로 각 학교에 노동자선전대(工宣隊)가 파견된 것이다. 칭화대(淸華大)에 공선대를 파견하는 과정에서 벌어진 무장충돌이 수습되면서 공선대는 영향력을 상실한 당조직 대신 조반파 홍위병을 해체하는 일을 맡았으며, 노동자 조반파와는 전혀 반대의 맥락에서 문화대혁명에 개입하는 노동자세력을 형성했다. 이처럼 질서 잡힌 운동으로의 전환은 베이징 경위단인 8341 부대의 군선대(軍宣隊)가 파견되어 '모범사례'로서 문화대혁명을 주도한 '여섯 공장, 두 학교'(六廠二校)의 경우에 더욱 두드러졌다.

두 번째는 군대의 역할이 상시화된 것이다. 혁명위원회는 혁명적 세력, 군대표, 당대표의 삼결합(三結合) 원칙에 따라 구성되었으며, 여기서 군대표가 가장 중요한 역할을 맡았다. 군이 질서를 책임짐에 따라 군세력과의 친소 관계가 이후의 질서에서 조직적으로 어떤 타격을 입게 되는지를 결정하는 중요한 변수로 등장한다.

마지막으로 질서의 시기에 들어선 이후, 조반파에 대한 정리 작업이 '계급대오 정돈'과 '5·16분자' 색출 작업으로 진행되었다. 문화대혁명 초기에 나타난 균열보다 훨씬 더 두드러진 대립선을 형성하고 나타난 이런 숙정 작업은 범위가 매우 광범했으며, 지속기간도 길었고, 과거 당에 대해 비판의 창을 들이댄 모든 세력이 그 억압 대상이 되었다. 1967년부터 1971까지 이런 명분으로 검거된 인원수가 300만 명이 넘을 만큼 이 작업은 대대적이었고, 그만큼 5·16분자 색출 작업은 문화대혁명 종료기의 피해자들에게 매우 두드러진 기억으로 남아 있다. 이후에도 1970년대 전체에 걸쳐 이런 숙정 작업은 여러 차례 반복되었다. 조반파는 이 숙정 작업의 주요한 대상이었으며, 문화대혁명기 조반파의 기억이 그 이후 줄곧 억압된 데는 이런 숙정 과정이 중요하게 작용했다.

6) 공장에서의 문화대혁명[2]

1967년 들어 문화대혁명이 공장으로 확산되면서 공장 관리에서 새로운 방식의 전환이 발생했는지가 중요한 쟁점이 된다. 우선 당위원회 주도로 공장장책임제 형태로 운영되던 공장은 혁명위원회 형태로 전환되었는데, 이 혁명위원회는 공장의 관리방식에 일정한 변화를 초래했다. 그렇지만 혁명

---

[2] 더 자세한 것은 이 책의 제2장과 제3장 참조.

위원회가 노동자의 주도성을 상당히 반영했는지, 아니면 군대표의 일방적 의지가 관철되는 기구였을 뿐인지에 대해서는 지역별로 매우 상이한 보고가 나타나고 있다. 문화혁명의 파도가 공장을 휩쓸고 가자 공장에서 관리자의 권위와 명령체계가 붕괴하는 경우가 많았지만, 그것을 대체하고 등장한 것이 과연 무엇이었는지에 대해서는 아직 더 많은 연구가 필요한 상황이다. 공장 운영의 주도권을 누가 가지고 있었는지, 기술혁신을 누가 주도했는지, 문화대혁명에 대한 참여가 공장 생산에 영향을 끼쳤을 때 이 문제에 대해 어떻게 처리했는지 등이 주요한 주제가 될 수 있다.

공장의 변화와 관련해 또 하나 중요한 주제는 교육혁명이다. 교육혁명은 7·21 대학 설립의 시도와 공농병(工農兵) 대학생의 실험 등으로 등장했다. 문화대혁명의 촉발 원인 중 하나가 엘리트 중심의 대학교육체제에 대한 문제제기였고, 이를 타파하기 위한 사상이 생산과 교육의 결합이라는 마오적 사상이었던 데서도 교육혁명의 시도와 결과는 문화혁명에서 중요한 주제 중 하나였다. 과연 7·21 대학의 실험이 유의미했는지, 누가 여기에 선발되었는지, 공농병 대학생은 공장에 어떤 영향을 주었는지 등에 대해서 더 많은 조사가 수행되어야 할 것이다. 교육혁명의 시도에 대해서는 좌우의 비판이 모두 제기된 바 있는데, 한편에서는 교육혁명이 기존의 교육제도를 파괴하긴 했지만 유의미한 성과를 거두지는 못했다는 비판이 제기되었고, 다른 한편 문혁 급진파의 입장에서는 교육혁명이 혜택받은 소수를 당중심의 질서로 포섭하는 통로로 작용했을 뿐이라는 주장 또한 제기되었다.

7) 문화대혁명 평가의 양면성

노동자마다 경험한 바가 매우 다르며, 각 개인이 겪은 경험의 의미에 대해서도 하나의 서사를 갖고 정리하기가 어려운 경우도 많아서, 문화대혁명과 현재를 연결하는 해석 방식은 매우 복잡하게 나타난다.

노동자들의 문화대혁명에 대한 기억에서 특이한 점은 그 과거가 대혼란으로만 기억되지는 않는다는 점이다. 일상적인 생산업무는 많은 경우 정상적으로 돌아갔다고 기억하고, 단위에서 정치적 대립이 일어나도 일상생활의 교류가 중단되지는 않았다는 기억 또한 많이 관찰된다. 또한 문화대혁명 시기의 경험 대교류에 참가했거나 공선대에 참여한 사람들, 심지어 무장투쟁에 참여한 사람들조차 문화대혁명 시기를 다소의 낭만적 색채로 회고하는 경우가 많다.

이는 현재 상황에 대한 평가와 연관되어 있기 때문으로 보인다. 입장의 상이점에도 불구하고 많은 노동자는 현재 상황에 대해 매우 비판적인데, 그 이유로 이제 노동자들이 '주인공'의 위치를 상실했고, 제대로 대우받지 못한다는 주장을 펴고 있다. 그에 비해 더 좋았던 시절로 1950년대를 드는 경우가 많지만, 이런 대비를 통해 문화대혁명 시기에서도 현재 상황과 비교해 유리한 내용을 찾아내려는 경우가 많다. 물론 과거는 미화되기 마련이지만, 여기서 중요한 것은 현재와 대비되는 과거의 자원이 매우 구체적 내용을 갖는다는 것이다. 개혁개방을 긍정적으로 평가하지 않는 경우는 드물지만, 개혁개방 시기에 노동자들의 지위가 더 나아졌다고 평가하는 경우도 드물다는 점은 현재 속에서 작동하는 과거의 복잡함을 보여준다고 할 수 있다.

4. 조사에 대한 소개

중국 노동자의 구술 기억에 대한 조사는 2005년 5월부터 2006년 9월까지 베이징, 상하이, 충칭 등 3개 직할시와, 랴오닝성 다롄, 후베이성 샹판 등 2개 도시, 도합 5개 지역에서 수행되었다. 피조사자는 문화대혁명 시기에 노동자의 경험을 가진 사람들로, 가급적 퇴직 시기까지 동일 기업에서 일한 노동자들 중에서 선정하였다. 그중 일부는 퇴직 시기에 간부로 승진했으며, 일부는 계속 노동자의 지위에 남아 있었다. 조사대상 기업은 한 지역에서 2~4개 정도로 한정했다. 녹취록이 작성된 조사 사례수는 베이징에서 2개 공장 25개, 상하이에서 5개 공장 20개, 따리엔에서 1개 공장 15개, 충칭에서 3개 공장 4개, 샹판에서 3개 공장 24개로, 전체 87개 사례였다. 각 사례는 원칙상 한 명의 피조사자를 포함하나 상황에 따라 불가피하게 2~3인을 함께 조사한 경우도 있어 실제 피조사자의 수는 사례수보다 많다.

베이징과 상하이는 문화대혁명의 상징적 지역이었는데, 이를 고려해 조사대상 또한 일반적 특징을 보이는 기업과 문화대혁명 시기에 주목을 받은 기업을 함께 배정했다. 충칭은 조반파의 활동이 전국적 주목을 받은 지역 중 하나로, 조반파조직이 두 분파로 분열된 경험이 있으며, 중앙정부가 개입하여 대연합을 강제하고 혁명위원회를 결성시킨 지역이다. 다롄은 대표적인 중공업지역으로 문화대혁명 시기에 노동자조직들이 세 파로 분열되어 상호 무장투쟁을 벌인 경험이 있는 지역이며, 이곳은 조사대상인 문화대혁명 당시의 기업이 아직도 이 지역의 주요 기업으로 남아 있다는 특징을 지니고 있다. 샹판은 내륙지역의 중소공업도시로, 대도시와는 상이한 맥락을 보여주는 지역이라는 점에서 조사대상으로 선정했다.

피조사자 선정방식은 대상 공장을 우선 정한 후, 처음에는 해당 지역 퇴직노동자모임 등을 통해 문화대혁명의 경험이 있는 노동자를 선정하여 인터뷰를 수행한 후, 유사한 경험을 가진 사람과 대조적인 경험을 가진 사람 두 방향으로 인터뷰 대상을 확대해 갔다. 또한 일차 조사를 마친 후에 조사성과를 검토한 다음, 보완조사가 필요한 대상을 선정해 보완조사를 수행했으며, 새로운 조사대상이 필요한 경우 조사대상을 확대했다. 베이징과 상하이에서는 이런 과정을 거치면서 다른 지역에 비해 조사대상이 늘어났다.

조사는 공통의 질문 내용을 담은 비구조화한 조사질문지를 갖고 시작했지만, 일문일답식을 피하고 피조사자가 자신의 경험을 자연스럽게 이야기할 수 있도록 질문자의 개입을 최소화하는 방법을 택했다. 민감한 주제인 문화대혁명에 대한 직접적인 질문은 자제하고, 처음 직장을 얻은 시기부터 주요한 기억에 따라 경험을 구술하도록 한 후 중간마다 조사자가 개입했다. 주요한 기억이 진술된 경우에는 보충 질문을 추가했다.

구술된 내용은 녹음기를 사용해 녹음한 후 녹취작업을 거쳐 문서로 정리했다. 녹취문서를 작성할 때는 가능한 구술의 분위기를 최대한 살리도록 했다.

녹취자료로 정리된 주요한 피조사자의 명단과 연령 등의 자료는 제4장 부록에 수록되어 있다. 실제 조사과정에서 일부는 녹취가 불필요하다고 판단하여 녹취를 하지 않았기 때문에, 여기에 기록된 녹취 수보다 실제 피조사자의 수는 더 많다.

5. 이 책의 구성

이 책은 중국 노동자의 과거에 대한 기억이 현재 어떤 영향을 끼치고 있는가를 연구하기 위해서 주로 주요한 시기인 문화대혁명에 대한 기억에 초점을 맞추었다.

이 작업을 수행하기 위해서 우선 문화대혁명의 쟁점들을 발굴하는 작업을 시작했다. 이 작업은 제1장에서 문화대혁명의 연구사를 검토하여 주요 쟁점들을 정리하는 데에서 시작한다. 특히 지금까지 별로 주목되지 않았던 중요한 쟁점들도 포함해 문화대혁명의 쟁점들을 제기하고 연구사를 정리했는데, 그 쟁점들로는 고위층 내부의 단순하지 않은 대립구도의 문제, 대중운동의 분화, 특히 조반파의 독특한 위치에 주목할 필요성, 군대를 포함한 부문별 문혁에 대한 관심의 중요성, 지역별로 나타나는 문화혁명의 차이점, 문화혁명의 이단적 조류를 포함해 문화혁명에 대한 평가의 분기의 문제 등을 지적하고 있다.

제2장에서는 문화대혁명이 노동관리와 관련해 제기한 쟁점들을 검토한다. 이에 관해 문화대혁명의 쟁점을 노동자의 권력참여와 공장관리 방식의 변화라는 두 가지로 나눠 다루고 있다. 첫 번째 부분은 당중앙-조반파-혁명위원회 사이의 세력관계와 그로부터 제기되는 문제들에 초점을 맞춘다. 특히 조반파의 저항을 혁명위원회의 틀 속에 담아내려 한 당중앙의 시도가 문화혁명에 어떤 영향을 끼쳤는가 하는 것이 중요한 쟁점이다. 두 번째 부분에서는 공장관리 방식의 변화를 기술혁신의 주도권, 노동자 내부의 분할 문제, 교육혁명의 문제, 임금제도의 문제를 중심으로 분석하였다. 기존의 연구성과 외에 당시 『홍기』(紅旗) 등의 간행물에 보도된 내용도 활용하였고, 이번의 구술사 조사의 내용 또한 분석에 사용하였다.

제3장은 문화대혁명이 공장에 끼친 중요한 변화들 가운데 하나인 교육혁명이라는 쟁점을 좀 더 집중적으로 다룬다. 사회주의 시기에 이루어진 교육제도의 변화를 검토한 후, 주로 문화대혁명 시기에 나타난 교육혁명의 내용을 집중적으로 다루었다. 교육과 생산의 결합, 학제와 교과과정 개편, 공농병 대학의 등장, 학교관리 방식의 변화라는 쟁점을 중심으로 당시의 변화를 살펴보았다. 이 작업을 수행하면서 기존 연구들에 대한 검토 외에도 구술

조사를 통한 자료를 부분적으로 사용했다. 현재 교육혁명에 대한 평가는 문화대혁명 이후의 분위기를 반영하는 평가가 주도적이며, 문화대혁명 시기에도 논란이 일었던 쟁점이다. 여기서는 교육혁명이 제기한 쟁점 자체를 단순한 논리로 평가해 덮어 버리지 않도록 하기 위해 주목할 쟁점들을 다시 제기해 보았다.

제4장은 구술사 조사를 지역별 특징으로 나눠 정리한 것으로 이번 구술사 조사의 주요 내용을 담고 있는 부분이다. 조사결과가 방대하기 때문에 여기서는 조사 지역별로 주요 내용을 개관하는 것에 만족하고, 이후 후속 작업에서 구술 녹취록에 대한 분석을 계속 진행하기로 했다. 우선 지역별로 개관한 후, 1950년대에서 문화대혁명 직전 시기까지의 기억, 그리고 문화대혁명이 공장에서 어떻게 개시되었는지에 대한 기억, 문화대혁명이 어떻게 확대되었고 어떻게 분열이 발생했고 어떻게 정리되었는지, 그리고 지금 돌아본 그 시기의 기억을 어떻게 이야기해 볼 수 있는지에 초점을 맞춰 정리했다. 제4장의 부록에는 조사 지역별로 피조사자의 명단을 수록해 두었고, 또한 조사의 한 사례로서 상해의 조사 녹취록 일부를 소개했다.

제5장은 구술자료를 활용해 노동자들이 과거의 기억을 어떤 방식으로 재구성하는지를 검토했다. 여기서는 1950년대에 대한 기억의 낭만화에서 시작하여, 그 이후 일련의 정치적 운동에 참가하면서 느끼는 곤혹스러움, 그러면서도 각자 나름의 방식으로 역사를 해석하는 시각의 형성과정과 그것이 현재 활동에 던져주는 함의에 대해서 살펴보았다. 과거의 역사는 관방의 공식적 해석을 통해 쉽게 묻힐 수 없으며, 상이한 경험 자체가 기억으로 재구성되는 과정을 통해 다시 현실의 움직임에 영향을 주고 있는 것이다. 부록에서는 문화대혁명의 연구와 관련된 주요 자료들을 소개했다.

제1장

문화대혁명 연구의 동향과 쟁점

안치영

1. 서론

　　문화대혁명(이하 문혁)은 이미 30년 전에 끝났지만 여전히 중국 연구의 중심 주제 가운데 하나로 남아 있으며 이후에도 계속 그럴 것이다.[1] 전무후무한 대규모 정치운동으로서 문혁은 어떤 의미에서든 현재의 중국을 구성하는 데 중요한 계기로 작용했다는 점에서 현대 중국을 이해하려면 문혁에 대한 이해가 불가결하기 때문이기도 하며, 여전히 장막 속에 가려진 중국정치의 내부가 전면적으로 드러난 예외적인 시기라는 점에서 중국정치를 이해하기 위한 드문 사례이기 때문이기도 하다. 게다가 정치적인 이유로 인해 여전히 자료에 대한 접근이 제한되어 있을 뿐만 아니라 풀리지 않은 무수한 미제

---

[1] 문혁 발생 40주년을 맞은 2006년에도 3월 24~26일 쇤할스(Michael Schoenhals)와 중국학자들이 참석한 베이징에서 개최된 비공개회의(郝建 2006)를 위시하여, 5월 12~14일 뉴욕의 문혁 국제회의(宋永毅 2007), 5월 홍콩에서 열린 마오쩌둥파의 문혁회의 등 여러 차례의 국제회의가 개최되었다.

가 존재하기 때문이기도 하다.

문혁은 1966년부터 1976년까지 10년 동안 최고지도자부터 일반 인민에 이르기까지 남녀노소와 모든 층위의 사회적 집단이 참여하여 전국적으로 진행된 다양한 사건들의 복합적 집합체이다. 그렇기 때문에 문혁은 최고지도층의 권력투쟁과 인사교체에서부터 대중과 권력엘리트의 대립과 갈등 및 대중 내부의 갈등뿐만 아니라, 당과 정부와 군대 등 당과 국가기구의 각 부문, 공장과 농촌, 노동자와 농민, 학교와 학생, 그리고 지방 등 다양한 부문과 장소에서 발생한 다양한 주체들의 복잡다기한 사건들을 포함한다. 또한 문혁의 기원과 원인, 그 영향 및 사후 처리 등을 포함한다면 문혁은 훨씬 더 긴 시간대에 걸쳐 무수한 연구주제를 포함하고 있다. 그에 따라 문혁에 대한 자료와 연구는 그 목록집이 여러 권 출판될 정도로 많은 연구가 이루어져 있다.[2]

그런데 문혁 연구에는 시기별로 자료 접근이나 분과학문의 관점 전환 또는 정치적 영향 등으로 인해 많은 변화가 있었다. 또한 종래의 문혁 연구는 주로 중국 외부에서 이루어졌지만 점차 문혁 연구의 중심이 중국으로 이동해 가고 있으며, 연구주제도 초기에는 정치투쟁 중심으로 이루어졌지만 점차 사회 문제와 문혁의 영향에 대한 연구로 확장되었으며, 오늘날에는 농촌이나 각 지역의 문혁 및 문혁 시기의 개별적인 사건 등 미시적인 영역과 종래에는 별로 연구되지 못했던 조반파 문제 등 다양한 영역으로 연구가 확대되고 있다.

이런 문혁 연구에 대해서는 많은 연구사 정리가 이루어지고 있으며, 문혁에 대한 개설서와 문혁사도 출판되고 있다.[3] 연구사 정리는 문혁 연구의

---

[2] 문혁 자료와 연구에 대해서는 영문 연구복록 선집으로 Chang(1999), 중문·일문·영문 자료와 연구목록집으로 Song and Sun(1998) 등이 있다.
[3] 기존의 문혁 연구를 집대성한 가장 최근의 문혁사는 MacFarquhar and Schoenhals(2006)이다.

후발주자라고 할 수 있는 중국에서 주로 이루어지고 있으며, 구미의 연구에서는 연구서의 서문에서 자신들의 연구 좌표를 보여주는 연구동향을 간략히 정리하고 있다.4 중국에서의 연구사 정리는 중국 외부의 문혁 연구에 대한 개설적인 소개 또는 구체적인 연구주제에 대한 상세한 연구 상황과 자료에 대한 안내이다. 이런 연구사 정리를 통해 문혁 연구에 대한 세부 동향을 알 수 있기는 하지만, 여전히 문혁 연구가 초보적 단계에 머물고 있는 한국의 연구자들이 참고하기에는 불충분한 점이 있다. 이 때문에 한국의 연구자들을 위해서는 문혁 연구에 대한 중국과 중국 외부의 연구를 포함하는 좀 더 개괄적이고 전반적인 소개가 필요하다.

이를 위해 이 글에서는, 1) 문혁 연구를 규정하는 요인과 지역별·시기별 동향을 포함하는 문혁 연구의 일반적 상황, 2) 문혁 연구의 주요 쟁점과 동향을 소개하려고 한다. 그와 동시에 최근 연구를 중심으로 주요한 문혁 연구목록과 연구사 정리문헌을 소개하겠다. 그렇지만 문혁 연구의 방대함 때문에 연구목록은 주로 구미와 중국어권의 연구를 선별적으로 정리하고자 한다.

---

4 영문으로 된 최근의 문혁 연구동향을 정리한 것은 Esherick et. al.(2006, 1-28)이다. 이 글에서는 문혁 연구동향과 더불어 새롭게 출간된 문혁 연구자료에 대한 방대한 목록을 제공한다. 그리고 중문으로 된 문혁 연구사 정리는 아래 각 쟁점 부분에서 제시하는 논문들 외에도 2006년 베이징에서 개최된 문혁토론회자료집(郝建 2006)이 있다. 이 자료집에는 각 영역별 쟁점과 연구사를 비교적 상세하게 소개하고 있다. 또 徐友漁(2007)는 서방과 중국계의 문혁 연구사 및 두 개의 문혁론과 문혁 연구방법에 대해 정리하고 있고, 周原(2007)은 문혁 연구자료에 대한 최근의 정리이다.

2. 문혁 연구 개관

1) 문혁 연구의 규정요인

문혁 연구는 자료 접근과 분과학문의 관점 전환, 그리고 정치적 영향 등 크게 세 가지 요인에 의해 규정된다고 할 수 있다.

우선 중국 연구의 여느 주제와 마찬가지로 자료에 대한 접근이 문혁 연구의 중요한 제약요인이라고 할 수 있다. 더구나 문혁 문제는 중국에서 여전히 정치적으로 민감한 주제로서 자료 접근에 정치적 제약이 있기 때문에 이런 문제가 더욱 중요하다고 할 수 있다. 그러나 이것이 자료가 희소함을 의미하지는 않는다.

문혁 시기에는 홍위병운동 등을 통해 많은 내부 자료가 비공식적으로 공개되었으며 외부로도 유출되었다. 더구나 중국의 개방 이후 그런 자료들이 좀 더 광범위하게 유출되어 체계적인 정리가 이루어지고 있다. 최근에는 문혁 피해자 고위층(가족)과 지식인, 그리고 홍위병뿐만 아니라 조반파와 문혁 급진파 고위층으로 오랫동안 투옥되었던 많은 인물의 회고록이 홍콩 등지에서 다량으로 발간되고 있다. 그 결과 문혁 자료는 과소가 아니라 과다라고 해도 과언이 아닐 정도로 넘쳐난다고 할 수 있다.

그러나 그렇다고 자료 접근에 한계가 없는 것은 아니다. 당안(檔案) 자료에 대한 접근이 요원한 것은 물론이거니와 유출되어 있는 자료도 시기적인 지역적 편차가 있음은 물론, 문혁의 중심 행위자 가운데 하나라고 할 수 있는 대중운동에 대한 자료는 현저하게 결핍되어 있기 때문이다. 문혁 관련 자료는 공개 발행된 자료 외에는 극히 일부를 제외하고 도서관에서조차 열람이 제한되어 있으며, 비공식적으로 유출된 자료도 홍위병운동 시기(1966~68)와 베이징과 광둥 등에 집중되어 있다. 자료 공개의 범위도 점차 확대되고 있고, 중국의 개별 연구자들이 광범위한 인터뷰를 이용한 연구를 출간하고 있으며, 외국 연구자들의 인터뷰도 부분적으로 가능해지는 등 과거보다는 제약이 약화되고 있기는 하지만, 여전히 인터뷰에는 많은 제약이 따른다. 또한 문혁은 그 특성상 공산당의 문헌을 정리·보관하는 중앙당안관이 개방되지 않는 한 자료 문제는 문혁 연구의 끊임없는 숙제라고 할 수 있다.

대중운동과 관련해서는, 학생들의 홍위병운동에 대한 자료는 비교적 풍부하며, 최근 들어 조반파를 포함한 대중운동의 저명한 지도자들의 회고록이 비교적 많이 출간되고 있어서 대중들의 조반에 관한 연구 공백을 메우는 데 상당한 기여를 하고 있다. 그렇지만, 위로부터의 동원과 호소가 있기는 했지만 왜 그렇게 많은 대중들이 그렇게 열광적으로 운동에 참여했는지에 관한 자료는 여전히 부족하다고 할 수 있다. 이와 관련하여 문혁에 참가한 일반 대중 자신들에 대한 자료가 필요하다. 그런데 일반적으로 대중 자신들의 기록은 많지 않다는 점에서, 한계가 있기는 하지만 문혁을 경험한 일반 대중에 대한 인터뷰와 구술 등이 필요하다고 할 수 있다.5

문혁 연구의 또 다른 규정요인은 분과학문의 관점 전환과 관련된 것이다. 문혁의 발생은 중국 사회에 대한 이해를 근본적으로 전환시켰다는 점에서 그 자체로 중국 연구의 새로운 관점을 제기한 역사적 사건이었다고 할 수 있다. 그와 동시에 분과학문에서 새로운 관점이 등장함에 따라 문혁 연구의 심화도 이루어졌다. 이런 점에서 문혁에 대한 이해와 분과학문의 전환은 상호적이었다고 할 수 있다.

---

5 구술사의 유용성과 문제점에 대해서는 싱샤오췬의 글(邢小群 2007)과 구술사에 대한 논의(郝建 2006, 138-160) 참조.

문혁 이전의 중국 연구에서는 주로 전체주의적 관점과 법적·제도적 접근법 및 비교공산주의와 역사적 접근법이 주류였다. 그러나 문혁을 통해서 나타난 정치사회적 균열과 갈등은 노선투쟁 모델이나 분파주의 등과 같은 좀 더 다원주의적인 엘리트정치에 관심을 갖게 했는가 하면, 이념이나 국가(조직)의 사회에 대한 통제와 조작이 아니라 사회의 국가에 대한 영향을 중심에 두는 사회중심적(social-centered) 접근을 배태시켰다. 이런 접근법은 분과학문의 국가-사회관계론으로 이어진다. 또한 분과학문에서 신제도주의의 등장은 공식적 제도와 문혁 시기의 비공식적 행태 및 정책과정을 통합적으로 이해할 수 있게 했으며, 엘리트·대중의 선택과 제도의 관계에 주목하게 했다는 점에서 문혁 연구를 심화시켰다.

마지막으로 정치적 영향과 관련해서는, 우선 중국에서 문혁 연구와 자료 접근에 대한 정치적 제약을 들 수 있다. 중국에서 문혁 연구는 여전히 제한되어 있을 뿐만 아니라 공식적 입장에 의해 규정되고 있고, 자료에 대한 접근도 상술한 바와 같이 엄격하게 제한되어 있다. 그런데 문혁 연구에 대한 정치적 영향은 다른 측면에서이기는 하지만 중국 외부의 연구에서도 마찬가지 현상이다. 중국에서와 같은 연구에 대한 정치적 제약은, 1980년대 중반까지 한국의 경우처럼 반공주의체제에 의한 예외적 현상이라고 하더라도, 문혁 자체가 높은 이념성을 가진 사건이었기 때문에 정치적 상황과 이념에 의한 영향은 불가피했다고 할 수 있다.

중국 외부에서는 1970년대의 경우 베트남전의 영향으로 문혁에 대한 마오쩌둥의 이상주의적 관점을 맹목적으로 받아들여 문혁을 이해하는 경우가 있었는가 하면, 반공주의적 관점에서 문혁을 보는 서로 상반된 평가가 공존했다. 1980년대 중국의 개방이 시작된 이후에는 중국에서 문혁에 대한 비판과 부성적인 자료들이 공개되면서 중국 외부의 연구에서도 중국의 정치적 평가를 받아들이는 경향이 많았다. 선별적으로 공개된 자료가 보여주는 문혁의 실상에 대한 충격과 1970년대까지의 이상주의적 평가에 대한 반동이 었다고 할 수 있다.

그에 비해 개인적·이념적 성향에 따라 과거의 이상주의적 평가를 유지하는 경우도 존재한다. 알튀세르(Louis Althussser), 제임슨(Fredric Jameson) 등 네오-마르크스주의자들의 평가와 그들의 평가를 계승·유지하고 있는 역사학자 딜릭(Arif Dirlik) 등의 견해가 그것이다(郭建 2007). 특히 딜릭의 견해는 중국 신좌파의 문혁 평가에 지대한 영향을 미쳤다고 평가된다. 또한 지금까지 별로 주목받지는 못했지만, 중국에는 비교적 강한 마오쩌둥주의자 그룹이 존재하는 것으로 알려져 있다. 이들 중 일부는 과거 조반파로서 투옥된 경험이 있는 경우도 있고, 개혁의 부작용으로 인해 마오쩌둥주의에서 대안을 찾는 젊은 지식인들도 있다. 그런데 조반파 출신의 경우 급진적 자유주의자로 전향한 경우가 있는가 하면, 마오쩌둥주의의 이상주의를 견지하는 경우도 있다.

2) 지역별·시기별 연구동향

문혁은 중국에서 발생했지만 문혁 연구는 중국 외부에 있었다는 말처럼 종래의 문혁 연구는 주로 중국 외부에서 이루어졌다.[6] 문혁의 발생과 더불어 구미와 일본 등에서는 많은 연구가 이루어졌으며, 1970년대와 1980년대 초반까지 문혁은 중국 연구의 중심 주제였다고 할 수 있다. 1980년대 중반 이후에는 중국의 개혁개방의 성과가 현실화하면서 중국 연구의 중심 주제가

---

6 중국사회과학원 철학연구소의 저명한 문혁 연구자 쉬요우위(徐友漁)가 일찍이 서방학자들의 문혁 연구를 소개하면서 이런 표현을 인용했다(徐友漁 1996b, 495).

개혁 이후의 현실 문제로 전환되었으며, 문혁 연구는 정치사 연구자들의 전유물이 되어갔다. 그렇지만 이 시기와 그 이후에도 문혁 연구가 결코 감소하지는 않는다. 문혁에 대한 관심은 상대적으로 소원해진 반면, 중국의 개방으로 인해 연구조건이 개선되었기 때문이다.

자료에 대한 접근이 확대된 것이 그 하나라면 문혁을 직접 경험한 중국 출신, 특히 홍위병 출신 유학생을 중심으로 새로운 문혁 연구자들이 등장한 것이 다른 하나라고 할 수 있다. 이런 상황 변화는 1990년대 이후 한편으로는 종래에 불가능했던 지역과 영역으로 문혁 연구를 확장시켰으며, 다른 한편으로는 문혁 연구 주체를 비중국인에서 중국인으로 급속하게 변화시켰다. 그런데 1990년대 새로운 문혁 연구자들의 등장은 문혁의 연구동향이 변화하는 서막에 불과했다. 중국 외부에서 여전히 문혁에 대한 중요한 연구가 이루어지고 있고 또 중국에서 여전히 문혁 연구에 대한 정치적 제약이 존재하기는 하지만, 쉬요우위의 선언처럼 2000년대 이후 문혁 연구의 주류는 중국으로 이전되었다고 할 수 있기 때문이다.7

1980년대 말까지 진행된 구미에서의 문혁 연구에 대해서는 디트머가 잘 요약하고 있다(Dittmer 1990). 디트머에 의하면, 1960년대 말에서 1970년대 초까지 문혁 연구는 주로 홍위병 자료를 기초로 권력투쟁에 초점을 맞추어 고위층의 인사변동에 관해 연구했다면, 1970년대 말에서 1980년 초까지는 홍위병 분파와 사회 분화에 초점이 두어지고, 연구의 범위도 1968년에서 1976년까지를 포함하게 되었으며, 홍콩으로 망명한 대륙 난민들의 인터뷰가 연구에 이용되었다. 그리고 1980년대 중반 이후에는 중국의 개방에 따라

---

7 쉬요우위는 서방의 문혁사를 정리해 발표하면서 문혁 연구가 중국 외부에 있었다고 선언한지 10년이 지난 2006년 "문혁 연구가 서방에서 중국으로 돌아왔다"라고 평가했다(徐友漁 2006).

좀 더 많은 자료들에 대한 접근이 가능해짐에 따라 문혁의 원인과 결과 등에 대한 더욱 심화된 연구가 가능해졌다. 이에 비해 1990년대 이후에는 위에서 언급한 조건의 변화에 따라 주로 거시적인 연구 또는 주로 광둥과 베이징 지역에 대한 연구에 국한 되었던 과거의 연구와 달리, 노동자와 농촌을 포함하는 다양한 사례연구와 연구 지역의 확산이 이루어졌으며, 연구 주체도 홍위병 세대의 역할이 두드러질 뿐만 아니라 외부 학자의 경우도 중국 출신 또는 중국학자와 공동으로 또는 협력을 얻어 연구하는 것이 일반화되었다.

중국에서의 문혁 연구는 공산당과 국가의 이념 부문이 통제하는 공식적 기관과 관계를 맺고 진행되는 공식적 연구와 그 밖의 비공식적 연구로 구분된다.[8] 전자는 자료 접근이나 출판 등이 상대적으로 용이하기는 하지만 공식적 견해에 의해 엄격하게 제약된다는 한계가 있다면, 후자는 관점의 자유는 있지만 자료의 이용과 출판 등에 제약이 따른다는 한계가 있다.

중국에서 문혁에 대한 공식적 연구는 1970년대 말 이후 문혁과 중국공산당사에 대한 정치적 정리의 필요에 의해 시작되었다. 최초의 연구는 인민해방군 국방대학원 정치학원에서 중공당사 전반에 대한 자료 정리의 일환으로 시작되었다. 그러나 중국에서는 연구에 선행하여 1981년 〈건국 이래 당의 약간의 역사 문제에 대한 결의〉(이하 역사결의)에 의해 문혁에 대한 정치적 평가가 먼저 내려졌으며, 문혁에 대한 공식적 연구는 그런 정치적 평가에 의해 규정되었다. 뿐만 아니라 문혁과 관련한 연구와 자료의 출판에 대해서도 명시적인 제한이 있었으며,[9] 그런 제한은 여전히 상존하고 있다.[10]

---

[8] 공식적 연구로는 高皋·嚴家其(1986); 席宣·金春明(1996); 金春明(1995); 王年一(2005) 등이 대표적인 문혁통사이며, 譚宗級·鄭謙(1987); 張化·蘇采靑(2000); 郭德宏 外(2004) 등이 대표적인 연구논문집이다. 인민해방군 국방대학원의 王年一(2005)는 1988년 초판이 나왔고, 1996년 재판, 2005년 3쇄가 출간되었다.

[9] 1981년 〈역사결의〉를 통해 공식적으로 문혁을 비판한 후 1980년대 중후반 문혁에 대한 민감

그런데 〈역사결의〉는 포괄적 평가였기 때문에 1990년대 이후 구체적 영역에 대한 연구에서는 공식적 평가를 벗어나지 않는 범위에서 상대적 자율성이 허용될 수밖에 없었으며 연구주제의 점진적 확대도 이루어졌다. 문혁 시기와 관련된 주요 지도자들의 전기와 연보의 출판이 문혁 관련 연구와 출판을 완화하는 한 요인이었다면, 중국의 개방 확대와 시간의 경과에 따른 문혁에 대한 상대적 객관화에도 한 요인이 있었다고 할 수 있다. 그에 따라 출판과 연구에서의 제약이 약화되었으며, 특히 연구는 다양한 주제에 대해서 광범위하게 이루어지고 있으며,11 다양한 주제와 자료를 이용한 학술논문이나 학위논문이 출간되는 등 연구가 증가하고 있다.

문혁에 대한 비공식적 연구는 문혁 시기 조반파에 의한 지하 연구가 있기는 했지만,12 1990년대부터 시작되어 2000년대 이후 활발해졌다고 할 수 있다. 조반파 출신 또는 독립적 개별 연구자들에 의한 이들 연구는 중국에서 지하 출판되거나 중국 외부에서 출간되고 있다. 연구영역도 문혁사에서 개별적인 사건에 이르기까지 다양한 영역에서 이루어지며, 개별적인 경험과 인터뷰 및 내부 자료를 이용한 풍부한 연구가 이루어지고 있다. 그런데 출판의 경우 연구에 비해 좀 더 엄격한 제한이 존재하지만, 두 가지 측면에서 그

한 내용을 포함하는 다양한 기실(紀實)과 회고록 등의 출판이 이루어지자 1988년 중공중앙선전부(中共中央宣傳部)와 신문출판서(新聞出版署)에서는 자신들의 허가를 받지 않은 모든 문혁 관련 서적의 출판을 금지함으로써 출판에 제한을 가했다(中宣部·新聞出版署 1988).
10 문혁을 초래한 정치체제에 대한 연구인 張明軍의 『誤區的代價』가 貴州教育出版社에서 2004년 출판되었다고 알려졌지만, 필자가 확인해 본 결과 인쇄는 되었지만 신문출판총서(新聞出版總署)의 허가를 받지 못해 배포되지 못했다.
11 문혁 시기 사영경제에 대한 연구(劉雪明 2006)뿐만 아니라 심지어 농촌 조반조직에 대한 연구(賴正維 2006)도 중국의 학술지에 게재되고 있다.
12 광둥의 조반파 劉國凱(2006d)의 연구가 대표적인 예이다. 이 글은 1970년대 초 저자가 집필한 것을 1980년 광둥의 지하잡지 『인민지성』(人民之聲)에 게재했으며, 찬(Anita Chan)이 1986년 영문으로 번역·출판했고, 2006년 홍콩에서 다시 출간되었다.

영향은 약화될 수밖에 없다. 우선, 중국에서 출판이 불가능한 회고록이 홍콩 등 중국 외부에서 출간되는 것과 마찬가지로 이들 연구서도 중국 외부에서 출판되는 경우가 많기 때문에, 내부적 제약의 영향력은 약화될 수밖에 없으며, 인쇄의 시장화에 따라 증정용으로 자비를 들여 비공개 출판할 경우 막을 방법이 없기 때문이기도 하다.13 또한 중국에서 문혁 연구가 활발해진 데에는 전문적인 연구자 외에도 조반파를 중심으로 한 퇴직한 문혁 경험자들이 공식적인 관점에 구애받지 않고 자신의 견해를 연구·정리하여 다양한 방식으로 발표하는 데도 한 원인이 있다고 할 수 있다.

마지막으로 국내의 문혁 연구동향이다. 문혁 연구가 중국 연구에서 중요한 주제인 만큼 국내에서도 많지는 않지만 1960년대부터 연구가 이루어졌다.14 또한 국내에서의 연구는 아니지만 안병준(An 1976), 이홍영(Lee 1978) 등의 연구는 문혁 연구사에서 중요한 위치를 차지할 정도로 한국인 학자들과 문혁 연구는 특별한 연관이 있었다.15 그렇지만 국내에서의 정치적 이유 때문에 중국 연구의 다른 영역과 마찬가지로 문혁 연구도 제한을 받았다.

1980년대 중반 민주화로 인해 정치적 제약이 약화되었고, 1992년 한중수교 이후 중국과의 교류가 증대되고 중국 연구의 저변도 확대되어 문혁의 연구조건이 개선되었다. 그러나 정치, 경제, 사회 연구는 현실 문제에 지나치게 집중되어 있고, 현대 정치사 등의 연구는 아직 모색 단계에 머무르고 있기 때문에 문혁 연구는 여전히 냉대 받고 있는 상황이라고 할 수 있다. 다만

---

13 『해방군보』(解放軍報)의 경험에 대한 회고록인 盧弘(2006)은 원래 중국 내에서 비공개 자비 출판한 것을 홍콩에서 다시 공개 출판한 것이며, 마오쩌둥파의 입장에서 문혁을 재정리한 梅俏의 『毛澤東的'珠峰'』도 개인의 지원을 받아 중국 내에서 비공개 출판된 경우이다.
14 한국에서 1990년대 중반까지의 문화대혁명 연구에 대해서는 김성곤(1997) 참조.
15 이홍영 교수의 연구는 지금까지도 문혁 시기 정치운동의 사회적 기초를 규명한 이른바 '사회중심적' 연구의 선구로 평가된다(Esherick et al. 2006, 4-5).

2000년대 이후 주로 철학계와 문학계를 중심으로 문혁 연구가 이루어지고 있기는 하다. 그럼에도 전반적 상황은 여전히 초보적 단계에 머물러 있다고 할 수 있다.

3. 문혁 연구의 주요 쟁점

문혁에 대한 많은 연구가 이루어졌으며, 자료도 새롭게 정리되고, 많은 회고록의 출판도 이루어지고 있지만, 여전히 많은 사실이 미궁에 빠져있을 뿐만 아니라 심지어 기초적인 사실조차도 확인되지 않거나 잘못 알려진 경우도 많다. 5·16 집단숙청, 계급대오 청산, 일타삼반(一打三反: 반혁명분자타격, 부패반대, 투기반대, 낭비반대) 등 많은 희생자를 초래했지만 그 실체가 잘 알려지지 않은 사건들은 물론, 상대적으로 많은 연구가 이루어진 린뱌오(林彪) 사건 같이 잘 알려진 사건도 여전히 많은 미스터리를 포함하고 있기 때문이다. 또한 문혁의 원인과 그에 대한 평가는 물론 문혁의 시기 구분에 대해서조차 여전히 논란이 이루어지고 있다. 여기에서는 문혁의 시기 구분, 기원과 원인, 문혁의 과정, 문혁의 영향과 평가 등으로 구분하여 문혁의 주요 쟁점을 개괄적으로 정리하려고 한다. 그런데 문혁의 과정은 고위엘리트의 권력투쟁과 인사교체, 대중운동, 대중과 상층엘리트의 상호작용 등의 복합적이고 중층적인 과정의 다양한 사건과 주제를 포함하기 때문에 다시 세분해서 살펴볼 것이다.

1) 문혁의 시기 구분

문혁의 시기 구분에 대해서는 〈역사결의〉에서 주장한 1966년 5월의 〈5·16통지〉의 발표부터 1976년 10월 6일의 궁정쿠데타를 통한 사인방 체포까지로 보는 것이 일반적이다. 중국의 연구뿐만 아니라 중국 외부의 연구에서도 이런 견해를 받아들이고 있다.

과거 구미의 연구에서는 문혁 기간을 1969년 '중국공산당 제9차 전국대표대회'(이하 9전 대회)까지로 보는 견해가 주류였다. 홍위병운동을 비롯한 대규모 대중운동을 문혁의 전형적인 특징으로 보고 그것이 정리된 9전 대회까지를 문혁으로 본 것이다. 그런데 이런 관점은 두 개의 문혁론 혹은 인민문혁론의 관점에서 '자발적' 대중운동이 존재한 1966~68년까지만을 문혁 시기로 보는 류궈카이의 관점과 관련하여 재론의 여지가 있다고 할 수 있다(劉國凱 2006c).

류궈카이는 대중의 자발적 혹은 공산당의 폭압에 대항하여 일어난 저항으로서의 문혁이 진정한 문혁이었다고 보며, 이 때문에 대중의 조반이 진압되는 1968년까지를 진정한 문혁기로 평가한다. 이에 비해 저우룬줘는 대중의 자유가 있었던 3년의 조반 시기와 10년의 문혁으로 구분해야 한다고 보고, 3년 조반과 3년 문혁은 서로 다른 개념이라고 본다(周倫佐 2006, 113-118). 이런 관점은 시기 구분의 차이에도 불구하고, 대중의 자발적 운동의 관점에서 문혁을 본다는 점에서 공통적이다. 이런 관점은 시기구분의 문제와 별개로 문혁을 대중운동으로 이해한다는 점에서 중요한 의미를 지닌다고 할 수 있다. 그 외 문혁의 종결점과 관련하여 1977년 7월 10기 3중전회에서 화궈펑(華國鋒)의 문혁 종결선언을 강조하는 관점도 있었지만, 현재 그런 주장을 펼치는 논자는 없다.

그에 비해 문혁의 시발점과 관련해서는 여전히 논란이 많다. 문혁의 시작을 1966년 5월로 보는 경우에도 실제 서술은 1965년 11월 상하이『문회보』 (文匯報)에 야오원위엔(姚文元)이 "신편 역사극『해서파관』을 평함"(評新編歷史劇『海瑞罷官』)을 발표한 시점부터 시작하는 것이 대부분이다(MacFarquhar and Schoenhals 2006; 高皐·嚴家其 1986; 席宣·金春明 1996). 야오원위엔의 발표는 어떤 의미에서든 문혁과 밀접한 관련을 가진다는 점에서 문혁의 중요한 계기라고 할 수 있다. 또한 운동 형태와 내용의 유사성이라는 점에서 1964년의 4청운동을 문혁의 출발점으로 보는 견해가 있는가 하면, 문혁을 자본주의와 구별되는 새로운 사회주의적 문화 창조라는 점에서 1956년을 기점으로 보는 딜릭의 견해 등도 있다(郭建 2007).

그런데 중국의 공식적 시기 규정이 〈5·16 통지〉와 중앙문혁소조의 재구성, 사인방 체포에 이르는 급진파 이데올로그의 등장 및 퇴장을 중심에 두고 있다는 점에서, 이런 시기 구분은 10년 동란이라는 문혁에 대한 정치적 평가 및 그 주체에 대한 정치적 규정과 밀접하게 관련된다고 할 수 있다. 이런 점에서 문혁 시기에 대한 규정의 차이는, 그 타당성과는 별개로 정치운동으로서 문혁을 어떻게 규정하고 이해할 것인가와 관련되는 문제로서 의미를 지닌다.

2) 원인과 기원

문혁의 원인과 기원은 문혁 연구의 가장 고전적인 주제이자 가장 많은 연구가 이루어진 영역이라고 할 수 있다. 문혁의 원인에 대한 질문은 다시 그것이 최고지도자 마오쩌둥에 의해 시작되었다는 점에서 마오쩌둥이 왜 그것을 일으켰는가의 문제와 마오쩌둥이 일으킨 문혁이 왜 그렇게 전사회적인 폭발력을 가지면서 확산되었는가의 문제로 구분된다. 그리고 기원에 대한 질문은 문혁의 원형과 연원을 찾는 문제와 관련된다.

쉬요우위는 마오쩌둥이 문혁을 일으킨 원인에 대한 서방의 연구를 권력투쟁론, 마오쩌둥의 이상주의, 양자의 결합 등 세 가지로 분류한다(徐友漁 1996, 499-503). 문혁의 원인으로 지적되는 수정주의 문제, 국제적 환경 문제, 후계 문제, 관료주의 문제 등도 그 세 가지 범주와 직결된다. 그런데 중국에서의 연구는 일반적으로 권력투쟁론을 부정한다. 대약진운동에 대한 평가와 4청운동 과정에서 마오쩌둥과 류샤오치(劉小奇) 및 덩샤오핑(鄧小平) 등 업무 일선의 지도자들 사이에서 의견 또는 노선의 차이와 분열이 발생하기 시작했다는 점은 인정하지만, 마오쩌둥의 권위와 권력에 도전할 수 있는 세력이 존재하지 않는, 권위와 권력의 불균등 상태라는 점에서 권력투쟁론을 인정하지 않는다. 이런 점에서 마오쩌둥 시대의 권력구조에 대한 그들의 평가는, 마오쩌둥을 그 권위가 도전받지 않는 '우월한 지도자'(a dominant leader)였다고 본 티비스의 관점(Teiwes 1984, 5-6)과 일치한다. 그들은 대체로 마오쩌둥이 문혁을 일으킨 원인이 1957년 반우파투쟁에서 시작되는 마오쩌둥 사상의 급진화와 이상주의, 그리고 그에 입각한 중국 사회에 대한 잘못된 해석에서 비롯된다고 본다(王年一 1996; 金春明 1995). 이런 관점은 실패로 귀결되는 급진적 발전노선과 탈마오쩌둥화 가능성이라는 '두 개의 노선'에서 연원하는 상층엘리트 갈등을, 중국의 집단화가 완성되고 소련공산당 제20차 당대회가 개최된 1956년에서 기원하는 것으로 보는 맥파콰의 관점과 대동소이하다고 할 수 있다(MacFarquhar 1974).[16]

문혁의 사회적 확산에 주목할 경우에는 문혁을 상층 권력투쟁의 관점이

---

16 중국에서 1957년을 기점으로 보는 이유는 1956년 8전 대회의 노선을 정확한 것으로 보고, 문혁을 초래한 과오는 그로부터 벗어났기 때문이라고 파악하는 〈역사결의〉의 평가와 관련되어 있다.

아니라 사회적 갈등의 관점에서 재해석한다. 이런 관점의 연구는 이홍영 교수가 처음 착수하여 찬(Anita Chan), 웅거(Jonathan Unger), 화이트(Gordon White) 등의 연구로 계승되었다(徐友漁 1996, 503-506; Esherick et al. 2006, 4-5). 이런 연구는 주로 시대적 한계에 의한 것이기는 하지만, 강한 주장에 비해 빈약한 근거로 비판받는다(Esherick et al. 2006, 5). 그런데 사회중심적 연구로 불리는 이런 관점은 인민문혁론과 일정한 관련을 가질 뿐만 아니라,[17] 이후 중국 연구의 중요한 접근법의 하나로 등장하는 국가-사회관계 접근법으로 이어진다.

    문혁을 고위엘리트의 차원에서 보는 것과 사회중심적 관점에서 보는 것은 대안적인 관점이기도 하지만 설명 대상의 차이에서 기인하는 것이기도 하다. 문혁의 대중운동을 대중동원의 관점에서 보는 것이 극단적 엘리트정치의 관점이라면, 고위층의 갈등과 변화를 사회적 갈등에서 연원한다고 보는 것은 극단적 사회중심적 관점이라고 할 수 있다. 그렇지만 실제 모습은 어느 곳에 방점을 두든 상관없이 각각의 내부 논리를 가진 엘리트정치와 대중운동의 상호작용 과정에 더 가까웠다고 할 수 있을 것이다. 그런 점에서 두 가지 관점은 대안적이라기보다는 문혁의 서로 다른 측면이라는 관점에서 보완적으로 볼 필요가 있다. 그렇기 때문에 문혁 연구는 엘리트정치와 대중운동 및 그 상호작용의 과정을 종합적으로 연구해야 한다.

    문혁의 기원에 대한 연구는 문혁을 초래한 엘리트 갈등과 마오쩌둥의 이상주의의 기원, 문혁과 같은 정치운동의 연원 등을 찾는 것과 관련된다. 엘리트 갈등과 마오쩌둥의 이상주의의 기원은 마오쩌둥이 문혁을 일으킨 원인에 대한 연구와 중복되기 때문에, 정치운동으로서 문혁의 기원에 대한 연구에

---

17 인민문혁론에 대해서는 이 글의 4절 참조.

대해서만 언급하겠다.

　이와 관련해서는 주로 중국학자들에 의해 연구가 이루어지는데, 이들은 옌안(延安)정풍운동과 반우파투쟁을 문혁의 원형으로 본다. 리훙린 등은 옌안정풍운동 중의 '잘못을 범한 사람들을 구해내는 운동'(搶救失足者運動) 과정에서 행해진 자백 강요와 감금 등이 문혁의 전형적인 형태였다고 보며(李洪林 1999),[18] 까오화는 문혁이 옌안정풍운동의 권력투쟁 형태의 반복이었다고 본다(高華 2000, 643-644). 그런 관점에서 보면 중화인민공화국 건국 이후 반복적으로 행해진 각종의 정치운동은 바로 '작은 문혁들'이었다고 할 수 있다. 반우파투쟁을 문혁의 원형으로 보는 관점은 문혁의 원인인 마오쩌둥 사상의 급진화의 기원을 반우파투쟁으로 보는 중국의 공식적 관점과 유사하다. 그러나 정치운동으로서 문혁의 원형을 반우파투쟁으로 보는 관점은 형태적으로 '네 가지 옛것 파괴'(破四舊 : 사구는 구사상, 구문화, 구풍속, 구습관을 지칭함) 시기의 반문화적·반지성적 초기 문혁과 반우파투쟁이 일치하는 것으로 인식한다는 점에서 문혁의 급진적 사상의 기원을 그것으로부터 보는 관점과는 차이가 있다. 그런 관점은 문혁에 대한 평가를 제외한다면, 1956년부터 문혁이 시작된 것으로 보는 딜릭의 입장과도 유사성이 있다.

3) 문혁의 과정

　문혁은 다양한 층위의 행위자들이 복합적으로 상호작용한 집합적 과정이다. 문혁은 최고권력자를 포함하는 고위층의 대립투쟁과 인사교체, 대중

---

[18] 최근 홍콩에서 출판된, 옌안정풍운동을 문혁의 전사로 보는 관점(郝在今 2006)은 그런 입장을 전형적으로 보여준다.

동원과 대중의 조직화, 대중조직의 분화와 대중조직 사이의 대립과 갈등, 대중조직에 대한 해체와 진압의 과정을 포함하며, 부문별·영역별·지역별 편차를 가지면서 진행되었다.

(1) 고위층의 대립투쟁과 인사변동

권력투쟁론의 수용 여부와 상관없이 고위층의 정치적 대립과 투쟁 및 권력변동은 문혁 과정의 중심 내용으로 문혁사 서술의 핵심이다. 문혁 시기에는, 그 이전에는 자타가 공인하는 부동의 이인자이자 마오쩌둥의 후계자였던 류샤오치의 숙청과 후계자 린뱌오의 등장, 1971년 9·13사건으로 인한 린뱌오의 사망과 새로운 후계자 왕훙원(王洪文)의 등장, 왕훙원을 대체한 덩샤오핑의 부상, 덩샤오핑의 재실각과 화궈펑의 등장, 그리고 마오쩌둥의 사망과 사인방 체포 등에 이르는 극적인 최고위층의 정치변동이 있었다. 그리고 이런 주요한 변화가 일어나는 와중에도, 문혁 준비 단계에서 뤄루이칭(羅瑞卿), 펑전(彭眞), 루딩이(陸定一)에 대한 비판과 숙청을 필두로, 1966년 5월 정치국확대회의에서 급진파 이데올로그를 중심으로 하는 중앙문혁소조의 재구성, 10월 마오쩌둥의 자본주의 반동노선 비판의 제기, 타오주(陶鑄) 숙청, 기존 당권파 간부들의 저항과 그 정점인 1967년 '2월 역류'(二月逆流) 및 그로 인한 정치국을 비롯한 공산당의 정상적 지도조직의 마비와 그 기능의 중앙문혁소조로의 대체, 7월 우한(武漢)의 7·20사건과 중앙문혁소조의 왕리(王力), 관펑(關鋒), 치번위(戚本禹) 등의 급진파 숙청, '군대의 양청우(楊成武), 위리진(余立金), 푸충비(傅崇碧) 숙청'[소위 양위푸(楊余傅) 사건], 1969년 공산당 9전 대회와 당조직의 회복, 천보다(陳伯達) 비판 등 헤아릴 수 없이 많은 사건과 인사교체가 있었다.

고위층의 대립투쟁과 인사변동은 문혁 발생과 더불어 문혁 연구의 중심이었으며, 홍위병 자료 등을 이용한 비교적 많은 연구가 이루어졌다. 그러나 자료의 한계로 말미암아 주요한 특정한 사건들에 연구가 집중되었고 그조차도 과도한 이론적 상상과 일반화를 피할 수 없었다. 피해자와 가해자 또는 보수파와 급진파를 양극으로 하는 문혁의 경험이나 이념적 층위를 정태적으로 해석함으로써, 동일한 행위자의 서로 다른 시기의 다른 역할을 구분하여 평가하지 못하고 고정된 이미지에 따라 평가하는 경향이 있는가 하면, 도덕적 기준을 기계적으로 적용하는 경향도 있다. 전자는 공식적 평가에 의해 규정되는 중국의 연구에서 일반적 현상이지만 중국 외부의 연구에서도 그런 경향을 벗어나지 못하고 있으며, 후자는 주로 중국 외부의 연구에서 나타나는 현상이라고 할 수 있다.

1990년대 이후 대량의 회고록 발표와 흩어진 홍위병 자료의 집적 및 정리가 이루어지고, 중국에서도 전기와 연보의 정리·출판이 이루어지고, 많은 기실이 출판됨에 따라 좀 더 많은 사실들이 밝혀지고 많은 의문이 해소되고 있기는 하지만, 여전히 중요한 많은 사건들은 블랙박스 내부에 숨겨져 있다. 또한 회고록의 경우 의도적이든 무의식적이든 자신에게 불리한 내용을 생략하는 경향이 있는가 하면, 진실성이 의심되는 경우도 있다.[19] 홍위병운동 시기에는 다른 어느 시기보다도 풍부한 내부 자료가 공개되었지만 그조차도 한계가 있으며, 그 외의 시기에는 회고록과 선별적으로 공표되는 자료만으로 전체적인 과정을 재구성하기에는 역부족이라고 할 수밖에 없다.

중국에서 출판되는 전기, 연보, 회고록은 내용에서는 편차가 있고 최근

---

19 아마도 가장 논란이 많은 것이 린뱌오 사건과 관련된 왕둥싱의 회고록(汪東興 1997)이라고 할 수 있을 것이다. 1970년 루산(廬山) 회의에 대한 왕둥싱의 회고는 천보다의 그것과 차이가 있을 뿐만 아니라 관련자들에 대한 인터뷰(舒雲 2006)와도 차이가 있다.

출판되는 자료의 경우 풍부한 내용을 담기는 하지만, 기본적으로 〈역사결의〉의 관점에서 벗어나지 않는다. 이런 점에서 홍콩에서 출판된, 중국에서 문혁의 주범인 이른바 반혁명 분자로 규정된 문혁 급진파 인사들의 회고록이 유용하다. 왕리, 천보다, 우파셴(吳法憲) 등의 회고록은 시기적인 한계가 있기는 하지만, 공식적인 견해와 차이가 있는 자신들이 경험한 최고위층의 의사결정의 '내부' 과정에 대한 많은 자료를 포함하고 있다(王力 1993; 王力 2001; 陳伯達 2000; 陳曉農 2005; 吳法憲 2006).[20] 또 하나의 중요한 연구는 까오원쳰의 문혁 시기 저우언라이(周恩來) 전기이다(高文謙 2003). 그는 중앙문헌연구실의 저우언라이 연보편집조 조장으로 기밀 당안 자료를 포함해 많은 1차 자료를 직접 열람했던 인물로서, 자신이 정리한 자료를 갖고 미국으로 망명한 후 출간한 그 책에는 중국에서 공식적으로 출판할 수 없는 문혁 시기 고위 의사결정에 관해 많은 사실들이 포함되어 있기 때문이다.

왕샤오광은 이와 관련하여, 문혁 준비과정에서 중요한 역할을 한 '베이징 공작조', '양위푸 사건'에서 양청위의 숙청 문제, 9·13사건 중 린뱌오의 역할은 여전히 미스터리라고 주장했다(王紹光 1996, 521-523). 최근의 연구에서 베이징 공작조와 관련한 예젠잉(葉劍英)의 역할과 문혁 시기 예젠잉의 부상(丁抒 2006), 문혁 최대의 피해자라는 이미지와는 다른 류샤오치의 4청운동과 문혁에 대한 기여 등에 대한 연구(宋永毅 2006)도 행해지고 있으며, 린뱌오 사건에 대한 많은 새로운 연구와 회고록이 출판되고 있다(Jin 1999; Teiwes and Sun 1996; 舒雲 2006; 吳法憲 2006). 최근 중국에서는 1975년 덩샤오핑의

---

20 그런데 이들 모두 문혁 도중에 '타도'된 인물로, 왕리는 1967년까지, 천보다는 1970년까지, 우파셴은 1971년까지가 자신들이 경험한 기간이라는 점에서 문혁 전시기에 대한 기록은 아니다. 문혁 전시기를 포함하는 회고록은 徐景賢(2004)이 있지만, 쉬징시엔은 상하이 서기로서 중앙의 의사결정 과정에 대해서는 제한적으로만 알 수 있었다는 한계가 있다.

조정정책에 대한 몇 가지 연구(程中原·夏杏珍 2003; 張化 2004)가 이루어지고 있는데, 덩샤오핑의 역사적 공헌에 대한 평가라는 입장에 서 있기는 하지만, 최근 부분적으로 이루어지고 있는 문혁 시기 경제에 대한 연구와 더불어 중국 개혁의 선구 또는 기원을 이해하는 데 도움을 준다.

　그 외 중국 외부의 연구를 살펴보면, 린뱌오 사건에 대한 연구 외에 일찍이 1974년 출간된 디트머의 류샤오치와 문혁에 대한 연구가 1998년 재판이 출간되었다(Dittmer 1998). 또 최근 61인 사건에 대한 연구(Lubell 2002)가 출간되는 등 구체적인 사건에 대한 연구로 연구영역이 확대되고 있다. 또한 특히 자료가 부족한 린뱌오 사건 이후인 문혁 후기(1972~76)에 대한 티비스와 선의 연구(Teiwes and Sun 2007)도 출간되었다. 그리고 1976년 톈안먼 사건에서 10월 6일 사인방 체포에 이르는 시기에 대해서는 자료 가치가 높은 몇 가지 논픽션이 중국에서 출간되었는데, 비교적 많은 내부 정보와 자료를 이용했기 때문에 당시의 상황을 이해하는 데 유용하다(靑野·方雷 1993a; 靑野·方雷 1993b; 范碩 1995). 그런데 사인방 체포과정에 관해서 앞의 논픽션을 포함한 종래의 주장은 예젠잉의 역할을 중시하는 것이었지만, 최근 중국에서 비교적 엄격한 자료 검토를 거친 연구들은 화궈펑의 역할에 무게 중심을 두는 경향이 있다. 과거 화궈펑의 역할을 경시한 것은 정치적 패배자에 대한 정치적 평가 때문이었다고 할 수 있다.

　이런 연구들은 부분적이기는 하지만 문혁 시기 정치엘리트에 대한 정태적·정치적 해석에서 벗어나고 있다는 점에서 의의를 지닌다. 그러나 결과적으로 해석되고 규정되는 것이 아닌, 문혁 시기 정치엘리트의 정치행위의 동태적 변화에 대한 좀 더 전면적인 이해를 위해서는 여전히 역부족이라고 할 수 있다. 그것을 위해서는 자료의 집적과 더불어 문혁 시기 중요한 정치엘리트 개인들의 행위에 대한 객관적이고 정치적 규정에서 벗어난 분석이 필요하다.

그런데 문혁 시기 고위층의 갈등과 인사 문제를 이해하려면 옌안정풍운동을 통해 형성된 당 내부의 권력구조 외에도, 그 기원이 1920년대 징강산(井崗山) 근거지 시기까지 거슬러 올라가는 중공 최고지도부 내부의 사적 관계망과 정치과정에 따른 그 변화뿐만 아니라, 특히 마오쩌둥이 절대적 권한을 갖는 최고 의사결정자였다는 점에서 마오쩌둥의 의도와 생각까지도 고려해야만 한다는 데 그 어려움이 있다. 뿐만 아니라 마오쩌둥의 의도와 생각은 최고통치자로서 자신에 대한 규정과 '국가관리'에 대한 고려에 의해 조정되었다는 점에서 그러한 복합적 요인에 의하여 중첩적으로 규정되는 정치엘리트의 행위에 대한 연구는 좀 더 복잡해질 수밖에 없다. 더구나 그러한 연구는 정치엘리트들의 행위를 심연에서 규정하는 중국의 정치문화에 대한 이해를 전제한다는 점에서 더욱더 많은 난점이 있다고 할 수 있다.

(2) 대중운동

대중운동은 문혁의 중심 영역 가운데 하나로 일찍부터 주목받았을 뿐만 아니라 많은 연구가 이루어진 영역이다. 그러나 대중운동에 대한 연구에서도 부문별 또는 시기별로 연구와 이해에 있어 극단적인 편차가 존재할 뿐만 아니라, 잘 알려져 있다고 여겨지는 영역에 대해서도 많은 오해가 존재한다. 문혁이 위로부터 시작되었으며, 궁극적으로 위로부터의 방침에 의해 규정된 정치운동이었지만, 그것은 위로부터의 방침에 대한 아래로부터의 조응과 통제되지 않는 자율적 대중운동을 포함한다. 그렇기 때문에 대중운동의 과정, 형태, 내용 및 주체에 대한 연구가 문혁을 이해하기 위해서는 불가결하다.

대중운동은 문혁의 개시와 더불어 시작된 학생 중심의 홍위병운동을 필두로 노동자와 농민, 각급 기관의 간부 등이 참여하는 다양한 층위의 조반운동을 포함한다. 대대적인 대중운동은 1968년 9월 전국적인 탈권투쟁이 완료된 후, 12월 마오쩌둥의 지식청년 '하방 호소'와 뒤이은 홍위병들의 하방, 그리고 1969년 8월 28일 마오쩌둥의 비준을 받은 중국공산당의 업종별 외의 대중조직에 대한 해체 명령으로 종결된다. 이 시기가 문혁의 전형적인 특징을 보여주는 홍위병운동 단계에 해당한다. 그러나 홍위병운동의 종결이 대중운동의 완전한 소멸을 의미하지는 않는다. 개별 단위의 조반파조직은 여전히 존속했을 뿐만 아니라 대중운동의 지도자들은 여전히 혁명위원회의 일원으로 참여하고 있었으며, 비림비공(批林批孔)운동의 과정이나 톈안먼 사건에서와 같이 계기적인 대중운동이 발생했기 때문이다. 그러나 대중운동과 대중조직은 마오쩌둥과 중공중앙의 전략 및 방침의 변화와 대중운동 자체의 논리에 따라 그 내용과 진행 방향에서 극단적인 부침과 굴절을 겪었다.

홍위병운동은 1966년 6월 문혁의 시작과 더불어 발생했다. 1966년 8~9월 이전의 홍위병운동은 기본적으로 각급 당위원회 혹은 상급 당위원회에서 파견된 공작조에 의해 지도되었으며, 기본적으로 출신성분이 좋은 홍오류(紅五流: 혁명열사, 혁명간부, 혁명군인, 노동자, 빈농과 중농 하층 출신)가 주로 참가했다. 또한 운동의 방향도 문화계와 교육계 및 출신성분이 나쁜 세력을 타격하는 것으로, 기본적으로 반우파투쟁 또는 4청운동 등 기존의 정치운동과 연속선상에 있었다.

이에 비해 마오쩌둥에 의해 1966년 10월 〈자본주의 반동노선에 대한 비판〉이 제기된 이후 운동의 방향은 당과 정부조직에 대한 공격과 탈권으로 변화되었으며, 운동의 주류도 기존에 비판받은 출신성분이 나쁜 흑오류(지주, 부농, 반혁명분자, 악질, 우파)를 포함하는 홍오류 이외의 집단이었다.[21] 이

---

21 이것이 이들 집단에 홍오류가 포함되지 않았다는 것을 의미하지는 않는다. 그런데 이들

런 홍위병은 1966년 8월 8기 11중전회에서 공작조에 대한 비판 이후, 그들에 의해 비판받았던 칭화대 홍위병 콰이다푸(蒯大富)에 대한 '평반'(平反) 이후 등장한 집단이다. 초기 홍위병을 노홍위병 혹은 당위원회를 보호하려고 했다는 점에서 보황파, 보수파로도 부르는 반면, 후기의 홍위병은 현지 또는 상급의 당위원회에 대한 비판과 탈권을 단행했다는 점에서 조반파로 지칭된다. 문혁의 전형적인 형태인 문화 파괴와 지식인 문화계 인사에 대한 투쟁이 주로 전자에 의해 진행되었다면, 또 다른 문혁의 전형인 당과 정부기관에 대한 공격과 탈권은 후자에 의해 진행되었다.

조반파들은 1967년 1월 상하이의 '1월 폭풍'부터 전국적인 탈권투쟁을 진행하는데, 탈권투쟁은 1968년 9월 티베트와 신장(新疆)의 혁명위원회 건설까지 지속된다. 그런데 1967년 1월 이후 대체로 기존의 노홍위병조직은 소멸되고 이들이 조반파조직으로 편입된다. 그러나 탈권운동 과정에서 조반파조직 내부의 분화가 발생하고 갈등이 증폭되면서 심지어 상호 간의 무장투쟁이 발생하는 등 극도의 혼란 상황이 조성된다.[22] 뿐만 아니라 조반파 내에서는 공산당에 대해 더 직접적인 비판을 가하는 좀 더 급진적인 집단도 등장하기 시작한다.[23] 그런 통제 불능의 혼란 상황을 종식시키기 위해, 노동자선전대와 군대선전대를 학교와 공장에 진주시켜 투쟁을 억제하고 홍위병을 하방시킬 뿐만 아니라, 5·16집단색출, 계급대오 청산 등을 통해 급진세력

홍오류는 중하층간부 자제 또는 상층간부 자제들 가운데 과거 정치운동을 통해 비판 또는 타격을 받은 간부의 자제인 경우가 대부분이었다. 그런데 이들 조반파조직의 경우도 상대 조직의 공격을 방지하기 위한 정치투쟁의 필요에 따라 그 우두머리는 출신성분이 좋은 홍오류가 맡았다.
[22] 문혁 시기 홍위병조직의 무투에 대해서는 唐少傑(2003)와 鄭光路(2006a) 참조.
[23] 잘 알려진 급진파조직인 후난성의 성우렌(省無聯), 후베이성의 베이제양(北決揚) 등의 조직이 그런 급진파조직의 대표적인 예이다. 이들 조직은 5·16집단색출 과정에서 해체되고 구성원들은 체포·투옥된다.

을 제거한다. 이것은 1969년의 9전대회가 '문혁세력 승리의 상징'으로 평가되지만, 문혁의 중요한 중추의 하나인 대중은 오히려 배제되었음을 의미한다.

조반파는 학생 홍위병뿐만 아니라 노동자·농민뿐만 아니라 간부와 군대의 조반파 등 다양한 세력을 포함한다. 그러나 초기에는 생산 단위의 문혁 참여가 금지되었기 때문에 노동자 동원을 제외한 사회 대중들의 문혁 참여는 없었다. 노동자들의 최초의 대중적 문혁 참여는 각급 당기관이 조반파 홍위병으로부터 자신들을 보호하려는 동원을 통해 이루어졌다. 그러나 1966년 11월 상하이의 안팅(安亭) 사건 이후 노동자의 조반이 공식적으로 허용되고 탈권 과정에서 다양한 조반세력이 생겨났다.

주로 학생들로 구성된 홍위병운동과 그들의 하방에 대해서는 자료도 풍부할 뿐더러 비교적 많은 연구가 이루어져 있다.[24] 그러나 소수의 예외를 제외하고는 학생 홍위병 외의 대중운동에 대한 연구는 1990년대 이후에 비로소 연구되기 시작하며,[25] 홍위병운동 이후 시기의 대중운동에 대해서는 계기적 사건을 제외하고는 연구가 전무한 실정이다. 홍위병운동이 사회적 기초가 다른 집단들로 구성되어 있었다는 데 대해서는 일찍부터 연구가 시작되었다.[26] 그러나 초기의 연구는 주로 학생 홍위병을 대상으로 했을 뿐만 아

---

24 홍위병 운동에 대한 연구에 대해서는 徐友漁(1999, 12-16)와 董國强(2006), 홍위병의 하방에 대한 자세한 연구목록은 邱新睦(2003) 참조. 그리고 영문으로 된 홍위병 관련 연구와 자료는 맥파콰와 쇤할스의 책에서 6장 주1(MacFarquhar and Schoenhals 2006, 514-515) 참조.
25 하방된 지식청년, 농촌으로 하방된 퇴역 군인, 임시공 등에 대한 연구는 비교적 이른 시기부터 있었지만, 홍위병운동 외의 노동자와 농민 등 대중운동 일반에 대한 연구는 1990년대 중반 이후 시작되었으며, 2000년대 이후 비교적 많은 자료와 연구가 등장하고 있다. 1990년대의 연구는 상하이노동운동연구소(上海工人運動硏究所)에 재직하면서 상하이 노동자 문혁을 연구한 리쉰의 연구(李遜 1995; 李遜 1996)와 그와 페리의 공동 연구(Perry and Li 1997)에서 시작된다. 또한 2000년대에 조반파의 대중운동에 대한 몇 가지 중요한 연구와 회고록이 본격적으로 출간된다(陳益南 2006; 周佐倫 2006; 曉明 2006).
26 이런 연구의 선구가 이홍영의 연구이다(Lee 1978).

니라, 지역적으로도 베이징과 홍콩에 가까운 광둥에 제한되어 있다는 한계가 있었다. 노동자·농민과 정부기관 및 군대까지 포함하는 부문별 대중운동에 대해서는 연구가 시작되기는 했지만 여전히 초보적인 단계에 머물러 있다고 할 수 있다. 뿐만 아니라 심지어 많은 연구가 이루어진 홍위병운동 자체에 대해서도 잘못된 이해가 존재한다. 홍위병의 구성과 운동의 방향 및 행위를 시기와 주체의 구분 없이 이해하는 경향이 그것이다.

홍위병운동 시기에 대한 기존 연구에서는 보수파 홍위병과 조반파를 구분하지 않고 모든 파괴 활동을 조반파가 범한 것으로 보는가 하면,[27] 1967년 '2월 역류'에 조응하여 나타난 '2월 반혁명 진압'을 통한 조반파에 대한 탄압과 1968년 이후의 5·16집단색출, 계급대오의 청산, 일타삼반 과정에서 발생한 조반파들의 희생을 간과하는 경향이 있다.[28]

그런데 미국의 최근 연구를 포함한 기존의 연구는 그런 운동이 혁명과 반혁명이라는 이분법적 구조에서 캉성(康生), 장칭(江靑) 등 급진파가 사주하여 반혁명세력을 제거한 것으로 본다.[29] 이런 관점의 설명에서는 희생된

---

[27] 이런 문제는 중국에서뿐만 아니라 중국 외부의 연구에서도 공통적으로 나타나는 현상이다. 중국에서의 연구의 경우, 문혁 이후 문혁의 모든 잘못을 사인방과 조반파의 범죄로 환원하는 정치적 원인에 한 원인이 있다면, 자료의 부재와 자신의 오도된 경험을 일반화하는 지식인의 회고록 등에도 그 원인이 있다.
[28] 5·16집단색출과 계급대오 청산은 1967년부터 시작되었으며, 일타삼반과 5·16집단색출은 9전대회 이후인 1970년부터 계급대오 청산의 주요 내용이 되었다. 5·16집단색출과 관련해서는 1971년 5·16전안연합소조(5·16專案聯合小組)가 만들어져 문혁이 끝날 때까지 존속했다. 이런 운동은 복잡한 과정과 내용을 포함하지만 급진파에 대한 배제와 관련되며, 전면적 내전 단계인 1967년부터 시작되어, 전면적 혼란의 수습 단계인 1969년 이후 혁명위원회가 지도하는 투쟁, 비판, 개혁 단계에서 광범위하게 진행되었다.
[29] 이것이 중국의 공식적 관점이며 이를 반영하는 것이 네이멍구(內蒙古) 내인당 사건에 대한 기실(圖們·祝東力 1995)과 윈난(云南)의 자오젠민(趙健民) 사건에 대한 기실적 연구(丁龍嘉·聽雨 1999)이다. 또한 이런 관점은 맥파쿼 등의 연구(MacFarquhar and Schoenhals 2006)에도 그대로 반영된다.

숫자와 '억울하고 잘못 처리된 사건'이라는 수식어가 있기는 하지만, 희생자들의 실체가 모호할 뿐만 아니라 실제 희생을 집행한 세력은 간과된다. 최근 출간된 조반파 출신들의 회고록과 연구에서는 희생자 대부분이 급진 조반파이며, 이들은 이후의 평반에서도 예외가 되었다고 주장한다(周倫佐 2006; 陳益南 2006). 또한 문혁 시기 가장 많은 희생자가 발생한 곳의 하나인 광시(廣西)의 경우는 대부분의 희생자가 조반파들로, 개혁 이후에도 계속 영향력을 행사하는 웨이궈칭(韋國淸)과 같은 군부 실력자들의 지원을 받은 보수파에 의해 이루어진 것이라고 주장한다(曉明 2006).

그런데 대중운동에 대한 연구는 자료에 대한 문제와 더불어 운동 자체의 복잡성으로 인해 연구의 난점이 더해진다고 할 수 있다. 마오쩌둥과 중공중앙 지도부의 의도와 그들이 선택한 운동의 방향과 그것이 구체적으로 관철되는 과정에서 지방의 당과 군부 분파 또는 세력의 태도와 입장, 그들과 대중조직의 관계 등이 대중운동의 양태와 내용을 결정하는 중요한 결정요인이었다면, 다른 한편으로는 다양한 계층적, 계급적 이해를 반영하는 대중운동 자체의 논리가 대중운동의 양태를 규정했기 때문이다. 이런 점에서 대중운동을 이해하기 위해서는 최고 의사결정자층, 현지의 지도부와 군부, 대중조직 등 세 가지 층위의 복잡한 내부 또는 상호 관계를 이해해야 한다.

이런 연구를 위해서는 다양한 문건과 회고록 등 다양한 자료가 필요하다. 현재 다양한 문건이 취합·정리되고, 서로 다른 경험을 가진 다양한 인사들의 회고록이 출간되고 있다는 점에서 연구조건이 개선되고 있다고 할 수 있다. 그러나 문건이나 회고록은 개괄적인 상황은 반영할 수 있지만, 일반 대중의 경험을 복원하는 데는 불충분하다. 일반 대중 자신의 경험과 이해는 대중운동에 대한 이해라는 측면에서뿐만 아니라 문혁에 대한 이해를 위해서도 중요하다.

이를 위해서는 자신의 회고록을 저술할 수 없는 다양한 일반 대중의 구술자료 채록을 통한 자료의 생산이 필요하다. 회고록과 마찬가지로 구술자료는 많은 문제점과 한계가 있는 것이 사실이지만, 다양한 입장과 위치에 있었던 대중들의 구술자료를 충분히 확보하여, 정치적 판단, 의식적·무의식적 기억의 조작 등 왜곡요인을 사상하고 일반성을 추출함으로써 대중의 입장에서 문혁을 재구성해야 한다. 이를 통해 운동, 동원, 자발성, 희생 등에 의해 규정되는 것이 아닌, 대중 자신의 경험과 이해를 통해 문혁에 대한 좀 더 객관적인 평가가 가능할 것이다.

일반 대중의 경험과 기억은 문혁을 역사로서 복원한다는 점에서뿐만 아니라, 개혁 이후의 문제들에 대한 반응과 대응의 양태와 관련해서도 중요하다. 문혁 시기의 경험과 기억은 대중들이 직접 저항하고 참여한 익숙한 것이라는 점에서, 그에 대한 역사적, 정치적 평가와는 별개로 유사한 상황에 대한 대중들의 대응의 전범이 되기 때문이다.[30]

(3) 부문별 문혁

고위층의 대립투쟁과 동원, 그에 대응한 대중운동을 두 축으로 하는 문혁의 각 부문별 진행과정과 양상도 중요한 연구주제 가운데 하나이다. 마오

---

[30] 필자와 공동으로 문혁노동자의 기억 조사에 참여한 한 중국학자는 현재 중국 중서부 지역의 실업노동자들의 저항 형태가 문혁 시기의 그것과 완전히 일치하는데, 기억의 전승 외에도 문혁 경험이 있는 퇴직한 노동자들이 관여했을 개연성을 지적한다. 이들 지역에서 파업노동자들은 대자보를 붙이는 것은 물론 철도 봉쇄나 지방의 당과 정부청사에 진입하는 등 문혁 시기의 전형적인 현상이 빈발하고 있으며, 인터넷에는 문혁 조반파 지도자 출신이 현재의 상황을 격렬하게 비판하는 격문도 심심치 않게 발견된다. 예컨대, 마오쩌둥주의자들이 운영하는 인터넷 잡지 『人民春秋』(www.maostudy.org) 2005년 2월호(총 58호)에 실린, 충칭의 조반파조직의 우두머리로 문혁 후 각각 18년형을 산 황롄(黃廉)과 저우자위(周家瑜)가 개혁을 비판하는 "개혁인가 매국인가?"(改革, 還是賣國?)가 대표적인 예이다.

쩌둥은 문혁을 통해 "천하대란(天下大亂)으로 천하대치(天下大治)에 도달하려고 했다"[31] 그런 천하대란이 교육·문화 부문의 대중운동에서 비롯하여 중앙과 지방, 당·정·군과 공장과 농촌 등 전국, 전사회로 확대되었다면, 만들어지지 않은 질서를 새롭게 인위적으로 만들어 낸 것이 군대였다. 그 과정에서 교육·문화의 개혁과 국가기구와 제도의 재구성, 노동제도의 변화가 있었을 뿐만 아니라 각 부문은 문혁 참여와 전개에서 다양한 양상을 보였다.

교육과 문화 부문은 문혁의 시발점인 홍위병운동과 운동의 대상인 지식인 문제 및 문화 파괴와 관련되어 있을 뿐만 아니라, 그 평가와는 별개로 새로운 제도와 질서의 구성이라는 점에서 주목을 받는다. 문혁 시기 새로운 질서의 구축과정으로서 교육개혁에 대해서는 일찍부터 서구에서 연구가 이루어졌으며, 중국에서도 문혁 이후 비교적 많은 연구가 이루어졌다.[32] 그러나 문혁이 끝난 후 문혁으로 인한 교육체계의 마비와 학교에서의 파괴적인 문혁 실상이 알려지면서 학교 홍위병운동의 파괴적 양상, 지식인과 문화계 인사들의 희생으로 관심 영역이 전환되었다. 그것은 문혁에 대한 중국의 공식적 평가와 실제 문혁 시기에 벌어진 교육·문화에 대한 파괴적 양상을 반영하는 것이라고 할 수 있다. 그런데 홍위병운동 시기 교육체계의 마비와 전문교육의 폐기만이 문혁 시기 교육·문화의 유일한 모습인가에 대해서는 의문의 여지가 있다. '교육혁명'이 단순한 수사에 불과한 교육·문화 파괴인가 혹은 실패한 개혁인가에 대해서는 논란의 여지가 있기 때문이다. 그와 관련하여 문혁 시기 대중교육의 확대, 공농병 학원, 대학과 생산현장을 결합시키기 위한 시도 등의 실험은 문혁에 대해서도 정치적 평가와는 별개로 실체를 규명

---

31 마오쩌둥이 1966년 7월 8일 장칭에게 보낸 편지의 한 구절(天下大亂達到天下大治)이다(王年一 2005, 5).
32 기존 연구에 대해서는 程㢸寬(2001) 참조.

하기 위한 노력이 필요하다고 할 수 있다.

군대는 홍위병운동으로 인한 혼란을 수습하는 데 중요한 역할을 했을 뿐만 아니라, 린뱌오로 대표되는 중요한 문혁세력이었지만 린뱌오 사건을 전후하여 부침을 겪었다. 또한 린뱌오 사건 외에도 우한의 7·20사건, 2월 역류, 양위푸 사건 등 군대와 관련된 중요한 사건이 발생했다. 그렇기 때문에 군대의 개입과 양상, 또는 군부의 영향력 변화, 군대와 관련된 사건 및 군대 조직과 체제 등이 문혁 연구의 중요한 주제이다. 문혁 시기 군대와 관련된 사건들과 관련해서는 비교적 많은 연구나 논픽션 기실 등이 발표되고 있다. 그러나 자료의 문제로 인해 그런 사건의 실체에 근접하는 데는 한계가 있다고 할 수 있다. 우파셴의 회고록과 린뱌오 사건에 대한 몇몇 연구를 제외하고는 군 내부에 대한 상세한 자료를 제공해주는 것이 거의 없기 때문이다. 중국에서 많은 장군들의 회고록이 출간되고 있기는 하지만, 이 시기에 대해서는 의도적으로 기술을 회피하고 있을 뿐만 아니라 '희생자'로서의 자신의 역할만 간결하게 기술하기 때문에 자료로서는 한계를 가진다.[33]

군대의 문혁 참여와 군대 내부의 문혁에 대해서는 개괄적으로만 알려져 있다. 질서유지자로서 군의 역할도 피상적으로만 알려져 있다고 할 수 있다. 군의 역할과 개입 형태는 지역별로 지휘관의 성향의 차이 또는 지역 문혁 상황의 차이로 인해 다양한 차이를 보인다. 뿐만 아니라 군대의 태도와 지방 부대와 대중조직의 관계가 대중운동의 양상을 규정했다는 점에서, 군대의 문혁에 관한 연구는 지역별로 구체적인 문혁과 대중운동의 차이를 이해하기

---

[33] 해방군출판사(解放軍出版社)에서 수십 종 이상의 장군 회고록이 출판되었고 또 계속 출판이 이루어지고 있다. 그중에는 일부 문혁에 대한 기록을 포함하고 있는 것도 있지만, 그들의 역할에 비하면 지나치게 피상적일 뿐만 아니라 공식적인 입장에 맞춰 기술하고 있기 때문에 자료로서 별다른 가치를 지니지 못한다고 할 수 있다.

위해 필요불가결한 연구영역이라고 할 수 있다. 대중운동의 군대에 대한 공격 또는 군내의 문혁은 금지되기는 했지만 드물지 않게 발생했을 뿐만 아니라, 그것이 지방의 문혁 양상을 규정하는 중요한 요인이었다는 점에서 지속적인 연구가 필요한 영역이다.

군대의 인사변동과 내부 권력관계의 변화도 중요한 연구영역이라고 할 수 있다. 위에서 언급한 예젠잉이나 양청우의 문혁 초기의 역할, 린뱌오 시기 제4야전군 출신의 부상과 그에 대응하여 린뱌오와는 다른 세력(山頭)인 제4방면군 출신에 대한 마오쩌둥의 중용, 그리고 지방 군구의 인사이동 등은 문혁 시기의 권력구조와 세력관계 변화를 이해하는 데 중요하다. 예젠잉을 비롯한 군부세력이 사인방을 체포하여 문혁이 종언을 고하는 '화이런탕(懷仁堂) 사변'의 중요한 정치적 기초였다는 것은, 군부가 문혁 시기 시종 일관된 정치 변화의 핵심축 가운데 하나라는 것을 보여준다.

문혁은 파괴를 통한 새로운 질서의 건설이었던 만큼 당과 정부기구에 심대한 영향을 미쳤다. 중앙과 지방을 막론한 당과 정부기구에서 조반과 탈권을 통한 지도부 교체가 광범위하게 이루어졌을 뿐만 아니라 당과 정부의 기구에도 변화가 있었다. 당중앙의 지도기관인 정치국은 기능이 마비되고 각급 지방의 당위원회는 당과 정부의 기능을 통합한 혁명위원회로 대체되었으며, 1969년 9전대회 이후 회복되었다. 입법과 사법기관은 기본적으로 기능이 마비되었으며, 정부기구도 1966년 5월 국무원 소속기구가 78개였던 것이 1970년에는 32개 부문으로 줄어들고 권한과 인원의 대대적인 하방이 이루어졌다. 또한 각급기관의 지도부는 명목상 간부와 군대 및 군중조직의 대표로 구성되는 이른바 '삼결합'된 핵심 소조가 지도했다. 하지만 문혁 시기의 기구 개편이나 '삼결합' 지도부에 대해서는 개괄적이고 정치적인 평가를 제외한 구체적인 성과와 기능이나 역할에 대한 연구가 부족하다.

중국의 대외정책 변화도 연구가 많이 이루어진 영역의 하나이다.[34] 문혁 시기 중국의 대외정책에 급격한 변화가 있었던 데에도 한 가지 이유가 있지만, 정책적 필요에 따른 연구의 필요성과 자료 접근의 상대적인 용이함에도 그 원인이 있다. 또한 배외적이고 폐쇄적인 문혁의 이미지와는 달리, 문혁 시기의 중국의 급격한 대외정책의 변화는 개방의 기초가 되었다는 점에서 중요하다. 다시 말해서, 영국대표부 방화 사건과 같은 극단적 배외주의가 문혁의 한 측면이었다면, 중화인민공화국의 유엔대표권 행사와 대미관계를 포함하는 대서방관계의 획기적인 개선, 서방 기술의 대대적인 도입계획 등이 문혁의 다른 측면이었다고 할 수 있다.

(4) 지역별 문혁

문혁은 지역별로도 다양한 양상과 특징을 보이며 전개되었다. 그렇기 때문에 지방별 문혁도 문혁 시기부터 주요한 연구대상이 되었지만, 자료 접근의 한계로 말미암아 주로 베이징과 광둥에 한정되었다는 것은 이미 지적한 바와 같다. 그러나 중국의 개방과 특히 중국 출신 학자들이 문혁 연구에 참여하면서 다양한 지역에 대한 연구가 진행되고 있다. 또한 자신의 경험 또는 출신 지역 자료에 대한 상대적으로 용이한 접근을 통해 구체적인 사례들에 대한 사실적 연구와 회고록의 출판도 증가되고 있다.

전통적으로 비교적 많은 연구가 이루어진 베이징과 광둥에 대해서는 심화된 연구가 이루어지고 있다. 베이징에 대한 연구로는 칭화대학의 무투에 대한 연구(唐少傑 2003)와 보수파 홍위병의 회고록(沈如槐 2004), 왈더(Andrew G.

---

34 외교부의 문혁에 대한 대표적인 연구는 馬繼森(2003)이다.

Walder)의 베이징 홍위병 분파와 보수파 홍위병 우두머리에 대한 연구(Walder 2002; 2004) 등이 있다. 또 광둥의 문혁에 대해서도 일찍이 '인민문혁론'의 관점을 제기한 류궈카이가 중학시절부터 노동자로서 조반에 참여한 경험담과 자신이 참여한 조반파조직을 다룬 연구(劉國凱 2006a; 2006b)도 출간되었다.

뿐만 아니라 그 외의 지역에 대해서도 다양한 연구와 회고록이 출간되고 있다. 상하이 노동자의 문혁 참여에 대한 연구(李遜 1995; 李遜 1996; Perry and Li 1997)와 중공 상하이시 제1서기였지만 '1월 폭풍'으로 권력을 탈취당하고 숙청된 천비셴의 회고록(陳丕顯 2005), 후난의 노동자 조반파의 회고록(陳益南 2006), 7·20사건을 중심으로 한 후베이의 대중의 문혁 참여에 대한 연구(王紹光 1993),[35] 광시의 학살에 대한 연구(曉明 2006), 충칭의 조반파 우두머리인 황롄의 구술을 라오티엔(老田)이 정리한 자료, 저장(浙江)의 문혁에 대한 연구(Foster 1990) 등이 그것이다. 그리고 네이멍구의 인민혁명당 사건(內人黨事件)에 대한 기실(圖們·祝東力 1995)과 윈난의 자오젠민 사건에 대한 기실적 연구(丁龍嘉·聽雨 1999) 등은 중국에서 출간된 지방의 사건에 대한 논픽션이다. 쓰촨 출신 정광루(鄭光路)의 문혁 시기 무투와 문투에 대한 연구(鄭光路 2006a; 鄭光路 2006b), 역시 쓰촨 출신인 쉬요우위의 조반파에 대한 연구(徐友漁 1999), 역시 쓰촨의 조반파로 1971년과 1978년 투옥되었던 저우룬줘의 조반파에 대한 연구(周倫佐 2006) 등은 문혁 시기 대중운동 일반에 대한 연구이기는 하지만, 저자들의 출신 지방의 사례를 광범위하게 이용하고 있다.

---

35 왕샤오광의 연구는 그의 1990년 코넬대학 박사학위논문 "Failure of Charisma: The Cultural Revolution in Wuhan"의 중문판이다. 이 책은 1995년 옥스퍼드대학 출판부에서 영문판으로도 출간되었다.

지방의 문혁에 대한 연구 확대의 가장 큰 제약 요인은 자료 문제라고 할 수 있다. 지방의 문혁에 대한 베이징과 광둥을 제외한 기존 연구의 대부분이 연구자의 출신지역과 문혁 시기의 전형적 사건에 대한 것이라는 점이 자료 문제를 역설적으로 보여준다고 할 수 있다. 비교적 잘 알려진 전형적 사건을 제외하고 지방에 대한 자료는 극도로 제한되어 있기 때문에,36 지방 문혁에 대한 연구는 주로 경험자 또는 지역 사정에 밝은 해당 지역 출신자에 의해 이루어지고 있는 것이다.

중국에서 1980년대 이후 공식적으로 지방지(地方誌), 지방사 또는 지방의 당사 및 『당대중국총서』(當代中國叢書)의 각 지방권 등을 정리하는 과정에서, 지역별 편차가 있고 미흡하기는 하지만 문혁 시기에 대해 부분적인 정리가 이루어졌다. 그런데 2000년대 이후 새로운 지방지를 편찬하는 과정에서 특히 문혁에 대한 좀 더 광범위하고 객관적인 정리의 원칙이 정해졌기 때문에, 이후 정리 출간될 지방지에서는 좀 더 상세한 자료를 기대할 수 있을 것이다.

지방에서의 문혁은 여전히 알려지지 않은 많은 사건들이 있을 뿐만 아니라 지방별 문혁 양상의 차이에 대해서도 명확하게 규명되지 않고 있다는 점에서 지속적인 연구가 이루어질 수 있는 연구의 미답지라고 할 수 있다. 그와 관련하여 지방별 혁명위원회 구성의 시기와 구성원의 차이, 대중운동 양상의 차이, 문혁 영향의 차이 등을 규명하고 지역별 특징을 추출하고 유형화하

---

36 지방 자료의 한계를 잘 보여주는 것이 현재까지 출간된 문혁자료집 가운데 가장 전면적이라고 할 수 있는 홍콩중문대학에서 간행된 『문화대혁명문고』(文化大革命文庫) CD(2版)에 수록된 지방의 문건자료이다. 이 자료집에는 베이징시 발행 문건이 25건 수록되어 있는 데 비해, 나머지 지방혁명위원회의 문건은 모두 13건, 지방군관위와 지방군구의 문건은 모두 13건에 불과하다. 이 자료는 원래 2002년에 3,000만자 분량으로 출간되었던 것을 2006년 500만자를 보완한 것이다.

는 작업이 필요하다고 할 수 있다.

(5) 기타

그 외에도 인물, 중요한 사건, 이념, 문예, 사망자 등 희생자, 문혁 시기 경제 등 다양한 분야에 걸쳐 연구가 진행되고 있다.

인물 연구는 문혁 시기에 중요한 역할을 한 다양한 인물들의 활동에 대한 연구 및 전기, 그리고 중요한 사건과 관련된 인물에 대한 연구 등이 있다.37 주요 인물에 대해서는 중국 내외를 막론하고 비교적 많은 연구가 이루어지고 있다. 특히 1990년대 이후 중국에서 주요 인물에 대한 공식적인 자료 정리가 이루어지면서 전기와 연보 등 많은 자료가 출간되고 있다.

그러나 문혁 급진파 인물에 대해서는 홍콩에서 출간되고 있는 회고록 자료를 제외하고는 신뢰성 있는 자료가 그렇게 많지 않다. 우리말로도 번역되어 있는 예룽례(葉永烈)을 위시한 췐옌치(權延赤), 셔동빙(師東兵) 등의 논픽션 기실은 엄격한 사료 비판을 거친 연구가 아니라 학술 연구의 자료로 이용하는 데 한계가 있다. 다만 문혁 급진파에 대한 그들의 저작은 다른 자료가 없다는 점에서 부분적으로 참고할 수는 있다.

문혁 과정은 다양한 층위와 부문에서 일어난 사건들의 집합이라고 할 수 있다. 그런 사건들은 상층의 권력투쟁과 인사변동, 대중운동 및 각 부문과 지방에서의 문혁을 구성하기 때문에 앞에서 언급한 문혁 과정에 대한 연구 전반을 포괄한다. 그럼에도 불구하고 여기에서 사건에 대한 연구를 언급하는

---

37 나머지 분야에 대해서도 마찬가지지만 인물 연구에 대한 자세한 목록은 Chang(1999)과 Song and Sun(1998) 참조. 그리고 최근 출간된 전기, 연보, 회고록에 대해서는 본권 부록 참조.

것은 여전히 알려지지 않은 많은 사건들이 존재할 뿐만 아니라 잘 알려져 있는 사건도 여전히 많은 미스터리를 포함하고 있기 때문이다. 그런 사건들은 개인적인 것에서부터 대규모의 조직과 집단이 관련된 거시적인 맥락의 사건까지 다양한 층위와 범위를 포괄한다. 이는 개별적인 사건의 발굴과 인과관계에 대한 규명이 여전히 중요한 연구의제라는 것을 의미한다.

또한 문혁이 이념에 기초하여 발생한 정치운동이었던 만큼 문혁 시기의 이념 문제도 중요한 연구주제 가운데 하나이다.38 문혁 시기의 이념에 대한 연구는 문혁의 한 기원이 마오쩌둥의 이상주의와 급진사상에 있다는 점에서 문혁의 원인에 대한 연구에서 다루어진다(王年一 1996; MacFarquhar 1974). 그와 관련하여 후기 마오쩌둥의 사상 및 문혁 급진파의 사상이 하나의 연구주제가 된다. 그와 더불어 마오쩌둥의 근본주의적 급진사상은 다양한 이단적인 사상 조류가 등장할 수 있는 조건이 되었기 때문에, 문혁 시기에 다양한 사상 조류가 출현했다는 점에서 그런 이단적 사상 조류도 중요한 연구대상이 된다. 위뤄커(遇羅克)의 "출신론"(出身論), 후난 성우롄의 양시광(楊曦光)이 쓴 "중국은 어디로 가는가"(中國向何處去), 광둥의 왕시저(王希哲) 등의 "리이저 대자보"(李一哲大字報) 등은 문혁 시기부터 대내외적으로 널리 알려진 이단적 사상 조류의 대표적인 예이다.39

마오쩌둥의 후기 사상에 대해서는 문혁 비판과정에서 개혁파 이론가들에 의해 부분적인 연구가 이루어졌다.40 그러나 급진파 문혁 주도자들의 이론에 대해서는 별다른 연구가 이루어지지 않고 있다. 그것은 자료의 문제와

---

38 문혁의 다양한 이념에 대한 종합적인 연구로는 중국인민대학의 류샤오(劉曉 2000)가 있다.
39 이 글들은 모두 宋永毅·孫大進(1997)에 수록되어 있다.
40 『인민일보』부편집장을 역임한 王若水(2002)와 마오쩌둥의 비서와 중공중앙조직부부부장 등을 역임한 李銳(1999) 등이 그것이다.

더불어 그들의 이론을 단지 마오쩌둥의 급진사상에 대한 부용(附庸)으로 보는 관점 및 문혁에 대한 부정적 평가와 관련된다고 할 수 있다.⁴¹ 그에 비해 문혁 시기의 이단적 사상 조류는, 제한적이나마 출판과 결사의 자유가 보장된 문혁 시기의 특징에 대한 이해와 더불어 개혁 이후 다양한 사상적 조류의 원류라는 점에서 주목을 받는다. 그렇지만 자료 문제로 인해 위의 세 가지 글을 중심으로 연구가 이루어졌으며, 최근에 비로소 본격적인 자료 출판과 연구가 시작되고 있다고 할 수 있다.⁴²

문혁의 희생자에 대한 연구도 중요한 주제의 하나이다. 문혁이 끝난 이후 '평반' 작업을 통해 문혁 희생자에 대해서는 비교적 자세하게 알려졌다. 그런데 기존의 당권파나 지식인 희생자 또는 이단적인 주장으로 사형을 당한 장즈신(張志新), 위뤄커 등 전형적인 인물들에 대해서는 비교적 잘 알려져 있지만, 대중적인 희생이나 학살 등과 관련해서는 자료나 연구 모두 부족하며 심지어 문혁 사망자에 대한 대략적인 통계도 없는 실정이다. 광둥, 광시, 후베이의 학살에 대한 비교연구(Su 2006)와 산시(陝西)의 지주 사망에 대한 연구(He 2006), 500명이 넘는 문혁 희생자들의 개인적 상황을 정리한 왕요우친의 연구(王友琴 2004), 대규모 학살 사건에 대해 정리한 송용이가 편집한 책(宋永毅 2002) 등이 출판되었지만, 희생자에 대한 본격적인 연구는 출발선

---

41 이들에 대한 자료로는 문혁 시기 홍위병 자료에 실린 대화록을 제외한다면, 홍콩에서 출판된 왕리와 천보다의 회고록(王力 1993; 王力 2001; 陳伯達 2000; 陳曉農 2005)과 베이징대학과 칭화대학의 사인방 어용이론가 그룹인 양샤오(梁效)의 일원인 판다런의 회고록(范達人 1999)이 고작이다.
42 宋永毅·孫大進(1997)는 긴 해설 논문과 더불어 문혁 시기의 다양한 이론적 주장에 대한 글을 수집해 제공하고 있다. 또 "중국은 어디로 가는가?』를 쓴 양시광의 회고록(楊曦光 1994), 그리고 후베이의 급진파 사조를 대표하는 북두성학회(北斗星學會)와 무산계급 문화대혁명을 끝까지 진행할 결심자 연락소 및 그들이 펴낸 잡지 『양자강평론』(揚子江評論) 등을 통칭하는 베이제양을 조직한 우한의 루리안의 회고록(魯禮安 2005) 등이 있다.

에 있다고 할 수 있다.⁴³

그 외에도 문혁 전안조 등의 특수조직 및 문혁 시기의 당과 정부조직의 변화 등도 연구가 부족한 영역이라고 할 수 있다. 그 외 문예 문제, 경제 문제 등도 있다. 경제 문제는 개혁 문제와 밀접한 관련을 가지기 때문에 문혁의 영향에서 다루도록 하겠다. 문혁 시기의 문예 문제에 대해서는 많은 연구가 이루어지고 있을 뿐만 아니라 중국에서도 연구가 상대적으로 자유로운 문혁 연구의 예외적인 영역이라고 할 수 있다.⁴⁴

4) 문혁의 영향과 평가

문혁의 영향과 문혁 평가 문제도 문혁 연구의 중요한 쟁점이다. 문혁은 국내뿐만 아니라 대외적으로도 많은 영향을 미쳤다. 10년간 지속된 전국적·전사회적 정치운동인 문혁은 정치·사회·경제·문화 등 다양한 영역에 걸쳐 심대한 영향을 끼쳤으며, 대외적으로도 문혁은 혁명의 수출을 위한 대외적 지원을 통해서 제3세계에 커다란 영향을 미쳤을 뿐만 아니라, 이상주의는 서구의 좌파운동에도 광범위한 영향을 미쳤다.

문혁이 발생한 직후부터 문혁은 관료주의에 대한 비판과 극복의 이상적 형태로서 받아들여졌는가 하면 공산주의의 야만적 폭력의 발현으로도 받아들여졌다. 그런 평가는 자료의 제한으로 말미암아 객관적 평가라기보다는

---

43 그런데 편차가 있기는 하지만 지방지에 지방의 희생자에 대한 기록이 포함된 경우가 있기 때문에 지방의 문혁 희생자 연구에 참조할 수 있다.
44 문혁 시기의 문예 연구에 대해서는 중국에서도 몇 권의 책이 출판되었을 뿐만 아니라 지방정부의 지원을 받아 연구가 이루어지고 있다(郝建 2006, 22-25). 대륙과 타이완에서 출판된 許子東(2000), 宋如珊(2002) 등이 대표적인 문혁 문예 연구라고 할 수 있다.

기본적으로 정치적 입장에 기초한 것이었다고 할 수 있다. 그렇지만 닉슨조차도 미국에서 사라진 청교도 정신이 발현된 것이라고 언급할 정도로 문혁의 이상주의는 매력적인 것으로 여겨졌다. 그리고 그런 평가는 서구의 68년 사건에서 보는 바와 같이 당시의 세계적인 조류와도 일정한 연관이 있었다(郭建 2006).

문혁이 끝난 후 문혁의 다양한 부정적 모습이 공개되면서, 문혁은 파괴적이고 반문명적이며 중국 사회의 퇴보를 초래했다고 평가된다. 그런 평가는 개혁 노선으로 전환하는 정당성의 근거가 되었다. 그런 점에서 1981년 중국공산당의 문혁에 대한 공식적 부정인 〈역사결의〉의 통과와 동시에 화궈펑이 실각하고 덩샤오핑체제로 권력 이전이 완성되는 것은 우연이 아니다.

이런 관점에서 개혁은 문혁에 대한 반동이자 문혁의 역설이라고 할 수 있다. 문혁에 대한 이런 평가는 탕추(Tang Tsou)나 네이션(Andrew Nathan) 등 1980년대 문혁 연구자들의 일반적 견해였다(Lupher 2003, 184-185). 이홍영은 문혁의 부정적 경험으로 인해 문혁의 희생자였다가 평반된 고위간부들이 개혁가로 다시 태어났다고 주장한다(Hong Yung Lee 1991, 400).

그러나 개혁이 문혁의 역설이기만 한 것인가? 이와 관련하여 1990년대 이후에는 문혁과 개혁의 관계에 관해 새로운 관점에서 연구가 이루어지고 있다. 권력재편과정인 문혁을 통해 결과적으로 경제적 자유주의와 정치적 권위주의세력이 승리를 거두었으며 개혁은 그 필연적 귀결이었다는 관점(Lupher 2003, 184-202)이 있는가 하면, 마오쩌둥의 발전전략과 초기 개혁의 핵심인 농촌 공업화의 관계에 대한 연구가 중국 외부뿐만 아니라 중국에서도 제기되고 있다(Wong 1991; Wong 2003; 劉雪明 2006). 심지어 깐양(甘陽)은 대약진 시기부터 이어진 '창조적 파괴'를 통한 농촌의 사대(社隊)기업 건설과 권력 하방이 중국 개혁 성공의 전제였다는 점에서, 개혁 이전과 이후는 단절성과 동시에 연속성을 갖고 있다고 주장한다(甘陽 2007).

또한 문혁이 정치체제 개혁과 정책에 미친 영향에 대한 연구(Dittmer 1991; White 1991)는 물론, 1989년 톈안먼 사건과 문혁의 관계 및 조반과 개혁이후 대중적 저항의 관계에 대한 연구도 이루어지고 있다(Calhoun and Wasserstrom 2003; Perry 2003). 중국의 민주화운동과 특히 조반을 중심으로 하는 문혁 시기 대중운동은 인적·사상적으로 일정한 연관이 있다. 1978~79년 민주의 벽은 그 자체가 문혁 시기 대민주의 상징인 대자보와 연결될 뿐만 아니라 적극적 참여자 중에서는 과거 조반파들도 상당수 포함되어 있었다.

하지만 민주화와 문혁의 관계에 대한 연구는 이제 막 시작되는 단계라고 할 수 있다. 개별적인 사례를 제외하고 급진 조반파와 민주화운동의 사상적·인적 연결점을 찾기가 쉽지 않다는 것이 한 가지 이유라면, 문혁의 대중운동을 폭력적이고 파괴적인 측면에서만 규정한 기존의 문혁에 대한 이해와도 관련이 있다. 이런 관점은 앞에서 기술한 바와 같이 조반파 출신의 회고록과 연구를 통해 부분적으로 수정되고 있기는 하지만 아직은 연구가 불충분하다고 할 수 있다.

문혁을 역사로서 평가하고 연구해야 한다는 관점이 제기되지만, 문혁에 대한 평가가 개혁과 직접적으로 연관되어 있는 만큼 개혁 '성공'의 이미지가 문혁에 대한 객관적 평가에 장애가 되는 것은 피할 수 없는 일이다. 그런 점에서 문혁 시기의 대중운동과 개혁 시기의 민주화 및 저항의 관계에 대한 연구뿐만 아니라 문혁에 대한 다양한 관점들이 주목을 받기 시작한 것이 개혁의 다양한 문제가 발생한 시점과 일치한다는 것은 우연이 아니다.

이와 관련하여 주목해야 할 것이 상호 상반되는 관점에서 제기되는 두 가지 문혁관이다. 자유주의적 관점에서의 '두 개의 문혁론' 혹은 '인민문혁론'이 그 하나라면, 신좌파의 입장에서 제기되는 문혁에 대한 긍정적 평가가 다른 하나이다.

두 개의 문혁론 또는 인민문혁론은 마오쩌둥이 문혁이라는 기회를 이용하여 인민이 마오쩌둥의 문혁에 대립하는 인민의 문혁을 일으켰다는 관점이다. 다시 말해서, 인민문혁은 1950년대부터 누적된 공산당 통치에 대한 인민의 불만이 문혁이라는 기회를 통해 폭발한 것으로 반공적 성격을 지녔다고 주장한다. 이런 관점은 왕시저에 의해 1980년에 처음 명시적으로 제기되었으며, 양시광, 류궈카이, 정이(鄭義) 등 조반파 출신인사들도 비교적 이른 시기부터 그런 관점을 제기한 대표적인 논자들이다(郝建 2006, 91-92).[45] 이들은 모두 유학을 가거나 망명하여 해외에서 활동한다는 공통점이 있다. 이런 관점은 1990년대 중반 광범위한 주의를 끌기 시작했으며, 특히 조반파에 대한 연구가 심화되면서 문혁 연구의 핵심 쟁점 가운데 하나가 되었다.

　인민문혁론은 1980년대 이후 문혁에 대한 사회중심적인 접근과도 그 궤를 같이 하지만, 그것이 지닌 반공적 성격과 대중운동의 자율성에 대한 평가에 대해서는 이론이 존재한다. 진춘밍(金春明)과 같은 중국 관방학자들은 반공적 성격을 부정할 뿐만 아니라(金春明 2000), 허쉬(何蜀)와 같은 민간연구자도 대중 조반의 전제로서 마오쩌둥의 문혁 시기에 이루어진 두 차례 '평반'을 통한 조반 조건의 허용과 조반자의 체제 내적 성격을 강조한다.[46]

　이들은 문혁을 부정적으로 보지만, 마오쩌둥 혹은 관방의 문혁과 구별되는 공산당의 폭압에 저항한 '반공적 인민'의 문혁에서 문혁의 긍정적 측면을 발견한다면, 신좌파는 문혁을 전반적으로 긍정적으로 평가한다는 점에서

---

[45] 이런 견해의 왕시저의 글(「毛澤東與文化大革命」)은 1980년 민주의 벽에 발표된 것으로 1981년 홍콩 『70년대』(七十年代) 잡지에 공간되었다. 류궈카이도 일찍이 1970년대 지하 작업을 통해 그런 견해를 피력했지만(劉國凱 2006d), 그것을 공식화시킨 것은 『인민혁명론』(人民文革論)이다. 『인민혁명론』은 인터넷에 발표한 글을 모아 2006년 출판된 것이다.
[46] 허쉬는 1966년 자본주의 반동노선 비판이 제기된 이후 기존의 공작조가 반혁명으로 비판된 대중에 대한 평반과 1967년 4월 소위 '2월 역류' 이후 군대와 공안기관이 반혁명으로 규정한 사람들의 평반이 조반의 중요한 정치적 조건이었다고 주장한다(郝建 2006, 108-113).

기존의 문혁 평가는 물론 인민문혁론자들의 평가와도 구별된다. 신좌파들은 마오쩌둥의 이론적 합리성과 사회주의의 관료화를 해결하는 방법으로서 대민주를 긍정적으로 평가할 뿐만 아니라 현대 민주제도의 한계를 보완할 수 있는 대안이라고 주장한다(추이즈위안 2003, 47-84). 뿐만 아니라 문혁의 파괴적 이미지에 대해서도 구체적인 지표를 들어 반론을 제기한다. 한더챵(韓德强)은 문혁 시기를 포함하는 1965~85년까지 중국의 연평균 GDP 성장률이 7.49%로 세계 최고 수준에 달했으며, 개혁 이전 30년간 주요 생산품의 성장률이 개혁 이후 20년보다 오히려 높았다고 주장한다(韓德强 2003, 142-156).

이런 신좌파의 주장은 중국 내외 문혁 연구자들에게 융단폭격을 당한다. 문혁으로 인한 희생을 간과하고 현실을 모르는 이론적인 주장이라는 것이다. 그러나 신좌파도 문혁으로 인한 희생을 부정하는 것이 아니라는 점에서 그런 비판이 전적으로 타당한 것은 아니다. 신좌파의 주장은 이론적으로 논란의 여지가 있을지라도, 문혁과 개혁을 단절적 시각에서 보는 것이 아니라 단절성과 동시에 연속성을 고려해야 한다는 관점을 제기할 뿐만 아니라, 그것에 대한 평가와는 별개로 개혁의 문제점에 대한 중국 내부의 모색과 관련된다는 점에서 주목할 필요가 있다.

더구나 경제 문제에서의 연속성 문제는 위 깐양의 연구뿐만 아니라 관방의 경제사 연구와 공식적 자료에서도 문혁의 파괴적 영향에 대한 신화의 관점에서는 이해할 수 없는 지표들이 제시된다. 그런 연구와 지표에 의하면, 1966년부터 1976년까지 11년간 공업은 평균 9.9%의 성장을 이룩했으며(王海波 1998, 484), 농업도 양식생산량이 매년 900만 톤 이상 증산되었다.[47] 이

---

[47] 1965년 양식 총생산은 1억 9,453만 톤이었는데, 1975년은 2억 8,452만 톤이다(國家統計局綜合司 1990, 12).

런 지표는 신좌파 주장의 타당성과는 별개로 최소한 경제적으로는 문혁이 그렇게 파괴적이지 않았다는 것을 의미한다.

이것은 문혁의 영향과 평가에 있어서 전반적 평가와는 별개로 다양한 측면들을 구분하여 고찰할 필요가 있음을 의미한다. 파괴와 야만적 폭력이 문혁의 성격을 규정하는 주요한 측면일지라도, 실패한 이상주의적 실험이 갖는 한계와 성과 및 다양한 인간 군상들의 행위와 선택이 있었다는 점에서 그에 대한 탈정치적·객관적·종합적 평가가 필요하다. 이런 시도가 문혁을 역사로서 보려고 하는 관점(Esherick et. al. 2006)이라고 할 수 있다.

4. 결론

문혁은 정치사 측면에서뿐만 아니라 중국의 현재와 이후의 변화를 이해하기 위해서도 필수불가결한 연구영역이다. 그렇기 때문에 많은 연구가 이루어졌고 또 이루어지고 있다. 그러나 여러 가지 원인으로 인한 연구의 제약으로 말미암아 많은 부분이 여전히 연구의 공백으로 남아 있다. 그것은 필요성이라는 측면에서뿐만 아니라 연구현황이라는 측면에서도 문혁 연구가 여전히 무한한 가능성을 가진 영역이라는 것을 의미한다. 문혁 연구의 심화를 위해서는 두 가지가 필요하다.

우선, 자료의 체계적인 수집·정리와 더불어 자료의 생산이 필요하다. 이를 위해서는 현실적으로 가능한 일에서 출발해야 한다. 중국, 홍콩, 타이완, 일본 및 구미에서 출간된 공개·비공개 자료의 수집·정리가 하나라면, 문혁의 중요한 행위자 가운데 하나인 일반 대중의 관점에서 문혁을 이해하고 참여 과정에 대해 정리하는 것이 다른 하나라고 할 수 있다. 고위층의 문제에 대한 연구는 당안 자료에 대한 접근에 의해 상당 정도 규정되며 이는 중국의 정책결정자의 결정사항이지만, 대중은 참여자이기는 하지만 대부분 자신의 기록을 남기지 않는다는 점에서 다양한 방식으로 자료를 생산할 필요가 절실하다. 이와 관련하여 비록 한계가 있기는 하지만, 구술자료의 채록과 정리는 하나의 대안이 될 수 있다.

다음으로 문혁에 대한 기존 관념이나 이해에서 벗어날 필요가 있다. 기존 관념이나 이해는 한편으로는 문혁에 대한 이해에서 정치과잉과 관련되며, 다른 한편으로는 다양한 선험적 이해 또는 판단과 관련된다. 정치과잉은 중국의 공식적 입장뿐만 아니라 외부의 연구자에게도 드물지 않은 현상이다. 문혁에 대한 선험적 이해와 판단은 문혁의 야만적 폭력과 파괴로 인해 문혁의 다양한 측면과 작용을 간과하게 하는 경향과 관련된다. 그와 더불어 문혁에 대한 전반적 평가와는 별개로 다양한 측면들을 구분하여 고찰할 필요가 있다.

문혁은 중국을 이해하는 데 있어서만이 아니라 미증유의 인류의 경험이라는 점에서 어떤 의미에서든 인류 공동의 유산이라고 할 수 있다. 중국에서 주장하는 바와 같이 그것의 재연을 방지하기 위해서든, 인간 행위의 양태에 대한 이해를 위해서든, 문혁에 대한 객관적이고 냉정한 연구가 필요하다. 그런 연구는 문혁과 중국(정치)에 대한 이해뿐만 아니라 인류의 인류에 대한 이해를 심화시키는 데 기여할 것이다.

제2장

노동자의 문화대혁명 참여와 노동관리

장영석

1. 서론

딜릭(Dirlik 2005, 55-56)은 "혁명을 기억해내는 것은 혁명의 결점을 드러내기 위한 것이 아니라, 사회적 존재나 조직의 대안적 형태에 대한 가능성을 계속 열어놓으려는 것"이라며 문화대혁명에 대한 연구를 앞으로 우리가 추구해야 할 사회의 건설 전망과 연결시키고 있다. 문화대혁명 속에 과연 그가 말한 것처럼 바람직한 미래 사회의 건설 전망과 연결될 수 있는 풍부한 경험이 내재되어 있는지에 대해서는 논자에 따라 다양한 견해가 있을 수 있다. 중요한 것은 좀 더 풍부한 논의를 위해서라도 문화대혁명의 경험적 사실을 정확하게 규명하는 작업과 또 드러난 그 경험적 사실을 과학적으로 해석하는 작업이 선행되어야 한다는 점이다.

잘 알려져 있듯이 문화대혁명은 마오쩌둥이 새로운 국가를 건설한 지 17년 만에 중국 사회가 '중국공산당 내에 자본주의의 길을 걷는 주자파'(走資派)에 의해 자본주의로 변질되고 있기 때문에 주자파를 타도해야 한다고 대중에게 직접 호소했고, 또 광범위한 대중들이 그의 호소에 호응하면서 10년 동안이나 전개되었던 역사적 사건이다. 문화대혁명에서 가장 활발하게 대중운동에 참여했던 역량은 학생, 지식인, 노동자였지만, 학생과 지식인은 대중의 비판과 교육을 받는 대상으로 전락해버렸고, 결국 노동자만이 역사 무대의 주역이 되었다.

그동안 대부분의 문화대혁명 연구는 학생과 지식인, 또는 권력 상층부의 파벌투쟁에 초점이 맞춰져 있었으며 노동자에 초점을 맞춘 연구는 별로 없다. 바로 이 점이 문화대혁명에서 노동자를 연구해야 하는 중요한 이유이기도 하다. 중국노동자들은 마오쩌둥의 호소에 호응하여 문화대혁명에 참여했지만, 그들이 전개했던 대중운동은 종종 마오쩌둥뿐만 아니라 대중운동을 직접 이끌었던 대중운동 지도부의 예상과 통제를 벗어나 발전했다. 문화대혁명 시기 노동자가 보여주었던 역동성과 능동성, 대중운동의 과정에서 나타난 다양한 실험 내용은 몇몇 기존의 중요한 연구성과에도 불구하고 제대로 밝혀져 있지 않은 상태이다.

학생운동으로 시작된 문화대혁명에 노동자들이 참여한 구체적인 시점은 언제이고, 노동자들은 어떤 경로를 통해 학생운동과 결합했으며, 또 그 계기는 무엇이었고, 결합의 형태는 어떠했는가? 노동자들이 문화대혁명에 참여한 것은 4청운동 등 과거에 전개된 각종의 운동과 어떤 연관이 있는가? 문화대혁명의 중앙지도부는 기존의 노동관리 시스템에 어떤 문제점이 있다고 판단했고, 또 어떤 새로운 노동관리 시스템을 확립하려 했는가? 문화대혁명 당시 중국노동자들이 새로운 권력기구로서 설립한 공장 혁명위원회의 성격은 무엇이고, 또 그 기구는 어떻게 운영되었으며, 실천되었던 노동제도의 구체적인 내용은 무엇인가? 중국노동자들이 문화대혁명 시기에 전개했던 다양한 제도적 실험의 현재적 함의는 무엇인가?

문화대혁명 시기 공장노동자의 대중운동을 연구한 기존 연구는 이런 일련의 의문에 충분하게 대답해 주지 못하고 있다. 이 글은 베이징, 상하이, 충칭 지역에 소재하고 있는 일부 공장을 선택하여 그 공장에서 문화대혁명을 경험한 노동자를 인터뷰하는 방법을 통해 '대중적 시각'에서 기존 연구의 불충분성을 보완하고자 한다. 필자가 사용한 인터뷰 자료는 문화대혁명 시기 '대연합'의 모범적 사례로 널리 선전되었던 소위 '여섯 공장, 두 학교' 중 하나였던 베이징의 ○○인쇄공장과 베이징 ○○전자관공장, 노동자 출신으로 마오쩌둥의 후계자로까지 지목되었던 왕훙원(王洪文)을 배출한 상하이의 국면 ○○공장, 조반파 지도자로서 쓰촨성 혁명위원회 상임위원 겸 충칭시 혁명위원회 부주임으로까지 발탁된 저우JY가 근무했던 충칭의 ○○기계공장 등에서 확보되었다.

    문화대혁명을 공장 차원에서 접근하는 것은 각 공장마다 상황이 다르기 때문에 그 경험을 일반화하기 어렵고, 또 각 계급계층의 연합을 통해 문화대혁명이 진행된 지역 차원의 풍부한 경험을 반영하지 못한다는 단점을 안고 있을 수 있다. 그렇지만 공장 단위에서 문화대혁명을 조망하는 것은 중앙당국이 입안한 문화대혁명의 정책과 방침이 공장 단위에서 어떻게 전달되었고, 또 노동자 대중들은 그에 대해 어떻게 반응했는지를 구체적으로 알 수 있는 장점도 있다. 이런 장점을 잘 반영하고, 단점을 보완하기 위해서는 베이징, 상하이, 충칭 이 세 지역에서 전개되었던 문화대혁명의 지역적 편차에 대해 좀 더 세심한 주의를 기울일 필요가 있다.

    베이징과 상하이의 문화대혁명은 중앙당국의 엄격한 통제 아래 진행되었기 때문에 다른 지역에서와 같이 '통제 불능'의 상태에 빠진 적이 없었다. 또 이 두 지역의 경우 노동운동과 학생운동의 각 파벌들이 상호 연대하는 가운데 통일적인 조직을 형성하면서 문화대혁명을 전개하지 못했다는 공통점이 있다. 중앙당국의 강력한 개입으로 인해 베이징의 경우 노동운동은 학생운동만큼 활발하게 진행되지 않았고, 동일한 이유로 상하이의 노동운동은 학생운동을 압도하는 모습을 보였다. 이 점은 다른 지역의 문화대혁명이 학생운동과 노동운동의 각 파벌들이 상호 영향을 주고받으면서 통일적 조직을 형성하면서 발전했고, 또 그 과정에서 현지 주둔 군대와 공개적 혹은 비공개적 연맹을 형성하면서 크고 작은 무장투쟁을 오랫동안 전개했던 것과 큰 대조를 이룬다(王紹光 1993, 20-21; 徐友漁 1999, 59-61). 그런 면에서 충칭의 인터뷰 자료는 베이징, 상하이의 인터뷰 자료보다 좀 더 일반적이라고 할 수 있다. 그러나 군대가 보수파를 지원하면서 조반파를 억압했던 충칭의 경우, 군대가 조반파를 지원하면서 보수파를 억압했던 청두(成都) 등지와 비교했을 때 문화대혁명의 전개 내용이 많이 다르기 때문에 충칭의 경험을 일반화하기도 어려운 실정이다. 이 같은 사실들을 고려하여 필자는 인터뷰 자료의 내용을 분석하고 해석할 때 부분적 사실을 일반화하는 우를 범하는 대신, 오히려 지역적 편차가 나타난 이유를 밝히는 데 주안점을 두고자 한다.

2. 본론

1) 문화대혁명 초기의 노동자 참여과정

노동자들이 문화대혁명에 참여한 시점에 대해 일반적으로 널리 퍼져 있는 관점은 홍위병의 학생운동이 고조에 달했던 '홍8월'(紅八月)[1] 전후라는 것

---

[1] 마오쩌둥이 1966년 8월 18일 톈안먼 성루에서 처음으로 톈안먼 광장에 운집한 홍위병을 접견한 이후 홍위병이 전국적으로 확산된 것을 비유한 말이다.

이다.² 이 관점이 널리 퍼지게 된 이유 가운데 하나는 중국공산당의 중앙과 국무원이 1966년 7월 2일에 발표한 〈공업교통기업과 기본 건설 단위는 어떻게 문화대혁명을 전개할 것인가에 대한 통지〉(이하 〈통지〉)와 관련이 있어 보인다. 〈통지〉는 "문화대혁명의 중점을 문화, 교육 부문, 당·정 기관으로 한정하고, 공업·교통·기본건설·상업·의료 등의 기초 단위는 명확한 지휘계통 아래에서 종래의 4청운동³의 수순에 따라 단계적으로 진행되어야 한다"라고 밝히고 있는데, 이 방침대로 노동자들은 4청운동에 참여했으며, 학생과 같이 문화대혁명에는 참여하지 않았다는 것이다.

그러나 상당수의 공장노동자들은 홍위병의 학생운동과 동시에 문화대혁명에 참여한 것으로 보인다. 그 직접적인 계기가 된 것은 1966년 5월 25일 베이징대학교의 한 식당에 녜위엔즈(聶元梓) 베이징대학교 철학과교수이자 당 총지부서기 등이 베이징대학교 당위원회를 공격하는 대자보였다. 1966년 6월 1일 마오쩌둥의 명령을 받아 중국인민라디오방송국(中國人民廣播電臺)은 이 대자보를 방송했고, 그 다음 날 『인민일보』는 이 대자보의 전문과 이를 환영하는 평론원의 글을 게재했는데, 이는 중국 인민들에게 '자신이 속한 단위의 당위원회를 공격하는 것이 불법이 아니다'라는 신호로 전달되었다(王紹光 1993, 31). 정치적으로 민감했던 공장의 간부와 노동자도 학생, 지

---

2 예를 들어 왕녠이(王年一 2004, 131)는 1966년 8월 8일 중국공산당 제8기 11중전회가 통과시킨 〈무산계급 문화대혁명에 대한 결정〉(소위 '16조')이 발표된 후 일부 노동자들이 '연합조반활동'(串聯造反)에 참여했지만 그 수는 아주 적었다고 지적하고 있다.
3 1963년 2월 11~28일까지 중국공산당 중앙은 베이징에서 공작회의를 개최한 뒤 도시에서는 5반(절도반대, 투기활동반대, 낭비반대, 분산주의반대, 관료주의반대) 운동과 농촌에서 사회주의 교육 문제를 전개할 것을 결의했는데, 그 후 농촌의 사회주의 교육운동은 4청(장부, 재고, 재산, 임금 점수 점검 정리)운동으로 발전했다. 4청운동은 1965년 이후 '정치, 사상, 조직, 경제 문제 정리'로 그 내용이 변화했고, 도시와 농촌에서 전개되고 있던 사회주의 교육운동은 '4청'으로 명명되었다.

식인, 간부 못지않게 그 신호에 신속하게 반응했다.

    몇 가지 사례가 이를 뒷받침한다. 1966년 6월 12일 상하이 국면○○공장의 보안과 간부였던 왕훙원은 보안과의 5명의 직원과 함께 연명으로 공장 의무실에 '부르주아계급 반동권위를 단호히 타도하자!', '부르주아계급 당권파를 단호히 타도하자!', '수정주의의 오래된 뿌리를 단호히 뽑아내자!'라는 세 가지 표어가 적힌 대자보를 붙였다(李遜 1996, 52-53). 문화대혁명 당시 공장의 평범한 간부에서 쓰촨성 혁명위원회의 위원 겸 충칭시 혁명위원회 부주임을 맡기도 했던 황롄은 "문화대혁명 초기 50여 일 동안 반동노선이 휩쓸때 …… 회사가 조직한 학습회에서 회사의 경리 이상은 주자파는 아니지만 특권 계층으로 문제가 있다"라고 발언하여 공장 당위원회가 조직한 보수파에 의해 감금되었다고 밝히고 있다.[4]

    문화대혁명 초기에 노동자들이 문화대혁명에 참여한 계기는 학생운동과 떼놓고 설명할 수 없다. 홍위병의 학생운동이 심화됨에 따라 공장의 노동자들도 다양한 형태로 문화대혁명에 참여한다.

    우선, 노동자들은 대학교로 가서 학생운동을 '참관'하는 모습을 보였다. 베이징의 ○○전자관공장의 한 노동자는 "공장의 일부 사람들이 학생들이 어떻게 비판대회를 개최하는지 보기 위해 베이징대로 갔다. 되돌아와서 나도 대자보를 썼다. 당시 공장 내의 일을 비판하는 것이 이미 시작되었다. 각급 지도자를 겨냥하는 비판이 시작되었다"라고 밝히고 있다.[5] 충칭 ○○공장의 한 노동자는 "4청이 끝난 후 아직 4청공작단이 물러가기 전에 우리는 베이징에서 조반이 시작되었다는 소식을 전해 들었다. 얼마 지나지 않아 충칭대학

---

4 http://www.wengewang.org/viewarticle.php?id=369(검색일: 2007. 1. 4).
5 문화대혁명 당시 보수파에 속했던 베이징 7XX○○전자관공장의 마HJ 인터뷰 자료(2005년 7월 5일).

교 학생들이 조반을 시작했다. 공장의 당권파들은 회의를 열고 우리에게 '공장의 노동자들은 학생들이 정부에 반대하는 조반에 참여할 필요가 없다'라고 했다. 당시 우리 3, 4명은 단위 몰래 충칭대학교로 갔다. 만약 단위가 알았더라면 우리에게 교훈을 주려했을 것이다"라고 밝히고 있다.[6] 황롄은 "충칭시위원회는 '대자보를 베껴 쓰는 것을 허락하지 않고, 대자보를 보는 것을 허락하지 않으며, 학생과 교류하는 것을 허락하지 않고, 외부에 나가 연설하는 것을 허락하지 않는다'라는 소위 '4가지 불허'(四不准) 방침을 표명했다"라고 당시 상황을 묘사하고 있다.[7]

그 다음, 노동자들은 공장으로 진입한 학생들과 결합하는 형태를 보였다. 베이징 ○○전자관공장의 한 노동자는 "1966년 8월 당시 나는 판공실에서 근무하고 있는데 경비실에서 학생들이 공장으로 진입하려 한다는 전화가 걸려 왔다. 판공실에는 아무도 없었기 때문에 나는 경비실로 가서 우리 공장은 '기밀공장'(保密廠)인데 어떻게 진입할 수 있느냐라고 했다. 나는 지도자에게 보고했고, 정치부 주임이 그들을 대했다. 당시 사범대학교 학생들과 논쟁을 전개했다. 공장에 진입하더라도 등록을 하고 진입하라고 했다. 그들은 이 말을 듣지 않고 진입했다. 그들이 우리에게 연설을 했다"라며 당시 학생들의 공장 진입 상황을 밝히고 있다.[8] 학생들이 공장을 진입할 당시 베이징 ○○전자관공장에서는 이미 조반파조직이 결성되어 있었다. 이 공장의 조반파조직에 가담했던 한 기술노동자는 "4청공작조에게 비판을 받았던 우리는 '혁련파'(革聯派)라는 조직을 결성했는데, 우리가 일어선 뒤 칭화대, 베이징

---

6 문화대혁명 당시 충칭 ○○공장의 조반파조직에 가담한 판TG 인터뷰 자료(2005년 5월 16일).
7 http://www.wengewang.org/viewarticle.php?id=369(검색일: 2007. 1. 4).
8 문화대혁명 당시 조반파에 속했던 베이징 7XX○○전자관공장의 쑹HM 인터뷰 자료(2005년 7월 7일).

대, 베이징사범대, 베이징항공대 학생들이 우리 공장으로 들어와 연합활동을 했다"라고 밝히고 있다.9

 문화대혁명 초기 홍위병 학생들의 공장 진입은 전국 도시에서 보편적으로 나타난 것으로 보인다. 당시의 보도에 따르면 베이징, 톈진(天津), 충칭, 상하이, 칭다오(青島), 우한, 정저우(鄭州), 광저우(廣州) 등 도시에서 노동자를 포함한 기업관리자와 홍위병이 충돌하여 사상자가 나타났다(小嶋華津子 2003, 250). 이런 혼란 중에 류사오치(劉少奇) 국가 주석과 덩샤오핑(鄧小平) 중국공산당 중앙총서기는 1966년 6월 30일 문화대혁명의 중점을 문화·교육 부문, 당과 정부기관으로 한정하고 공업·교통 등의 단위에서는 4청운동의 수순에 따라 명확한 지위계통 아래에서 문화대혁명을 단계적으로 전개해야 한다는 것을 명시한 〈공업교통기업과 기본 건설 단위는 어떻게 문화대혁명운동을 전개할 것인가에 대한 중공중앙, 국무원의 통지〉(초고)를 마오쩌둥에게 송부했고, 이 통지는 마오쩌둥의 동의를 받아 1966년 7월 2일 발표되었다.

 당권파 혹은 주자파가 문화대혁명 초기 노동자의 문화대혁명 참여를 규제하려는 노력은 1966년 8월 8일 중국공산당 제8기 11중전회에서 채택된 〈프롤레타리아 문화대혁명에 관한 중국공산당 중앙위원회의 결정〉, 1966년 9월 14일에 발표되었던 〈현 이하의 문화대혁명에 관한 중공중앙의 규정〉, 〈혁명을 붙잡고 생산을 촉진하는 것에 관한 중공중앙의 통지〉 등에서도 나타난다. 이들 통지문은 공업, 농업, 교통, 재정, 무역 등의 부문은 지휘계통을 강화하여 생산을 유지하고, 문화대혁명운동을 업무 이외의 시간에만 한정하여 진행하며, 홍위병은 '경험 교류를 위한 연대활동'(串聯)으로 생산을

---

9 문화대혁명 당시 베이징 7XX00전자관공장 조반파조직에 가담했던 기술노동자 단ZQ 인터뷰 자료(2005년 7월, 날짜 미상).

방해해서는 안 된다고 지적하고 있다. 그러나 이들의 노력은 무위로 끝나고, 노동자들의 대중운동은 학생운동과 결합하면서 확산되었다.

당권파 혹은 주자파는 노동자들이 문화대혁명에 참가하는 것을 막기 위해 노동자를 조직하여 노동자를 감시하고 또 학생운동과 조반노동자의 연합활동에 제동을 걸었다. 충칭대학교 조반파 출신으로 쓰촨성 혁명위원회 상임위원을 역임했던 저우JY는 "조반파가 막 조직되어 당내 주자파를 공격하자 당시 충칭시 당위원회 서기가 나서서 노동자를 조직했는데, 그 조직이 바로 '노동자규찰대'(工人糾查隊)이다. 노동자규찰대는 학생 조반파와 대립했다. 충칭시 당위원회는 8·15사건10 이후 조반파를 겨냥해 노동자규찰대를 조직했다"라고 밝히고 있다.11 시기적으로는 충칭시보다 다소 늦었지만, 상하이시 당위원회 역시 1966년 12월 '공총사'(工總司)를 견제하기 위해 적위대(赤衛隊) 조직을 지원했다(徐景賢 2005, 126; 李遜 1996, 210). 당시 당권파 혹은 주자파가 조직한 노동자조직은 문화대혁명이 심화됨에 따라 조반파 노동자조직과 크고 작은 무장투쟁을 전개하는 씨앗이 되었다.

---

10 1966년 8월 15일 충칭대학교 조반파 학생들이 충칭사범전문대학교로 몰려가 연합활동을 한 뒤 5-6천여 명의 학생들이 사핑방죽(沙坪埧)에서 데모를 한 사건을 말한다. 당시 충칭시 당위원회는 자신들을 반대하는 모든 세력을 통칭하여 '8·15파'라고 했다.
11 저우JY는 충칭시 조반파조직의 한 파벌인 '8·15파'의 지도자이다(2005년 9월 16일 인터뷰 자료).

2) 문화대혁명의 전사와 노동자의 문화대혁명 참여의 연관성

문화대혁명 시기 공장노동자들의 참여와 공장관리 연구의 시기적 범주와 관련하여 적지 않은 연구자들은 문화대혁명의 '전사(前史)'와의 연관성을 강조하고 있다. 앤돌스(Stephen Andors 1977), 브루거(Bill Brugger 1978) 등은 그 전사를 1950년대 후반기의 대약진 시기로 보거나 1960년대 초까지 거슬러 올라가기도 한다. 앤돌스는 문화대혁명 시기에 실천된 노동관리의 다양한 내용이 대약진운동 시기에 실험되었던 '간부의 노동 참여와 노동자의 관리 참여'라는 '양참'(兩參) 경험과 노동자를 재훈련시켜 전문가로 양성하는 공농병 학교제도 도입 등 교육혁명에 뿌리를 두고 있다는 점에, 브루거는 문화대혁명 당시 계급투쟁을 강조한 마오쩌둥의 계급관이 공산당 내 특권 집단의 신부르주아지 형성의 기초가 되고 있다는 점에 초점을 맞추고 있다.

한편, 문화대혁명의 역사적 기원을 추적하고 있다는 점에서는 고지마 가즈코(小嶋華津子 2003)도 예외가 아니지만, 그는 1963년 2월 간부의 기강 확립을 위해 각 기업과 사업 단위에 '5반'운동을 전개할 것을 결정한 중앙경제공작회의로 그 범위를 한정하고 있다.[12] '노동자의 기억의 정치' 프로젝트팀의 인터뷰 자료에 따르면, 일부 노동자의 경우 조반운동에 참여한 직접적인 계기가 4청운동에 있다는 것을 알 수 있다. 그런 면에서 문화대혁명의 역사적 기원을 '5반'운동에서 찾고 있는 고지마의 관점은 타당성을 갖는 것처럼

---

[12] 4청운동은 1963년 사회주의 교육운동의 일환으로 농촌에서 전개되었는데, 이 초기의 4청운동은 '소4청'(小四淸: 장부, 재고, 재산, 임금 점수 점검 정리)운동이라고 한다. 한편, 도시에서는 사회주의 교육운동의 일환으로 '5반'(오직 절도 반대, 투기활동 반대, 낭비 반대, 분산주의 반대, 관료주의 반대) 운동이 전개되었는데, 1965년 이후 농촌의 소4청운동과 도시의 5반운동은 '대4청'(大四淸: 정치, 사상, 조직, 경제 문제 정리)운동으로 통합되었다.

보인다. 그러나 인터뷰 자료에 따르면, 일부 공장의 노동자들은 자신의 공장에서 4청운동이 전개된 적이 없거나 4청운동 당시 공작조가 공장의 차간(車間, 생산현장)까지 진입한 적이 없다고 진술하고 있어 노동자들이 조반운동에 참여한 계기를 4청운동에서 찾는 것은 다소 무리가 따른다고 볼 수 있다.

문화대혁명 당시 자신이 조반파 조직에 참여한 동기를 4청운동에서 찾고 있는 베이징 ○○전자관공장의 한 기술노동자는 "4청 당시 나는 6급 노동자였는데, '기술 권위'라고 비판을 받았다. 나는 그 비판을 심리적으로 받아들일 수 없었다. 문화대혁명이 발발한 뒤 4청운동 전개 당시 4청공작조에 의해 비판을 받았던 우리는 혁련이라는 조직을 만들었다. 우리를 '반혁명'으로 지목했던 4청공작조를 모두 불러 세웠다"라고 밝히고 있다.[13]

4청운동은 대중들이 먼저 '상대방이 알지 못하는 상태에서'(背靠背) 지도자의 문제점을 드러내고, 문제가 있다고 지목된 지도자는 먼저 비판을 받는 '단상에 올라가'(上樓), '자발적으로 자신의 문제점을 드러내고'(洗澡), 대중의 비판을 받은 뒤 자신의 오류를 인정하면서 '단상을 내려오는'(下樓) 절차를 밟는 방식으로 진행되었다. 비판의 대상이 된 사람은 노동자 대중들이 제기한 문제를 받아들이지 않으면 그 비판을 수용할 때까지 계속 비판을 받았기 때문에 설사 그 비판의 내용을 심리적으로 받아들이지 못하더라도 단상을 내려오기 위해서는 그 비판을 수용한다는 태도를 보여야 했다. 4청운동에는 적극분자, 공청단 단원, 공산당 당원들이 적극적으로 참여했다. 베이징 ○○전자관공장의 보수파조직에 참여했던 한 노동자는 "당시 공산당에 입당하기 위해 노력하고 있었던 적극분자는 4청운동에 적극성을 보여야 했다. 당시에 사적인 '개인적 관계'는 조직적 관계보다 덜 중요했다. 사적으로 다른 사

---

13 주9의 노동자 인터뷰 자료.

람과 나누었던 대화의 내용조차도 당위원회나 공회조직을 찾아가 말했다. 당조직에 말했던 내용은 철저하게 비밀로 다루어졌다"라며 4청운동에 적극적으로 참여한 것이 중국공산당조직의 보호망 속에 들어가기 위한 노력의 일환이라고 밝히고 있다.[14] 4청운동이 진행된 결과 공장노동자들은 서로를 불신하고 대립하게 되었고, 그것이 문화대혁명 당시 노동자들이 조반파와 보수파로 분열되는 하나의 계기가 되었다는 점은 어렵지 않게 짐작할 수 있다.

조반파에 참여한 노동자들은 4청운동의 피해자만이 아니었다. 조반파에 참여한 노동자들은 대부분 출신성분이 좋지 않고 지도자와 종종 대립했으며 청년노동자들이 많았던 반면, 보수파에는 '다섯 종류의 사람, 즉 모범노동자, 당원, 단원, 선진생산자, 고참 노동자 등이 많았다'(소위 '5다')라는 관점이 널리 퍼져 있다. 이 관점을 뒷받침하는 증언은 많다. 가령, 베이징 ○○전자관공장의 보수파에 가담했던 한 노동자는 "혁련(조반파)에는 출신성분이 나쁘고 당원이 적었으며 과거에 비판을 받았던 사람들이 많았다"라고 밝히고 있고,[15] 상하이 ○○과학연구원(전 상하이 국면○공장)의 보수파에 속했던 한 노동자도 "조반파는 과거 지도자에 대해 비판적이었다가 비판을 받았거나 정치적 문제가 있었던 사람들이다"라고 밝히고 있다.[16]

그러나 이 관점은 보수파의 일면적인 시각일 수도 있다. 문화대혁명 당시 타도 대상이 되었던 한 대졸 기술자는 "조반파는 당시 사회에 대해 불만을 가졌던 사람들로 구성되었다. 그 불만은 공장에 한정된 것이 아니다. 차간 주임에 대한 불만일 수도 있고, 사회관계에 대한 불만일 수도 있다"라고 지적

---

[14] 기술노동자 야오CY 인터뷰 자료(2005년 7월, 날짜 미상).
[15] 주14의 인터뷰 자료.
[16] 4청 당시에는 공작조로 참여했고, 문화대혁명 당시에는 당안실(檔案室)에서 근무한 왕RY 인터뷰 자료(2006년 1월 6일).

하고 있다.17 당시 사회에 불만을 가진 사람들이 조반파를 구성했다는 관점은 마이스너(2005), Lee(1978) 등 여러 문화대혁명 연구자들도 제기하고 있다(Perry and Li 1997, 3-4). 조반파가 조직되는 배경으로 사회·경제적 불평등에 초점을 맞추고 있는 이런 관점은 문화대혁명 시기 대중운동의 인민주의적 관점과 연결되어 있고, 상당히 폭넓은 공감대를 형성하고 있다.

그런데 그런 사회·경제적 불평등은 언제부터 형성되기 시작했을까? 이런 문제의식에서 출발한다면 문화대혁명의 한 원인(遠因)으로 사회주의체제 내에서 사회·경제적 차별을 구조화시킨 소위 '소련식 발전모델'을 도입했던 1949~56년 체제를 떠올리지 않을 수 없다. 그런 의미에서 문화대혁명에서 실험한 다양한 내용의 뿌리를 중국식 발전모델을 추구했던 대약진 시기의 다양한 실험에서 찾고, 문화대혁명을 중국식 발전모델을 추구하는 과정에서 일어난 계급투쟁으로 보고 있는 브루거의 관점은 다시 한 번 음미해 볼 필요가 있다.

3) 새로운 공장 권력구조의 형성과정과 그 성격

슈만(Schumann 1968)은 문화대혁명 이전의 공장관리 모델을 '소비에트' 모델로, 이후의 관리 모델을 '간부' 모델로 구분하고 있다. 전자는 '기술적 단결'(technological solidarity)에 의존하는 조직이고, 후자는 '인간적 단결'(humanity solidarity)에 의존하는 조직이기 때문에 공장관리의 방식과 내용이 다르다는

---

17 문화대혁명 당시 상하이 국면XX공장의 기술자였으며 문화대혁명 이후에는 총공정사로 되었다. 위엔XF 인터뷰 자료(2006년 7월 16일).

것이다. 브루거와 앤돌스는 슈만의 이런 이념적 형태에 기초하여 제1차5개년계획 시기에는 소비에트 모델이, 대약진운동 시기와 문화대혁명 시기에는 간부 모델이 지배했다고 지적하고 있다(Watson 1978, 171). 베틀렘(Charles Betteleheim 1974, 105)은 문화대혁명 당시 중앙지도부의 화법을 그대로 차용하여 문화대혁명 시기는 '부르주아지 노선'의 관리 모델에 대한 '프롤레타리아트 노선'의 관리 모델의 투쟁이 전개되었다고 지적하고 있다.

'소비에트 모델' 혹은 '부르주아지 노선'이라고 명명된 공장관리 모델과 '간부 모델' 혹은 '프롤레타리아트 노선'이라고 명명된 공장관리 모델은 마오쩌둥의 화법에 따르면 각각 '마강헌법'(馬鋼憲法, Magnitogorsk Constitution)과 '안강헌법'(鞍鋼憲法, Angang Constitution)의 공장관리 모델에 속한다. '마강헌법'은 공장장에게 권력이 집중되어 있는 '일장제'(一長制)를 통해 공장을 관리한 소련의 마그니토고르스크 공장의 경험을, 안강헌법은 '양참일개삼결합'(兩參一改三結合)[18]을 통해 기술혁신과 민주관리를 달성한 안산 강철공장의 경험을 대표한다.[19] 마오쩌둥은 안산헌법을 제기할 당시 기존의 공장관리자들이 추진했던 새로운 실험을 강조했지만, 문화대혁명의 중앙지도부는 그 실험을 조직적으로 보장해 줄 수 있는 기존 공장 권력의 구조 개편 문제의 중요성을 부각시키고 있다. 1966년 8월 8일 중국공산당 중앙위원회에서 통과된 〈프롤레타리아트 문화대혁명에 대한 결정〉(소위 '16조')은 학교와 단위에서 출현하고 있는 문화혁명소조, 문화혁명위원회 등의 조직 형식들은 새로

---

18 간부는 노동에 참여하고, 노동자는 관리에 참여하며, 불합리한 공장의 제도를 개혁한다는 것이다.
19 '안강헌법'이라는 말은 1960년 3월 마오쩌둥은 중국공산당 중앙위원회가 보고한 〈공업 전선상의 기술혁신과 혁명운동에서 안산시 당위원회가 전개한 상황에 관한 보고〉를 검토한 뒤 소련의 마그니토고르스크 공장의 공장관리 경험과 대비되는 안산강철공장의 공장관리 경험을 중국의 공장에 확산시킬 것을 지시한 뒤부터 중국 전역에 확산되었다.

운 조직 형식이라고 지적한 뒤 그 조직의 대표는 '파리 코뮨'(Paris Commune)과 같이 반드시 대중의 토론을 거쳐 선거를 통해 선출, 개선, 면직되어야 한다고 지적하고 있다.

'16조'가 '파리 코뮨'을 대안 모델로 제시한 것은 노동자 대중에게 공장 당위원회 서기-차간 당위원회 서기-당원 또는 적극분자로 구성되는 기존의 권력구조를 부정하고 노동자가 스스로 권력구조를 재편성하라는 신호로 전달되었다. 그러나 문화대혁명 초기에 공장에서 문화혁명소조 혹은 문화혁명위원회가 어떤 방식으로 조직되었는지, 그것이 과연 파리 코뮨과 같은 성격을 띠었는지에 대해서는 잘 알려져 있지 않다. 이와 관련하여 베이징 OO인쇄공장의 한 노동자는 "고급간부로 구성된 5명의 공작조가 우리 공장으로 들어와 문화혁명위원회를 설립하도록 했다. 우리는 11개 차간에서 무기명 투표를 거쳐 11명의 대표를 선출한 뒤, 전 공장노동자의 투표를 거쳐 문화혁명위원회를 구성했다. 문화혁명위원회는 주임 1명, 부주임 3명, 나머지 위원으로 구성되었는데, 나는 운동을 주관하는 부주임으로 선출되었다. 위원의 대부분은 노동자 중에서 선출되었다"라고 밝히고 있다.[20]

문화대혁명 직후에 설립되었던 베이징 OO인쇄공장의 문화혁명위원회는 공장장과 당서기를 비판했고, 기존의 당위원회 조직을 무력화시키면서 공장의 새로운 권력기구로 등장했지만, 얼마 지나지 않아 공장 내에서 출현한 조반파에 의해 타도되었기 때문에 문화혁명위원회는 아주 짧은 기간에 존재했던 일시적인 권력기구에 지나지 않았던 것으로 보인다. 따라서 문화대혁명 초기에 잠깐 동안 나타났던 문화혁명소조와 문화혁명위원회를 '16

---

20 베이징 OO인쇄공장 인터뷰 자료. 류JW, 장JS, 장ZH 세 사람이 인터뷰에 응했다(2006년 7월 31일).

조'가 강조하고 있는 파리 코뮨 형식의 조직이라고 보기는 힘들다. '16조'가 강조하고 있는 파리 코뮨 형식의 새로운 권력은 다소 지난한 과정을 거쳐서 서서히 중국 전역에 나타났다고 볼 수 있다.

문화대혁명의 발발부터 1966년 말까지는 중국의 각 공장에서 조반파와 보수파가 병존하면서 상호 대립·투쟁했던 시기이다. 처음에 소수파로 출발했던 조반파는 이 시기에 점차 세력을 확대해 갔는데, 베이징, 상하이 등과 같이 문화대혁명의 중앙지도부의 영향이 컸던 지역은 조반파가 보수파와 무장투쟁 같은 큰 갈등과 대립을 비교적 겪지 않고 다수파로 전환되었다. 세력이 확대된 조반파가 새로운 질적인 발전을 한 것은 1967년부터이다. 문화대혁명의 중앙지도부는 1967년 1월 1일 『인민일보』, 『홍기』에 "프롤레타리아트계급의 문화대혁명을 끝까지 진행하라"라는 사설을 통해 기존의 당위원회의 권력을 전면적으로 탈취할 것을 호소했고, 문화대혁명 중앙지도부의 직접적인 지도를 받았던 상하이시 조반파는 기존의 당위원회의 권력을 무력화하고, 탄생되자마자 곧바로 '혁명위원회'라는 이름으로 개명될 운명에 처하게 되는 새로운 권력기구인 '인민공사'(人民公司)를 설립했다.

각 지역의 혁명위원회는 1967년 2월 23일 상하이시를 필두로 하여 1968년 9월 1일 신장 위구르 자치구를 마지막으로 1년 반이라는 비교적 긴 기간을 거쳐 설립되었다. 그것은 지역의 조반파와 보수파의 역량 정도가 달랐고, 또 새로운 권력을 수립하는 과정에서 조반파 내부에서 전개된 분파투쟁의 정도가 달랐기 때문이다. 이 글의 분석 대상인 상하이와 베이징의 경우 중앙당국의 영향을 크게 받았기 때문에 조반파가 보수파와 상대적으로 큰 갈등을 겪지 않고 비교적 순탄하게 혁명위원회를 설립한데 반해, 충칭시의 경우 기존의 권력을 탈환하고 또 새로운 권력을 수립하는 과정에서 조반파 내부에 헤게모니 장악을 위한 파벌이 형성되었고 또 파벌간의 무장투쟁이 치열하게 전개되었기 때문에 설립 시기가 늦어졌다.[21]

충칭시 조반파의 한 파벌인 '근본파'(反倒底派)에 속했던 충칭 ○○공장의 한 노동자는 "우리 공장에서는 8·15파가 통제하는 곳이 더 많았다. 무장투쟁 기간 동안에 그들은 우리를 공장 밖으로 내몰았다. 우리가 나가지 않으면 그들은 우리를 때렸다"라고 당시 공장 내부의 상황을 밝히고 있다.22 조반파 사이의 무장투쟁은 충칭시에서만 나타난 특수한 현상이 아니라 중국 각지에서 나타난 일반적인 현상이었다. 그런 의미에서 탈권을 비교적 순조롭게 달성한 상하이와 베이징의 경우 문화대혁명의 예외적 사례라고 할 수 있다(王紹光 1993, 20-21; 徐友漁 1999, 59-61). 중국 전역에서 혁명위원회가 설립되는 과정은 조반파 내부가 분열되는 과정이며, 1966년 문화대혁명 초기에 학교와 공장에 나타났던 조반파와 보수파가 새로운 성격의 조반파와 보수파로 전환하는 과정이라고 할 수 있다(王年一 2004, 195).

조반파의 분열과 파벌대립이 무장투쟁으로 격화된 원인에 대해서는 세밀한 분석이 요구된다. 우선, 조반파는 애초부터 통일적 조직이 아니라 여러 대중조직들로 구성된 연합체였다는 점을 지적해 둘 필요가 있다. 조반파 대중조직들은 보수파에 대응할 때는 상호 연합했지만, 보수파가 소수파로 전락한 뒤부터는 투쟁방법, 앞으로 다가올 권력의 배분 문제 등 다양한 요인들을 잘 처리하지 못하고 분열되었다. 필자가 확보한 인터뷰 자료에는 조반파 파벌들 간에 어떤 노선의 차이가 있었는지 명확하게 드러나지 않고 있다. 그

---

21 베이징시 혁명위원회는 1967년 4월 20일에 설립되었고, 충칭시를 관할했던 쓰촨성 혁명위원회는 1968년 5월 28일에 설립되었다. 혁명위원회 설립 과정에서 베이징시에서는 조반파와 보수파가 무장투쟁을 전개하지 않았지만, 상하이시의 경우 1966년 12월 30일 조반파조직인 공총사가 보수파조직인 적위대를 무장투쟁으로 진압하는 일이 전개되었다.
22 황롄이 시 차원에서 조반조직을 결성했을 때 함께 참여했던 충칭 ○○공장의 노동자 판TG 인터뷰 자료. 그는 문화대혁명 발발 직후 공장에서 비밀조직을 조직하고 조반 활동을 전개했다. 그는 충칭 ○○공장의 혁명위원회 부주임을 역임하기도 했다(2005년 5월 16일 인터뷰 자료).

다음, 충칭시의 조반파조직의 하나인 '근본파'를 이끌었던 황롄이 "주자파는 조반파 내부를 회유하고 분열시켰다"라고 지적하고 있듯이,[23] 권력을 완전히 상실하지 않았던 시 당위원회가 조반파를 분열시켰다는 관점이다. 충칭시 당위원회의 경우 조반파의 공격에서 자신을 보호하기 위해 조직한 '노동자규찰대'가 조반파 연합조직에 의해 진압된 뒤 '근본파'보다는 상대적으로 온건한 '8·15파'와 더 많은 접촉을 했다. 이를 두고 황롄은 "8·15파가 '상층 노선'을 걸어갔기 때문에 조반파 내부의 분열은 확대되었다"라고 지적하고 있고, 역시 근본파에 속했던 충칭 OO의 한 노동자는 "시 당위원회는 노동자들이 실질적으로 권력을 장악하는 것이 두려워 8·15파의 학생들을 찾았고, 그들에게 권력을 넘기려 했다"라고 지적하고 있다.[24]

조반파조직 사이에 무장투쟁이 전개된 데는 무엇보다 문화대혁명 중앙지도부의 모호한 정책과 이 모호한 정책을 잘못 해석한 지방권력, 특히 군부의 영향을 지적하지 않을 수 없다. 마오쩌둥은 조반파의 탈권 활동에 장애가 되는 요인들을 제거하고 또 조반파에 힘을 실어 주기 위해 1967년 1월 21일 린뱌오에게 보낸 편지에서 "인민해방군을 파견하여 광대한 혁명대중을 지지해야 한다"라며, 소위 인민해방군의 '좌파 지지'(支左)를 호소했다. 그 뒤 1967년 1월 23일 중국공산당 중앙위원회, 국무원, 중앙군사위원회, 중앙문화대혁명소조는 연명으로 〈인민해방군이 혁명적 좌파 대중을 확고히 지지할 것에 대한 결정〉을 채택했다.

그런데 이 결정은 누가 좌파인지를 가늠하는 기준을 제시하지 않았기 때문에 각 지역의 인민해방군은 조반파의 파벌 가운데 '자신이 좌파라고 여기

---

[23] http://www.wengewang.org/viewarticle.php?id=369(검색일: 2007. 1. 4).
[24] 주22의 노동자 인터뷰 자료.

는 좌파'를 지원하는 사태가 발생했다. 예를 들어 같은 쓰촨성 내에서도 청두 (成都)시의 경우 군대는 충칭시의 근본파에 해당하는 8·26파를 지원한 데 반해, 충칭시의 경우 군대는 근본파와 대립한 8·15파를 지원했다. 군부가 개입된 조반파 사이의 무장투쟁은 어느 누구도 사태를 쉽게 통제할 수 없는 혼란의 상태로 접어들게 만들었다. 무장투쟁이 아주 격렬하게 전개되었던 우한의 경우 군부의 지원을 받은 조반파의 한 파벌은 월등한 무장력으로 다른 파벌을 타격했고, 피해를 입은 다른 파벌은 자신의 성향과 유사한 다른 지역의 파벌과 군부의 도움을 받아 자신을 공격했던 파벌을 응징하는 악순환을 되풀이 하면서 수많은 사상자를 내기도 했다(王紹光 1993).

지방의 문화대혁명이 극심한 혼란 양상으로 전개되자 문화대혁명 중앙지도부는 다음과 같은 몇 가지 방법으로 혼란을 수습해 나갔다. 우선 군대로 하여금 '삼결합'을 실현하도록 했다. 1967년 3월 30일『홍기』는 "혁명적 '삼결합'을 논한다"라는 사설을 발표하고 대중을 대표하는 대중조직의 대표, 인민해방군 현지 주둔군의 대표, 혁명간부로 구성되는 임시권력기구인 혁명위원회를 설립하라고 촉구했다. 삼결합 실현을 위해 현지 주둔군 대표가 공장으로 파견되었다. 그 다음, 군대표의 삼결합 노력에도 불구하고 여전히 파벌투쟁이 전개되고 있는 지역에 대해서는 문화대혁명 중앙지도부가 지역의 파벌지도자들을 베이징으로 소집하여 파벌투쟁을 비판하고 삼결합의 대연합을 실현하도록 하는 학습반을 개최했다.

파벌투쟁이 격심했던 지역의 경우 몇 차례에 걸쳐 문화대혁명의 중앙당국과 지방당국이 주관하는 학습반이 개최되었다. 쓰촨성의 조반파 지도자를 대상으로 한 학습반에 대해 황롄은 "1967년 4월 28일 베이징에 도착한 후 시위안 호텔(西苑賓館)에 머물렀다. 당일 밤 우리는 인민대회당에 도착했다. 주석대에는 저우언라이 총리, 캉성(康生) 등이 있었다. 저우언라이 총리는 오늘 우리는 쓰촨 문제를 어떻게 해결할 것인지의 문제를 토의하기 위해 여기에 모인 것이라고 밝혔다. 다음날 다시 인민대표당에 도착하니 54군, 군분구, 8·15파의 저우자위 등 54명의 조반파 지도자들이 모여 있었다. …… 1968년 3월 저우언라이 총리 주재 아래 베이징 공군정치학원에서 제2차 쓰촨 문제 해결 회의를 개최했다. 이 학습반에서 우리는 혁명위원회 설립을 논의했다. …… 저우언라이 총리, 캉성 등이 인민대회당에서 주재한 회의에서 쓰촨 혁명위원회 명단이 확정되었다"라며 당시의 상황을 밝히고 있다.[25] 한편, 충칭 ○○공장의 혁명위원회 부주임을 역임했던 충칭 ○○공장의 한 노동자는 "우리는 베이징에서 혁명위원회를 설립했다. 저우언라이 총리가 우리를 접견하면서 '당신들 대연합 하시오'라고 말했다. 저우언라이 총리가 몸소 도와 충칭 ○○공장 혁명위원회가 설립되었고, 그 다음에 충칭시 혁명위원회가 설립되었다"라고 밝히고 있다.[26]

위에서 알 수 있듯이 충칭 등 조반파 내부의 대립과 갈등이 심했던 지역의 혁명위원회는 노동자들의 자발적인 의지가 아니라 문화대혁명 중앙지도부의 주도 아래 위로부터 설립되었다는 것을 알 수 있다. 이는 문화대혁명의 중앙지도부가 적어도 지방의 조반파 지도자들을 통제하고 있었고, 이들을 통해 지방의 문화대혁명을 통제해 나가려 했다는 점을 보여주고 있다. 일부 지방의 문화대혁명이 중앙의 통제를 벗어난 것은 결국 지방의 조반파 지도자가 기층의 대중운동을 통제하는 데 한계를 드러낸 것이라고 할 수 있는데, 이는 문화대혁명의 중앙지도부, 지방의 조반파 지도자, 기층 대중운동 삼자 관계의 복잡성을 보여주고 있다. 한편 문화대혁명 중앙지도부의 의지대로 구성되었던 지방 혁명위원회의 성격은 문화대혁명 초기 조직적 대안 모델로

---

25 http://www.wengewang.org/viewarticle.php?id=369(검색일: 2007. 1. 4).
26 주22의 인터뷰 자료.

제시되었던 파리 코뮨의 성격과는 상당히 다르다. 즉, 상부의 의지에 따라 구성되었던 혁명위원회는 대중적 의지가 상향적으로 반영되어 자주적으로 운영되는 코뮨의 성격과는 거리가 멀었다. 또한 혁명위원회가 군부의 주도로 설립되었다는 점도 주목할 만하다. 1967년 1월 23일 문화대혁명의 중앙지도부가 군대의 좌파 지지를 결정하자 인민해방군 현지 주둔군은 공장으로 파견되었고,[27] 공장으로 파견된 군인대표들은 공장 내부의 파벌투쟁을 억제하고 소위 '삼결합'에 기초하여 혁명위원회 설립에 적극적으로 나서게 된다. 이 점은 베이징, 상하이, 충칭 세 지역 모두에 공통적으로 나타나고 있다.

가령, 베이징 ○○전자관공장의 한 노동자는 공장 혁명위원회 설립에 대해 "군선대'가 공장으로 들어왔다. 그들은 '좌파'를 정돈하기 위해 왔다. 그들은 공장 내의 두 파벌에게 무장투쟁을 해서는 안 되고, 공장이 혼란스러우면 안 된다고 했다"라고 밝히고 있다.[28] 문화대혁명 당시 상하이 국면○공장의 한 의사 역시 "1968년에 군인 10여 명이 공장에 진입했다. 이들이 혁명위원회를 지도했다"라고 밝히고 있다.[29] 충칭 ○○전구공장(燈泡廠)의 8·15파에 속했던 한 간부는 "대중들이 먼저 혁명위원회의 지도자가 될 사람을 추천했고, 투표를 거쳐 혁명위원회 간부를 선출했다. 혁명위원회 주임은 고참간부가 맡았고, 군인대표는 부주임을 맡았다. 군인대표들은 생산에 대해 잘 알지 못했기 때문에 주임을 맡을 수 없었다"라고 밝히고 있다.[30]

앤돌스(Andors 1977, 171)가 적절하게 지적하고 있듯이 공장에 파견된 군

---

[27] Andors(1977, 172)는 인민해방군이 공장에 파견된 것은 1967년 3월 이후라고 밝히고 있다.
[28] 주14의 인터뷰 자료.
[29] 문화대혁명 당시 아무 파벌에도 속하지 않았던 소위 '소요파'에 속한 탕YS 인터뷰 자료(2006년 1월 7일).
[30] 8·15파에 속한 충칭 ○○전구공장의 간부 출신 인터뷰 자료(2005년 5월 6일 인터뷰, 그 해 9월 보충 인터뷰).

인대표는 조반파 노동자들의 권위와 합법성을 보장하는 근원이었고, 공장 내 상호 경쟁하고 있던 파벌들을 묶어주는 '정치적 브로커'(political broker)였다. 공장 내 각 파벌은 자신들의 대표 혹은 자신들이 지지한 당간부들이 혁명위원회 간부가 되어야 한다고 주장했기 때문에 군인대표들은 혁명위원회를 구성할 때 신중을 기했다(Andors 1977, 173-183; Watson 1978, 179). 그 결과 혁명위원회는 파벌들의 연합체적 성격을 띠었다. 베이징 ○○인쇄공장의 한 노동자는 "8341부대의 군인대표 30여 명이 공장으로 들어왔다. 우리 차간에는 약 580명 정도의 노동자가 있었는데, 2, 3명의 군인대표가 파견되었다. 당시 우리 공장에는 홍위병, 징강산 등 여러 대중조직들이 있었는데, 이 대중조직들의 대표가 대연합에 참여했다"라고 밝히고 있다.[31] 베이징 ○○전자관공장의 한 노동자는 "혁명위원회의 간부는 각 조반파의 지도자들이 선출되었기 때문에 대중들은 불만이 없었다"라고 밝히고 있다.[32]

1968년에는 삼결합을 통한 대연합을 잘 실현한 모범공장으로서 소위 '여섯 공장, 두 학교'[33]가 광범위하게 선전되었다. '여섯 공장' 중 하나인 '베이징 방직총공장'을 방문하여 이 공장의 새로운 실험을 조사·연구했던 베틀렘(Betelleheim 1974, 36)은 1971년 당시 이 공장의 혁명위원회에 대해 "21명으로 구성되었다. 그것은 대중, 간부, 군대표의 삼결합과 청년, 중년, 노년의 삼결합에 기초하고 있다"라고 묘사하고 있다.[34] 그는 이 공장이 '직공관리

---

31 주20의 인터뷰 자료.
32 주14의 인터뷰 자료.
33 '여섯 공장, 두 학교'는 마오쩌둥이 직접 선정했다. 여섯 공장은 '베이징 방직총공장'(北京針織總廠), '베이징 신화인쇄공장'(北京新華印刷廠), '베이징 화공3공장'(北京化工三廠), '베이징 북부교외목재공장'(北京北郊木材廠), '베이징 27기관차차량공장'(北京二七機車車輛廠), '베이징 남부기관차차량기계공장'(北京南口機車機械廠)이고, 두 학교는 베이징대학교와 칭화대학교다.
34 Andors(1977, 215)는 문화대혁명 이전에는 700명가량의 행정 간부가, 문화대혁명 이후에는 9명의 혁명위원회 간부와 20명의 행정 간부들이 이 공장을 관리했다고 지적하고 있다. 9명의

조'(Worker's Management Team),³⁵ 혁명위원회 등과 같은 새로운 조직을 통해 간부가 대중의 비판을 수용하고, 노동자 대중은 다양한 형태로 관리에 참여하면서 기술혁신을 이루어내는 소위 '프롤레타리아트 계급 노선의 공장관리'를 실현하고 있다고 지적한다.

베텔렘이 지적하고 있는 것처럼 다른 지역의 공장에서도 과연 베이징 방직총공장과 같이 노동자의 헤게모니가 관철되고 있었는지에 대해서는 좀 더 실증적인 조사·연구가 필요해 보인다. 조반파 간부로서 쓰촨성 혁명위원회 상임위원을 역임했던 저우JY는 혁명위원회 내에서 대중조직 대표의 지위와 역할에 대해 "대중대표는 완전히 장식품이었다. 대중대표는 한 번도 권력을 장악한 적 없다"라고 밝히고 있고,³⁶ 충칭 OO공장의 부주임을 역임한 한 노동자 역시 "권력은 모두 군대가 장악하고 있었다. 조반파는 권력을 장악하지 못했다"라고 밝히고 있다.³⁷ 이를 미루어 보아 충칭시와 같이 조반파 사이의 파벌투쟁이 치열했고 군부가 특정한 파벌을 지원했던 지역에서 혁명위원회의 성격은, 문화대혁명 중앙지도부의 직접적인 지도를 받아 조반파 내부의 분열이 심하지 않았고 또 조반파의 역량이 압도적이었던 베이징, 상하이시의 혁명위원회의 성격과는 상당히 달랐다는 점을 알 수 있다.

혁명위원회 간부는 각각 생산, 정치, 행정 업무를 분담했는데, 정치담당자는 인센티브와 동기유발을, 생산담당자는 노동자의 숙련과 능력 제고를, 행정담당자는 공장 전반의 행정 업무를 담당했고, 간부들은 번갈아가면서 직책을 바꾸었다고 지적하고 있다.
35 본래 한 차간에서 실험적으로 운영되다가 혁명위원회가 1969년 2월 전 공장으로 확대된 조직이다. 노동자의 토론을 거쳐 1년에 한 번씩 선거를 통해 조직되는데, 보통 고참 노동자, 전직 간부, 젊은 지식인으로 구성되었다. 직공관리팀은 공장 차원에서는 월1회, 차간 차원에서는 주1회, 조반 차원에서는 매일 회의를 개최한다. 이 조직은 혁명위원회가 책임을 맡고 있는 관리보다는 오리엔테이션, 감독과 조사, 올바른 작업방식 등에 대해 책임을 맡았으며, 직공과 관리자의 매개자 역할을 했다(Betelleheim 1974, 21-30).
36 주11의 인터뷰 자료.
37 주22의 인터뷰 자료.

문화대혁명 기간에 새로운 권력기관으로 등장한 혁명위원회는 위로부터 파견된 군대표의 영향력 아래 조직·운영되었다는 점에서, 문화대혁명 발발 당시 '16조'가 설정하고 있는 것과 같이 구성원의 자발적 의지로 조직·운영되는 파리 코뮨의 형태와는 거리가 멀다. 그러나 혁명위원회는 노동자의 관리·참여를 보장하는 다양한 실천을 통해 공장을 관리해 나갔다는 점에서, 관료주의적으로 공장을 관리한다고 비판받았던 기존 당위원회의 공장관리 방식과도 다른 성격을 띠었다고 볼 수 있다. 그런 의미에서 혁명위원회는 새로운 실험을 통해 자신의 성격을 형성해 가고 있었다고 할 수 있는데, 그 성격이 채 확정되기도 전에 문화대혁명 중앙지도부의 당재건 방침에 따라 곧바로 역사의 무대에서 사라졌다.

1967년 10월 27일 중국공산당 중앙위원회, 중앙문혁소조는 〈이미 혁명위원회를 설립한 단위는 당의 조직 생활을 회복할 것에 대한 통지〉를 발표했는데, 이 통지문이 발표된 직후 혁명위원회가 설립된 각 공장에서는 당조직이 신속하게 회복되었다. 1969년 4월에 개최된 제9기 중국공산당대표대회는 1966년 5월 문화대혁명 발발 이후 무력화되었던 당조직이 새로운 모습으로 거듭난 것을 보여준다.[38] 공장 당조직의 부활과 함께 계급대오 정리, 5·16 등 문화대혁명 당시 과격한 운동을 전개했던 일부 조반파를 정리하는 일련의 운동을 거치면서 혁명위원회에 참여했던 조반파 지도자 또는 현장의 조반파 열성분자들은 타격을 받았다. 특히 1971년에는 마오쩌둥의 후계자로 지명되었던 군부의 최고 실력자 린뱌오(林彪)의 '반혁명 음모'가 발표된

---

[38] Andors(1977, 203-204)는 공장 차원의 표본 조사를 통해 1969년 4월 제9기 중국공산당대회 이전까지 표본 혁명위원회의 64%는 1966년 이전의 구 간부를 받아들였고, 1967년 말에는 지위를 잃었던 소수의 당서기를 제외하고 대부분의 간부가 자신의 지위를 회복했다고 지적하고 있다. Betelleheim(1974, 40)은 1971년 여름 상하이의 1,119개 공장의 4,532명의 공장 당위원회의 위원 가운데 과거의 간부가 차지하고 있는 비중은 37%밖에 되지 않는다고 밝히고 있다.

뒤 공장에 주둔하던 군대표가 철수함으로써 조반파는 결정적으로 쇠퇴하고 만다. 회복한 공장 당위원회와 혁명위원회가 담당했던 중복된 기능이 점차 당조직으로 이전되었고, 혁명위원회는 어느 한 노동자가 "언제 사라졌는지 모르겠다"라고 묘사하고 있듯이 점차 소리 없이 그 존재가 유명무실해졌다.

4) 문화대혁명 시기 공장 노동관리

(1) 혼란과 생산 유지의 비밀

오늘날 문화대혁명에 대한 기억은 생산 파괴와 직접 연결되어 있다. 이 점은 문화대혁명을 '10년 재난'이라고 묘사하고 있는 중국 당국자의 일관된 선전의 영향과도 무관하지 않다. 당권파 혹은 주자파에 대한 조반파의 비판과 투쟁, 조반파 내부 각 분파들 사이에 무장투쟁이 전개되는 동안 생산이 온전하게 이루어지지 않았을 것이라는 점은 상식적으로 판단해도 타당해 보인다. 그러나 이 글에서 인용하고 있는 대다수의 인터뷰 자료는 그 상식을 뒤집고 있다. 마오쩌둥 선집을 인쇄하는 특수한 공장인 베이징 ○○인쇄공장, 군수공장인 베이징 ○○전자관공장 등은 위에서 하달된 생산량을 보장해야 했기 때문에 '예외적' 사례라고 하더라도, 문화대혁명 초기에 갈등이 비교적 심했던 상하이 국면○○공장, 국면○공장, 그리고 당권파와 조반파의 비판과 투쟁, 조반파 내부의 무장투쟁으로 혼란을 겪었던 충칭 ○○공장의 경우에도 상당히 많은 응답자들이 '생산에 큰 혼란이 없었다'라고 증언하고 있다.

'생산에 큰 혼란이 없었다'라고 대답한 응답자들의 상당수가 조반파에 속한 사람들이기 때문에 그 말을 액면 그대로 받아들이기는 곤란하다. 상하이에서 무장투쟁이 치열하게 전개되었던 상하이 ○○기관공장(上海○○機廠)

의 조반파에 속했던 한 노동자는 "우리 공장은 자주생산이 정지되었다. 생산이 회복된 것은 1969년 4월 제9기 당대회 이후이다"라며 충칭 OO공장의 노동자와는 상반된 상황을 묘사하고 있다.39 그런 의미에서 문화대혁명의 피해자가 생산에 대해 내리고 있는 평가는 주의할 만하다. 문화대혁명 당시 '보황파'로 비판을 받았던 전문대학 학력의 소유자로서 반도체 개발에 앞장섰던 베이징 OO전자관공장의 한 간부는 "일부 사람들이 생산에 매달렸고, (냉소적으로 웃으며) 우리는 생산을 촉진했다"면서 "마오 주석이 서거할 당시 우리 공장의 생산량은 8배 증가했다는 것을 기억하고 있다"라고 밝히고 있다.40

문화대혁명 시기에 무장투쟁이 격렬하게 전개된 경우 생산은 큰 타격을 받았지만, 그렇지 않은 공장의 경우 생산은 '유지'되었던 것으로 보인다. 생산 유지의 메커니즘을 이해할 필요가 있다.

우선 보황파와 조반파 간에, 조반파의 파벌들 간에 위로부터 하달된 '생산' 목표를 보장하는 경쟁 메커니즘이 형성되어 있었다. 1966년 9월 7일 『인민일보』에 "혁명을 부여잡고 생산에 매달려라"라는 사설이 발표되고, 9월 14일에는 중국공산당 중앙위원회 명의로 〈혁명을 부여잡고 생산을 촉진하는 것에 대한 통지〉가 발표된 후 '혁명'과 '생산'은 상호 분리될 수 없는 한 쌍을 이루었다. 충칭 OO공장의 근본파에 속했던 한 노동자는 "가령 우리 반을 예로 들어보자. 6명이 있었는데, 3명이 조반 활동으로 결근했을 경우 나머지 3명이 6명의 임무를 다 했다. 임무가 너무 과중하여 일을 감당하지 못할 경우 차간의 조반파 지도자가 와서 임무를 조정해 주었다"라고 밝히고 있다.41 충칭 OO전구공장의 당권파로서 조반파로부터 비판을 받은 뒤 8·15파의 관점

---

39 런DR 인터뷰 자료(2006년 7월 14일).
40 베이징 OO전자관의 노간부 인터뷰 자료(2005년 7월 5일).
41 주22의 인터뷰 자료.

을 지지했던 한 간부는 "8·15파가 공장을 관리했을 당시 생산을 잘 장악했어야 했다. 그렇지 않으면 상대방에게 꼬투리를 잡혔다"라고 밝히고 있다.[42]

한편, 생산 유지와 생산성 제고는 별개의 문제이다. 그렇다면 문화대혁명 시기에 노동적극성이 제고되고 생산성이 향상되었는가? 기술혁신은 이루어지고 있었는가? 생산성 향상, 노동적극성 제고, 기술혁신 촉진을 위한 인센티브 시스템은 잘 작동하고 있었는가? 문화대혁명 기간에 생산과 기술혁신에 대한 대중적 캠페인은 주로 두 가지 문제에 집중되었다. 첫째, 불합리한 공장 규칙을 개혁하고 기술혁신을 촉진하는 캠페인이다. 예를 들어 공단(工段), 차간, 공장의 각 과(科)와 실(室) 등 28단계의 심사를 거쳐야 비로소 실험을 할 수 있었던 과거의 절차를 대폭 간소화하여 기술혁신을 달성했던 베이징 제1기계공장이 『홍기』의 모범적 사례로 선전되었다.[43] 문화대혁명 당시 『홍기』에는 베이징 제1기계공장처럼 공장 내부의 불합리한 제도를 개선하고 기술혁신을 달성한 적지 않은 사례를 다루고 있다. 노동자의 참여로 형성된 새로운 규칙은 현실적이었기 때문에 적극적으로 준수되었다(Andors 1977, 221). 둘째, 기술자와 기술노동자의 엘리트주의, 이기주의에 대한 비판 캠페인이 전개되었다. 『홍기』 등을 통해 기술혁신의 모범으로 소개된 공장들은 기존의 '기술 권위'를 혁파하고 '노동자를 주체로 하고 혁명간부를 골간으로 하며 혁명적 기술자가 참여하는' 소위 '삼결합'을 잘 실현하고 있었다는 공통점을 보이고 있다. 기존의 '기술 권위'로부터 '혁명적 기술자'로 전환되었던 한 간부는 "나는 1950년 푸저우(福州) 전기전문학교(電機專科學校)를 졸업한 뒤 안산(鞍山) 전업국(電業局)으로 직장을 분배받았다. …… 책을 읽는

---

42 런ST 인터뷰 자료(2005년 5월 15일).
43 北京第一機廠工人黎新功. "技術大權我們工人掌定了", 『紅旗』(1968년 제3기), 24-35쪽.

자는 관료가 된다는 생각이 머리를 지배했다. 작업복을 벗고 노동자 대중과 멀어졌다"라고 문화대혁명 이전의 자신의 모습을 회고하고 있다.44 그는 고압선 검사 및 수리시 정전을 해야 하는지, 하지 않아야 하는지 하는 문제를 둘러싸고 정전을 해야 한다는 기술자와 정전을 하지 않고서 해야 한다는 노동자 사이에 의견 대립이 발생했을 때 노동자 편에 섰고, 1968년 공장 내에 혁명위원회가 설립되었을 때 혁명위원회 지도 업무를 담당하도록 추천을 받기도 했는데, 노동자들과 함께 다양한 실험을 통해 고압선에 전기가 흐르는 동안 고압선을 수리하는 기술혁신을 이루어냈다.

　기술혁신은 주로 노동자 출신의 기술자에게서 나왔다. 상하이 기계공구 공장의 경우 600여 명의 기술자 가운데 45%는 노동자 출신이고, 55%는 대졸자였는데, 노동자 출신의 기술자들이 일부 대졸 출신의 혁명적 기술자와 결합하여 '기술 권위'에 도전했다. 설계에서 공정의 조작기술 차원까지 어려움을 잘 알고 있던 이들은 '기술 권위'보다 창조적이었다(Andors 1977, 189). 『홍기』가 기술혁신의 모범사례로 소개하고 있는 허베이(河北)성 한단(邯鄲) 한광(河光)기계공장의 경우 노동자의 32%, 간부의 50%, 기술자의 67%가 삼결합에 참여하고 있고, 차간의 삼결합 소조의 조장을 과와 실의 간부가 맡았을 때 해결하지 못한 신상품 설계방안을 고참 노동자가 조장을 맡은 후 해결한 사례를 소개하고 있다.45

　공장의 불합리한 규칙을 폐지하고 노동자 출신의 기술자들이 기존의 권위에 도전하면서 기술혁신을 달성할 수 있었던 것은 그것을 보장하는 권력

---

44 鞍山電業局工程師鄭代雨, "堅定地走同工人群衆相結合的道路", 『紅旗』(1970년 제1기), 34-36쪽.
45 河北省革命委員會, 邯鄲地區革命委員會, 邯鄲市革命委員會 聯合調査, "'三結合'的技術革新小組好: 河北邯鄲市漢光機械廠的調査報告", 『紅旗』(1970년 제7기), 92-98쪽.

기구, 즉 공장 혁명위원회가 있었기 때문이다. 더구나 공장 혁명위원회는 상급 혁명위원회에서 하달된 생산지표를 정해진 기한 내에 달성하기 위해서 일부 '기술 권위'를 활용하지 않을 수 없었다. 혁명위원회는 노동자 대중에게 좋은 평판을 받는 기술자를 노동자 대중의 추천을 통해 공장 또는 차간 혁명위원회로 흡수했다. 소위 '혁명적 기술자'로 개조된 이 기술자들은 현장의 기술노동자들과 함께 긴밀하게 작업하면서 작업 공정상의 문제점을 개선하고 기술혁신을 이룩할 수 있었다.

한편, 혁명위원회로 흡수되지 않은 기술자들 역시 다양한 이유로 기술혁신에 나설 수밖에 없는 상황이었다. 예를 들어 문화대혁명 당시 기술자로서 비판받았던 상하이 국면XX공장의 한 기술자는 "삼결합 시기에는 성과가 나와야 했기 때문에 사람들이 나에 대해 약간의 예의를 갖추었다. 나 역시 성적을 내야 비판을 조금이라도 덜 받을 것이라고 생각했다. 당시 나는 정치적 압력을 받고 있었다. 당시 나의 적극성은 정치적 압력에서 나왔다"라고 밝히고 있다.[46]

간부의 자제로서 1950년대 중반기 소련의 공과대학교에서 5년 반 동안 공부하고 돌아온 뒤 문화대혁명 발발 직전 베이징 OO전자관공장의 기술조장을 맡았던 한 기술자는 "처가 조반파에 나섰기 때문에 나는 비판을 면할 수 있었다. 조반파 노동자들이 권력을 장악했어도 나에게는 기술 일을 하라고 했다. 기술자들은 별로 큰 영향을 받지 않았다. 당시에 삼결합 소조가 있었는데, 조장은 노동자가 맡았다. 그렇지만 기술자는 설계를 담당했다. 문화대혁명 때 노동자가 주인이 된다고 했지만, 사실대로 말하면 지식분자가 주인이었다. 노동자가 정말 지도할 수 있었겠는가?"라고 반문하고 있다.[47]

---

[46] 위엔XF 인터뷰 자료(2007년 7월 16일).

문화대혁명 때의 생산방식과 기술혁신의 다양한 실험은 '양참일개삼결합'을 실천했던 대약진운동의 경험과 유사하다. 단지 다른 점이 있다면 대약진운동 시기의 실험은 문화대혁명 기간에 비판을 받았던 당권파 혹은 주자파의 지도로 전개되었던 반면, 문화대혁명 때에는 그것을 비판하고 새롭게 등장한 혁명위원회의 지도로 전개되었다는 것이다. 문화대혁명 기간에 생산이 유지되고 또 기술혁신이 이루어질 수 있었던 것은 결국 '혁명과 생산을 분리할 수 없다'라는 중앙당국의 이데올로기와 기존의 관료주의적 작풍을 혁파하고 다양한 실험을 전개할 수 있었던 혁명위원회라는 권력기구가 존재했기 때문이다.

(2) 고용과 노동자 출신의 기술자 양성 시스템

문화대혁명 시기 고용관리와 관련된 주요 이슈는 거시적·미시적 차원으로 나눠 볼 수 있다. 거시적 차원의 문제는 노동력의 총량관리는 어떻게 이루어졌는지를 해명하는 것이고, 미시적 차원의 문제는 기업은 어떤 경로를 통해 노동자를 고용했고, 또 개별 노동자들은 어떤 경로를 통해 직장을 분배받았는지 등의 문제를 해명하는 것이다. 호우(Howe 1980, 245)는 문화대혁명 당시 노동부가 폐지되었고, 조반파의 경험 교류 장려 등으로 노동력 이동에 대한 통제는 대단히 약화되었음에도 불구하고 거시적 차원에서는 노동력을 통제하려고 했다고 지적하고 있지만, 그 시스템이 어떻게 작동되었는지는 밝히지 못하고 있다. 한편 미시적 차원의 문제 역시 좀 더 풍부한 자료에 기

---

47 장J 인터뷰 자료(2005년 7월 8일).

초하여 해명되어야 할 과제로 남아 있다.

문화대혁명 당시 고용 및 훈련 시스템과 관련하여 두 가지 주요한 이슈가 제기되었다. 첫째, 고용과 관련된 이슈로서 '임시직 노동자'(臨時工), '계약직 노동자'(合同工) 등 소위 비정규직 노동자의 문제다. 비정규직 노동자의 상당수는 1958년 대약진운동 시기와 그 이후의 경제회복 시기에 도시 기업이 농촌의 생산대(生産隊)를 통해 고용한 도시 교외의 농민, 가도(街都) 혹은 노동부를 통해 직장을 구한 도시의 실업자로 구성되어 있었다. 정규직 노동자들이 누렸던 종신고용, 양로금, 의료보험의 혜택을 받지 못했던 비정규직 노동자들은 문화대혁명 당시 비정규직의 정규직 전환을 요구하면서 조반파가 되었다(Jackson 1992, 150).

비정규직 노동자들은 1966년 11월 8일 '전국홍색노동자조반총단'(이하 '전홍총')을 결성하고, 그해 12월 초 비정규직 철폐 및 정규직 전환을 요구하면서 중화전국총공회의 강당을 점거했다. 전홍총은 1967년 1월 2일 중화전국총공회와 노동부를 향해 '임시직 노동자', '계약직 노동자'의 문화대혁명 참가를 승인하고, 해고 금지 및 1966년 6월 이후 해고된 자에 대한 해고 기간의 임금 지급을 약속한다는 '연합통고'에 서명하도록 압력을 행사해 서명을 받아냈다. 비정규직의 이런 행동에 대해 문화대혁명 중앙당국의 공식적인 대응이 지체되었기 때문에 지방정부는 독자적으로 대응할 수밖에 없었다. 1966년 12월부터 1967년 1월까지 상하이시 정부를 비롯해 전국의 각 지방정부는 1958년 대약진운동 이후 귀향 조치를 당했던 상당수의 비정규직 노동자들의 정규직 전환을 허용했다.

비정규직 노동자의 행동에 대한 문혁대혁명 중앙지도부의 첫 번째 공식 대응은 부정적이었다. 중국공산당 중앙위원회는 1967년 1월 11일 〈경제주의 반대에 대한 통지〉를 발표하고 경제 문제에 관한 과거의 불합리함에 대해서 중앙이 앞으로 더 조사·연구하고 또 대중의 합리적인 의견을 수렴하여 해결방법을 제기하겠지만, 중앙이 새로운 방법을 제출하기 전까지는 현재의 관행을 유지한다는 방침을 밝혔다. 그리고 국무원은 1967년 2월 17일 전홍총에 "①전홍총, 노동부, 중화전국총공회의 1월 2일 연합통고는 위법이다. 이를 철회한다. ②임시직 노동자, 계약직 노동자 등의 제도의 일부는 올바르고, 일부는 오류다. 중앙이 새로운 결정을 내리기 전까지는 종래의 방법에 기초하여 행한다. ③각 기업 단위의 임시직 노동자, 계약직 노동자 등은 정규직 노동자 및 공작 인원이 향유하고 있는 것과 동일한 정치적 권리를 갖고, 프롤레타리아트 문화대혁명에 참가할 권리를 갖는다. ④문화대혁명 초기에 지도부에 대해 의견을 제기하여 반혁명으로 분류된 임시직 노동자, 계약직 노동자 등은 명예가 회복되어야 하고, 해고된 자는 계약에 기초하여 처리하고, 지불되지 않은 임금은 보상해야 한다. ⑤임시직 노동자, 계약직 노동자는 단독 조직을 결성할 필요는 없고, 전홍총과 지방분회는 해산되어야 한다"라는 방침을 전달했다(小嶋華津子 2003, 252-255).

1967년 2월 24일 베이징시 공안국 군사관제위원회와 베이징 위술구는 전홍총의 지도자를 체포했고, 3월 2일에는 베이징의 수십 개 단위가 강철학원에서 전홍총 지도자 왕전하이(王振海) 등을 비판하는 대회를 개최했다. 결국 임시직 노동자, 계약직 노동자는 혁명위원회에서도 배제되어 문화대혁명의 무대에서 사라졌다. 문화대혁명의 일부 지도부 성원들이 비정규직제도를 류샤오치가 조장한 자본주의 노선으로 강력하게 비난했음에도 불구하고 전홍총이 비극적인 종말을 맞게 된 것은 문화대혁명의 중앙지도부가 노동 문제에 대해 통일된 관점을 갖지 못했을 뿐만 아니라 심지어 보수적인 색채마저 띠고 있었음을 보여준다.

그 다음, 노동자 훈련과 관련된 이슈로서 노동자 출신의 기술자 양성 시스템 문제이다. 문화대혁명 당시 기술자 양성 방식으로 집중적으로 선전된 것은 두 가지이다. 첫째, '상하이 선반기계공장'(上海機床廠)의 경험, 즉 공장

내 '야간대학'의 설립·운영 경험이 모범사례로 선전되었다. 마오쩌둥은 1968년 7월 22일 『인민일보』에 게재된 "상하이 선반기계공장으로부터 본 공정기술자 육성의 길"(조사보고)을 사전에 검토한 후 "교육을 혁명해야 하고, 프롤레타리아트계급의 '정치제일'(政治掛帥)을 실현해야 하며, 노동자 중에서 기술자를 양성한 상하이 선반기계공장의 길을 가야 한다"라고 지적했는데, 그 지시는 7월 21일 라디오를 통해 먼저 방송되어 '7·21 지시'로, 상하이 선반기계공장의 경험은 '7·21 노동자대학'으로 선전되었다.

상하이 선반기계공장은 문화대혁명 발발 당시 종업원 6천여 명 가운데 6백 명가량의 기술자를 둔 대형 정밀기계 공장이다. 6백 명가량의 기술자 가운데 50%는 해방 후 대학 및 전문대 출신이고, 45%는 노동자 출신이었으며, 나머지는 해방되기 전에 기술자였다. 1954년 이 공장은 70명의 노동자를 선발하여 기술과로 보내 기술을 익히도록 했고, 1958년에는 야간대학(業余大學)을 설립하고 70명의 노동자를 받아들여 기술자를 양성했다. 상하이 선반기계공장은 야간대학, 전문대학 위탁교육 등을 통해 노동자 출신의 기술자를 양성함으로써 공장 설립 당시 본래 62명밖에 되지 않던 기술자 수를 1965년 문화대혁명 발발 당시 6백 명가량으로 증가시켰다.[48]

문화대혁명 이후 상하이 선반기계공장은 다양한 기술훈련 및 정치학습 프로그램을 운영했다. 1968년 9월 실험적으로 설립·운영되었던 2년학제의 '7·21 노동자대학'은 각 차간에서 추천을 받아 첫 '학생'(學員) 52명을 받아들였다. '7·21 노동자대학'은 1970년 7월에는 학제 2년의 '야간기술학교'를 설

---

48 文匯報記者, 新華社記者, "從上海機床廠看培養工程技術人員的道路: 調査報告", 『紅旗』(1968년 제2기), 26-31쪽(본래 『인민일보』, 1968년 7월 22일에 게재된 것이다). "上海機床黨委決定徹底否定'文革'産物'七·二一調査報告", 『光明日報』(1984년 4월 14일). 中國人民解放軍國防大學黨史黨建政工敎硏室, 『"文化大革命"硏究資料(中冊)』(1988, 內部), 149-150쪽.

립하여 정치적 기초가 좋은 근무연한 3년 이상의 청년노동자 137명의 학생을 받아들였는데, 그들에게 매주 정치 3시간, 기술 6시간을 가르쳤다. '7·21 노동자대학'은 '단기 기초지식 학습, 한편으로 실천하면서 한편으로 학습하기, 이론 제고, 재실천'이라는 4단계의 학습과정을 두었고, 마지막 단계에 진입한 학생의 경우 공장의 과학연구 및 설계 부문에서 일하도록 했다. 상하이 선반기계공장은 이와는 별도로 '삼결합 기술소조'를 통해 특정 주제의 기술훈련반을 운영했다. 한편, 이 공장은 정치교육을 진행하는 학교도 설립했는데, 1969년 11월에 설립된 '야간정치학교'에서 매 기수는 1개월간 마오쩌둥 철학저작과 무산계급독재의 계속혁명론을 학습했다. 1971년까지 9기 학생들이 배출됨으로써 노동자, 노동자 기술자, 신구 간부, 지식인, 과와 실의 종업원 등 1천 명이 정치학습에 참여했다. 이와 같은 기술훈련 및 정치학습제도를 통해 2년 동안 약 4백여 명의 노동자들이 정치와 기술을 학습했다.[49]

'7·21 노동자대학'은 1958년 대약진운동 시기의 경험에 기초하고 있다. 1958년 9월 9일 중국공산당, 국무원은 〈교육 업무에 대한 지시〉를 발표하고 "학교를 설립하는 형식은 다양하다. 즉 국가가 학교를 설립하는 것과 공장·광산·기업·농업 합작사가 학교를 설립하는 것, 보통교육과 직업(기술)교육, 성인교육과 아동교육, 전일제 학교와 '반은 일하고 반은 학습하는 것'(半工半讀) 및 야간학교(業余), 무료교육과 비무료교육을 병행할 수 있다"라며 다양한 형식의 교육을 강조하고 있다.[50] 이 방침이 발표된 후 많은 공장들은 야간학교를 설립하고 노동자들에게 기술 및 사상을 학습시키는 다양한 프로그램을 운영했다. 예를 들어 베이징시 제일선반기계공장의 경우 1960년 들어 학

---

49 中國共産黨上海機床廠委員會副書記 張梅華, "培養工人階級的技術隊伍", 『紅旗』(1971년 제2기), 48-52쪽.
50 程晋寬, 『'敎育革命'的歷史考察: 1966~1976』, 福建敎育出版社, 2001, 141쪽.

력이 중학 미만인 노동자, 중학 이수 혹은 중졸 학력의 노동자 등으로 구분한 뒤 6시간은 일하고 2시간은 학습하는 '6·2제', 반은 일하고 반은 학습하는 '4·4제'를 운영하면서 향후 2~3년 뒤에는 중등기술학교 혹은 대학 졸업 수준으로 끌어올린다는 계획을 확립했다. 이 방침에 따라 차간 차원에서 조직된 학습에 참여한 중졸 이하의 노동자는 1,097명, 공장 차원에서 조직한 학습에 참여한 노동자는 2,840명에 달했다.51

둘째, 공농병 대학을 통한 기술자 양성 방법이다. 중국공산당 중앙위원회, 국무원은 1966년 7월 24일 〈대학교 학생모집 업무에 대한 통지〉를 통해 "현재 대학교의 입시를 통한 학생모집 방법은 공농병 청년을 흡수하는 데 불리하기 때문에 철저하게 개혁되어야 한다"고 밝혔다. 그해 입시를 통한 학생모집 방식이 취소되었고, 대신 추천을 통한 선발방식이 도입됨으로써 공농병 출신은 추천을 통해 대학에 입학할 수 있게 되었다. 추천 대상은 정치사상이 좋고, 특별한 상황이 아니면 25세 이하의 연령에, 고등학교 졸업 혹은 고등학교 문화 정도를 갖추었으며, 2년 이상 노동한 노동자, 빈·하·중농, 노동청년 및 퇴역군인, 재직 간부 등으로 한정되었다. 이들은 소재 단위의 추천, 현(縣) 혹은 시의 학생모집기구의 심사를 거쳐, 성, 시, 자치구의 학생모집위원회를 통해 대학교에 입학할 수 있었다.52

1970년 공농병 학생으로 칭화대학교에서 3년간 자동화공학을 전공한 베이징 ○○인쇄공장의 한 노동자는 "차간에서 학생을 선발했고, 대중의 동의를 거쳐야 했다. 칭화대학교로 간 사람들 중에는 전국 노동모범, 초등 졸업자도 있었다. 공농병 학생으로 선발되기 위해서는 출신성분과 사상이 좋아

---

51 陳迹, "十年如一日: 北京市第一機床廠的職工業余教育", 『紅旗』(1960년 제16기), 37-41쪽.
52 "中共中央, 國務院關于改革高等學校招生工作的通知", 中國人民解放軍國防大學黨史黨建政工教研室, 『"文化大革命"硏究資料(上冊)』(1988, 內部), 56-58쪽.

야 했다. 10여 명이 선발되었는데 대부분은 20대였고, 30대, 45세 된 사람도 있었다. 이미 개조가 완료된 교수가 강의했다. 일주일 내내 학교 기숙사에 있다가 토요일이면 집으로 왔다. 초기에는 공장에서 매월 19위안을 받았는데, 후에 어떤 사람이 문제를 제기하여 본래 자신의 임금을 받았다. 방학이 되면 공장으로 되돌아와 노동에 참여했고, 어떤 사람들은 다른 공장으로 실습을 나가기도 했다. 칭화대학교 자동화공학과에는 외지에서 온 사람들로 구성된 반, 베이징 출신의 반, 군인들로 구성된 반 등 다양한 반이 있었는데, 대개 한 반에는 20~30명의 학생이 있었다"라고 당시의 상황을 밝히고 있다.[53]

학력 편차가 다양하고 기초가 취약했던 공농병 학생을 가르치는 것은 쉽지 않았던 것으로 보인다. 칭화대학교의 자동화공학과의 한 교수는 "나는 아주 분명하게 가르쳤다고 생각하는데, 학생들은 수업 내용을 이해하지 못했고, 대단히 구체적이고 천천히 가르쳤다고 생각하는데, 학생들은 강의가 너무 추상적이고 빠르다고 했다"라고 당시 교육의 어려운 상황을 밝히고 있다.[54] 과거의 경우 기초과정을 통과하지 못한 학생들은 퇴학 조치를 취할 수도 있었지만, 문화대혁명 시기에는 그럴 수도 없었다. 결국 교수가 찾은 해결책은 과거의 교육방법을 바꾸는 것이었다. 그는 우선 공농병 학생의 수준을 면밀하게 검토한 후 체계적으로 필요한 수학의 기초를 보완하여 가르쳤다. 교수와 학생들 모두 10개월 정도의 '전투'를 거쳐 학생들은 미적분 등 수학의 기초를 장악했다. 자동화공학과의 그 교수는 "가르치면서 우리가 느낀 것은 '교육의 문제'는 주로 '교원의 문제'라는 마오 주석의 가르침이 올바른 것이었다"라고 밝히고 있다.[55]

---

53 마SF 인터뷰 자료(2006년 5월 23일).
54 "清華大學工農兵學員和教員談教育革命的體會", 『紅旗』(1971년 제6기), 75-83쪽.
55 상동.

공농병 학생도 대학교 교육이 쉽지 않았다. 자신을 대학생으로 선발해 준 단위에 대해 학습을 잘하는 것으로써 보답해야 한다고 생각했던 칭화대학교 화공학과의 어떤 공농병 학생은 "매일 밤 11, 12시까지 공부하고 휴일에도 쉬지 않았다. 몇 주간을 그렇게 했더니 머리가 어찔어찔했고, 배웠던 수학, 영어, 화학 세 과목 중 한 과목도 제대로 되는 것이 없었다. 나는 매우 초조했다. 시간이 얼마 지나지 않았는데 이러니 어찌 3년 동안 공부를 잘할 수 있겠는가?"라고 학습 초기의 자신의 심정을 밝히고 있다.56 이 공농병 학생은 그 같은 어려움에도 불구하고 자신과 싸우면서 결국 화학, 수학, 영어 과목을 잘 학습할 수 있게 되었다.

당시 공농병 대학에서 가르쳤던 교수나 학생 모두 새로운 교육 실험을 통해 자신이 거듭나는 경험을 했다. 공농병 대학의 실험에 대한 오늘날의 평가는 '정상적인 교육 시스템을 문란하게 만들었고 또 교육의 질을 떨어뜨렸다'라는 식의 부정적 평가가 지배적이지만, 고등교육을 받을 수 있었던 당시의 공농병 학생들에게 그 실험이 가졌던 의미는 아마 다를 것이다. 베이징 ○○인쇄공장의 어떤 공농병 학생 출신자가 "베이징대학교에서 문과를 전공한 일부 사람들은 『홍기』 등 다른 직장으로 배치되기도 했지만, 나는 원 직장으로 되돌아왔고, 노동자로서 노동에 참여했다"라고 밝히듯이 공농병 학생 출신자는 신분의 변동 없이 원 직장으로 복귀되거나 직장 및 신분 변동을 겪기도 했다. 공농병 학생 출신자는 문화대혁명의 '교육혁명'이 낳은 중국 특유의 산물이지만, 이들에 대한 체계적인 조사와 연구는 없다.

---

56 상동.

(3) 임금제도

임금과 연관된 문화대혁명 지도부의 비판은 크게 두 가지로 나타났다. 첫째, 일부 노동자 및 기업 관리자의 소위 '경제주의'적 작풍에 대한 비판이다. 문화대혁명 초기 일부 노동자들이 임금인상 및 '실물적 보상'(津貼) 제고를 강력하게 요구하자 일부 공장의 지도자들은 은행에서 돈을 인출하는 등 소위 '비상자금'으로 노동자의 요구를 수용하는 모습을 보였다. 문화대혁명의 지도부와 각 지방정부는 그런 작풍을 '경제주의'라고 비판하며 반격에 나섰다.

예를 들어 상하이시의 경우 공총사, '시당위원회기관연락기지'(市委機關聯絡站), 철로국, 해운항만, 은행 등 각 기관의 조반파조직과 함께 '경제주의 반대연락총부'(反對經濟主義聯絡總部)의 전신인 '혁명을 부여잡고 생산을 촉진하는 화선 지휘부'(抓革命促生産火線指揮部)를 설립했다(徐慶賢 2005, 70). 중국공산당 중앙위원회도 1967년 1월 11일 〈경제주의 반대에 대한 통지〉를 발표하고 "각급 은행, 국가기관, 국영기업, 사업 단위, 집체경제 단위는 국가의 규정에 반하여 모든 지출에 대해서 지불을 거부하지 않으면 안 된다"(제4조)라는 방침을 발표했다.

문화대혁명 당시 노동자의 임금인상 등 경제적 요구가 얼마나 광범위하게 또 지속적으로 제기되었는지에 대해서는 알려져 있지는 않다. 문화대혁명 지도부가 문화대혁명 초기에 경제주의를 비판한 뒤 지속적으로 그런 비판이 제기되지 않은 것을 미루어보았을 때 노동자들의 경제적 요구는 일시적 현상이었던 것처럼 보인다. 문화대혁명 당시 전개되었던 조반파의 전반적인 투쟁 내용과 방향을 고려할 때 당시 조반파 노동자들의 주요 관심사는 사실 경제적인 것보다는 기존 권력 비판, 새로운 권력과 제도 확립 등 정치적인 것에 있었다고 보인다. "임금인상 등 경제적 요구가 어떠했는가?"라는 질문에 상하이 OO기관공장의 조반파에 속했던 한 노동자는 "당시에 임금은 중요하지 않았다. 권력이 중요했다"라고 밝히고 있다.57

둘째, 보너스(獎金) 등 과거의 물질적 인센티브에 기초한 임금제도 비판이다. 문화대혁명이 발발되기 직전 1966년 4월 10일 중국공산당 중앙은 '정치제일(政治掛帥)에 대한 의견'을 검토하면서 현재 실행되고 있는 보너스제도는 정치제일의 정신에 위배되는 것이라고 지적했다.58 문화대혁명의 중앙지도부는 노동적극성은 물질적인 인센티브가 아니라 집단적인 정신과 협조 속에서 나온다고 보았다. 1967년에 전개되었던 물질적 인센티브에 기초한 임금제도에 대한 비판은 '공업 70조'에 대한 비판으로 이어졌다(Andors 1977, 194). 공업 70조는 대약진운동이 실패로 끝난 직후 덩샤오핑의 주관 아래 1961년 제정된 〈국영공업기업공작조례〉(초안)가 총 70조의 항목으로 구성되어 붙여진 이름인데, 이 공업 70조는 대약진운동 당시 '금전제일'(金錢掛帥), '노동자계급의 사상을 파먹고, 노동자계급의 단결을 저해한다'라는 등의 다양한 비판받고 폐지되었던 '개수임금제'(計件工資制) 및 보너스제도를 '노동에 따라 분배한다'(按勞分配)라는 사회주의의 분배 원칙에 맞는 제도라며 부활시켜 놓았다. 문화대혁명의 중앙지도부는 이렇게 부활된 개수임금제 및 보너스제도를 사회주의 분배 원칙에 맞지 않은 자본주의적 수정주의 노선이라고 비판하면서 다시 폐지했다.

문화대혁명의 중앙지도부와 소위 '당권파' 혹은 주자파 모두 '노동에 따라 분배한다'라는 사회주의의 분배 원칙을 고수해야 한다면서도 '과연 어떤 임금제도가 사회주의의 분배 원칙에 부합하는 제도인가' 하는 점에 대해서

---

57 주39의 인터뷰 자료.
58 中國勞動人事年鑑編輯部, 『中國勞動人事年鑑(1949. 10~1987)』, 勞動人事出版社, 1989, 449쪽.

는 각각 다른 입장을 보이고 있다. 그런데 흥미로운 것은 문화대혁명의 중앙 지도부가 개인 또는 집단적 노동성과와 연결되어 있는 보너스제도를 부정했지만, 적지 않은 공장에서는 변형된 형태의 '보너스'제도로 그 제도를 유지하고 있었던 점이다. 문화대혁명 발발 후 일부 공장의 경우 보너스제도를 취소하고 보너스에 해당하는 임금을 매월 고정적으로 지급하는 '부가임금제도'(附加工資制)를 채택했다. 예를 들면, 1967년 8월 24일 노동부 임금국(工資局)은 산시(山西)성 혁명위원회의 질의에 답하면서 '부가임금제도'의 성격에 대해 보너스제도를 취소한 뒤의 임시적 조치로 규정하고 있다.[59]

그런데 이 임시적 조치로 규정된 부가임금제도는 문화대혁명이 종결될 때까지 폐지되지 않고 존속되었던 것으로 보인다. 문화대혁명이 종결된 직후 노동부는 '부가가치임금'의 명목으로 임금액이 증가해서는 안 된다는 방침을 여러 차례 밝히고 있다. 또한 인터뷰 자료에 따르면, 많은 노동자는 문화대혁명 기간에 보너스가 폐지된 적이 없다고 증언하고 있는데, 가령 상하이 국면O공장의 경우 보너스는 매월 일률적으로 4.8위안, 상하이 국면OO공장은 매월 1등은 10위안, 상하이 둥화(東華) 대학이 설립한 방직공장은 업무태도와 상품생산량에 따라 3등급으로 나눠 매월 4, 5, 6위안, 베이징 OO 인쇄공장의 경우 1968년 보너스제도가 부활해 매월 1등은 5위안, 베이징 OO전자관공장의 경우 1, 2, 3등을 정해 매월 1등은 10위안을 지급했고, 일

---

[59] 1967년 노동부는 〈보너스, 임금 활성화 문제에 대한 쓰촨성 노동국의 질문에 대한 답〉(復四川省勞動局關于獎金, 活工資問題的函)에서 보너스제도는 물질적 인센티브제도이고, '임금 활성화'(活工資)는 보너스제도 취소 후의 임시적 조치이며, 경제주의를 반대하는 중앙의 정신에 따라 원래 보너스제도를 실시하지 않은 단위, 새로 설립되는 기업, 새로 업무에 참여하는 인원에 대해서는 일률적으로 보너스제도 및 임금 활성화를 실시하지 않고, 이미 취소 혹은 실행 중단을 결정한 단위는 이 제도를 회복하지 않아야 한다고 지시하고 있다. 中國勞動人事年鑑編輯部, 『中國勞動人事年鑑(1949. 10~1987)』, 勞動人事出版社, 1989, 449쪽.

부 공장의 경우 연말 상여금을 지급하기도 했다.

이처럼 각 공장에서는 변형된 형태의 보너스제도가 유지되었고, 또 문화대혁명의 중앙 혹은 지방 지도부가 이를 묵인했다는 것은 보너스제도가 사회주의 분배 원칙에 위배된다고 비판했던 문화대혁명 지도부가 논리적 일관성을 결여하고 있었다는 것을 보여준다. 그렇다면 왜 문화대혁명의 지도부는 자신이 부정한 보너스제도를 완전히 부정하지 못했을까? 이 문제를 해명하기 위해서는 중국 임금체계에서 보너스가 가진 독특한 성격을 이해할 필요가 있다. 중국 당국은 건국 이후 고축적을 위해 노동자들에게 저임금을 강요해왔다. 개인과 연계되어 차별적으로 지급되었거나 혹은 집단과 연계되어 평균적으로 지급되었던 보너스는 저임금을 물질적으로 보완해 주는 보조적 성격의 임금이었다. 따라서 문화대혁명 중앙지도부가 보너스제도를 완전히 부정할 경우, 저임금을 보전해주는 다른 형태의 대안을 내놓지 않으면 안 되었다. 노동자들의 임금인상 요구를 경제주의라고 비판했던 문화대혁명 중앙지도부는 그 같은 대안을 내놓기보다는 오히려 현실 타협적인 길을 선택한 것으로 보인다. 문화대혁명의 지도부는 노동적극성을 제고하는 방식으로서 물질적 인센티브보다는 정신적 인센티브를 강조했지만, 과거의 임금제도 정책을 답습함으로써 새로운 대안을 내놓는 데 실패했다고 볼 수 있다.

3. 결론

1966년 5월 학생운동으로 시작된 문화대혁명은 곧 노동자의 광범위한 참여를 통해 '천하를 혼동에 빠뜨리는'(天下大亂) 국면을 거쳐 1969년 4월에 개최된 제9기 중국공산당대회를 전후로 '천하가 잘 통치되는'(天下大治) 국면으로 접어들었다. 중국의 노동자들은 왜 문화대혁명에 적극적으로 참여한 것일까? 노동자들의 문화대혁명 참여 동기에 대한 기존 연구에는 노동자들이 권력에 관심을 둔 학생과 달리 돈에 더욱 관심을 뒀다는 경제적 동기론, 임시직 노동자와 계약직 노동자 등 비정규직 노동자가 혁명적 대중운동의 주축이었음을 강조하는 사회·경제적 동기론 등 다양한 주장들이 있다. 그러나 노동자들은 학생 못지않게 권력에 관심을 가졌고, 또 간부와 기술직 노동자, 정규직 노동자 등이 혁명적 대중운동에 참여했다는 점에서 경제적 동기론, 사회·경제적 동기론 모두 부분적으로 타당할 뿐이다.

평범한 노동자들이 문화대혁명에 광범위하게 참여한 것은 1949년 중화인민공화국이 수립된 이후 17년 동안 형성되었던 기존의 정치·경제·사회 시스템이 좀 더 바람직한 방향으로 개혁될 수 있다는 전망이 있었기 때문이다. 문화대혁명 초기에 노동자의 저항을 합법화하는 여러 신호가 있었음에도 불구하고 대다수 노동자는 신중하게 처신했다. 소수파로 시작했던 조반파 노동자들은 아주 지난한 과정을 통해 다수파로 전환했는데, 그 계기는 두 번의 '복권'에 있었다. 문화대혁명 발발 직후 당권파를 비판했다는 이유로, 또 조반 활동에 적극적으로 가담했다는 이유로 1967년 초 소위 '2월 역류' 때 당권파에 의해 고초를 겪었던 일부 조반파 노동자들이 문화대혁명 지도부에 의해 각각 '해방'된 것이 그것이다. 이 두 번의 계기를 통해 평범한 노동자들은 문화대혁명의 중앙지도부가 실질적으로 새로운 정치·경제·사회 시스템을 확립하려 한다는 확신을 하게 되었고, 혁명적 대중운동에 광범위하게 참여했다.

1966년 5월부터 1969년 4월까지 3년 동안의 문화대혁명에서 조반파가 달성한 가장 중요한 성과는 기존의 권력기구인 당위원회를 무력화시키면서 새로운 권력기구인 혁명위원회를 설립한 것이다. 1967년 1월 상하이에서 처음 등장한 혁명위원회는 순탄치 않은 '탄생기'(誕生記)를 갖고 있다. 애당초 상하이 조반파는 새로운 권력기구의 이름을 '상하이 코뮌'(上海人民公司)으로 확정했지만, '만약 각 성, 시, 자치구 모두 코뮌을 설립한다면, 우리의 국호도 중화인민공화국에서 중화코뮌(中華人民公司)으로 바꿔야 하고, 코뮌의 사장도 두어야 한다. 그렇게 되면 국가의 체제를 변화시켜야 하는 복잡한 일이 발생한다'라는 마오쩌둥의 반대로 자신의 이름을 '상하이 혁명위원회'로 바꿔야 했다(徐慶賢 2005, 85). 마오쩌둥의 명칭 변경은 문화대혁명의 이상과 현실의 갈등, 향후 조반파의 험난한 운명을 예고하는 다양한 함의를 갖고 있다.

1966년 8월 8일에 발표된 〈프롤레타리아트 문화대혁명에 대한 결정〉(소위 '16조')은 기존의 권력기구를 대체할 새로운 권력기구의 형식으로 코뮌을 상정하고 있는데, 이 문안은 문화대혁명 중앙지도부의 한 사람인 천보다(陳伯達)가 기초했다고 알려져 있다. 문화대혁명의 중앙지도부가 혁명적 대중운동의 과정에서 새로 등장한 권력의 명칭을 코뮌이 아니라 혁명위원회로 결정한 것은 문화대혁명을 기획했던 문화대혁명의 중앙지도부가 애당초 문화대혁명의 목표와 방향을 충분히 공유하지 못하고 있었다는 것을 보여주고 있고, 또 혁명적 대중운동이 심화되는 과정에서 혁명적 대중운동과 사회조직의 자주적 발전보다는 오히려 통제를 선호했다는 것을 보여준다. 이 점은 앞서 언급한 충칭시, 쓰촨성의 사례에서 보이듯 혁명위원회가 '사실상' 아래로부터가 아니라 위로부터 군부의 주도로 조직되는 데서 잘 나타나고 있다.

기존의 질서에 도전하면서 새로운 질서를 꿈꾸며 문화대혁명에 참여했던 조반파 노동자들이 코뮌을 설립하지 못하고 혁명위원회 설립을 강요당한 것은 일종의 혁명 이상의 좌절이라고 볼 수 있다. 비록 문화대혁명 중앙지도부의 의지대로 지역의 혁명위원회가 '위로부터' 구성된 것과 달리 공장의 혁명위원회는 조직구성원의 토론을 거쳐 선출된 대표들로 구성되었지만, 그 역시 군대로 대표되는 '외부'의 통제를 받는 가운데 각 파벌의 대표가 참여하는 파벌의 연합체적 성격을 띠었다. 이는 문화대혁명 시기 조반파 노동자들의 역량이 취약했음을 보여주는 것이기도 하다. 권력구조가 안정되어 있지 않았고 노동자의 헤게모니가 관철되지 못했기 때문에 문화대혁명 기간에 그들이 전개했던 다양한 실험은 많은 의의를 가졌음에도 불구하고 '상부' 또는 '외부'의 힘이 사라졌을 때 그 동력을 잃는 한계를 보인다.

노동자들이 문화대혁명에 참여함으로써 획득한 최대의 성과는 자신의 운명을 자신이 주재할 수 있다는 자신감이라고 할 수 있다. 외세와 관료, 매판자본가의 착취로 인해 비참한 처지에 놓여 있었던 중국노동자들은 1949년 중화인민공화국이 수립된 이후 '국가와 사회의 주인공'이라는 지위를 가졌지만, 그것은 국가가 부여한 것이었지 자신이 획득한 것이 아니었다. 건국 이후에도 자신의 계급적 역량을 자각할 수 없었던 중국노동자들은 문화대혁명의 혁명적 대중운동에 참여하는 과정에서 '수동적 주인공'에서 '능동적 주인공'으로 새롭게 태어날 수 있었다.

오늘날 문화대혁명 기간에 노동자들이 전개했던 다양한 실험은 그 내용이 제대로 알려지지 않은 채 생산 시스템을 혼란에 빠뜨리고 중국의 발전을 가로막은 '대재앙'으로 선전되고 있을 뿐이다. 그러나 이 글에서 살펴보았듯이 문화대혁명 기간에 공장에서는 혁명적 대중운동이 일으키는 혼란스러움을 통제하면서 생산을 유지하려는 메커니즘이 작동하고 있었고, 또 기술혁신도 이루어졌다. 노동자들이 문화대혁명 기간에 공장에서 전개했던 다양한 실험 가운데 '노동자의 경영 참여와 경영자의 노동 참여'라는 '양참' 경험, '노동자, 기술자, 간부' 및 '청년, 중년, 노년 노동자'의 '삼결합' 경험, 노동자의 기술자 양성 시스템 운영 경험은 그 실효성 여부를 떠나 현재적 의의가 매우 높은 실험이라고 할 수 있다.

양참 경험 가운데 '노동자의 경영 참여'는 현대 자본주의 기업도 기업 경영의 목표를 노동자에게 전달하는 데 효과적이라고 해서 많이 채택하고 있는 방안이다. 양참의 경험에 좀 더 적극적인 의의를 부여하자면 그것은 직장 민주화의 실험이고, 이 실험은 사회와 국가 민주화의 초석을 다지는 작업이라고 할 수 있다. 한편, '노동자, 기술자, 간부'의 삼결합은 구상과 실행의 통일을 통해 소외된 노동을 극복하고, 기술 및 상품혁신을 이루는 중요한 방법으로서 현대 기업들도 많이 채택하고 있는 방안이기도 하다. '청년, 중년, 노년 노동자'의 삼결합은 윗세대가 축적한 기술과 정보 등 소위 '암묵적 지식'을 아랫세대에게 전달하기 위해 현대 기업이 인력자원을 배치하는 데 반드시 고려해야 하는 요소이다. '7·21 대학' 등 공장 내 노동자대학 운영 및 노동자의 기술자 양성 실험은 현재 중국의 대기업들이 채택하고 있는 제도로 정착되어 있다. 또 '공농병 대학'은 기존 대학교가 축적한 성과를 파괴하면서 교육의 질을 떨어뜨렸다는 비난에도 불구하고 직접 생산에 참여하는 젊고 유능한 노동자와 농민에게 훌륭한 교육을 받을 수 있는 기회를 부여해야 한다는 정신으로서 재음미해 볼 가치가 있다.

계층·지역 간 빈부격차의 확대, 노동자의 지위 저하 등 '시장화', '사유화'로 압축되는 개혁·개방정책의 부정적 효과가 나타나면서 중국 대중들 속에서는 마오쩌둥에 대한 향수가 확산되고 있고, 중국 지식계에서는 추이즈위안(崔之元 2003)이 시도했던 것처럼 '문화대혁명의 득과 실'을 따져보려는, 혹은 마오쩌둥의 정책을 재조명해 보려는 새로운 움직임도 나타나고 있다. '시장화', '사유화'의 폐해에 대한 중국 대중들의 감성적 거부이든, 그 폐해를 이성적으로 극복해 보고자 하는 중국 지식인들의 노력이든, 그것은 중국만의 것이 아니라 '시장화', '사유화'의 폐해를 경험하고 있는 세계가 공유해야 할 풍부한 자산이기도 하다. 모든 혁명이 그러하듯이 문화대혁명 역시 깊게 팔수록 혁명 속에 내재되어 있는 현재적 함의는 더욱 풍부하게 드러날 것이다. 활발한 논의를 위해서라도 아직 드러나지 않은 문화대혁명의 사실 발굴 작업은 지속적으로 전개되어야 한다.

제3장

문화대혁명과 노동자의 '교육혁명'

장윤미

우리가 이해하는 과거는 현재적 관점에서 보는 과거일 뿐이며, 과거 그 자체를 모두 설명해 주지 못한다. 과거 속의 역사 자체를 이해하기 위해서는 당시의 조건과 사회적 인식이 어떠했는지를 이해할 필요가 있는데, 그런 의미에서 문혁 시기 논의되었던 여러 쟁점과 제도적 실험을 평가하려면 그것을 당시의 조건에서 파악하려는 노력이 필요하다. 문혁 시기에 등장한 많은 급진적 실험과 그에 대한 서구의 열광적 반향은 당시 서구 자본주의 사회가 안고 있던 모순과 개혁 실패, 제3세계 국가의 출현, 그리고 세계적 범주에서 발생하던 민족주의의 등장과 밀접한 관련이 있다. 마찬가지로 문혁 직전 팽배해 있던 주입식 교육사상과 교수방법에 대한 마오쩌둥(이하 마오)의 반감과 사회주의 사회에서 교육이란 어떤 것이어야 하는지에 대한 중국의 고민 역시 역사적이고 세계적인 관점에서 이해해야 할 것이다.

2차 세계대전 이후 냉전 분위기 속에서 자본주의 진영에서는 반공이념을, 사회주의 진영에서는 혁명이념을 교육의 주요 표어로 삼았지만, 교육이 정치적 도구로 활용된 것은 세계 각국에 공통적이었고, 더욱 중요한 것은 근대화와 산업화의 달성을 위한 국민국가 교육의 보급이라는 점이었다. 1960년대부터 서방 국가들은 학교교육과 사회적 실천 간의 괴리현상, 고등교육의 특권 문제, 취업과 학제 문제 등 여러 문제에 봉착해 있었고, 이런 문제를 타개하기 위한 하나의 방안으로 마오의 교육사상의 특징인 교육사상과 실천의 결합에 큰 관심을 보였다(Pepper 1996, 1-12). 1960~70년대 이들은 주로 홍위병운동이나 청년들의 하방운동뿐 아니라 교육변혁과정에 대해서도 많은 관심을 보였다. 특히 서구적 관심은 홍(紅)과 전(專)을 둘러싼 정치적 동요를 중심으로 전개된 학술교육 모델과 혁명교육 모델, 엘리트교육과 평등교육이라는 두 가지 모델의 갈등과 충돌에 집중되었다.[1]

이런 정치권력 중심적인 이분법적 시각과 해석은 두 가지 극단적 경향을 낳게 되었다. 하나는 1960~70년대 사회적 병폐로 신음하던 서구 사회의 대안적 모델을 모색하던 좌파들의 시각이다. 이런 시각에 의하면 교육과 생산노동이 결합되어야 한다고 믿었던 마오의 구상은 기존의 엄격한 사회계층과 위계적인 제도 위에 건립된 지식교육체계를 근본적으로 바꾸는 것으로, 기존 질서에서 소외되어 왔던 노동자와 농민들에게 새로운 교육기회를 제공한 것이고, 이로써 엘리트주의 교육전통은 철저히 무너지게 되었다고 본다. 서구적 질서와 발상의 틀을 깨는 중국의 이런 실험은 대중정치와 민주주의의 새로운 가능성을 보여주는 것으로 받아들여지기까지 했다. 반면 1980년대 이후 부각된 또 다른 시각은 문혁 시기 시도되었던 실험이 정상적인 교육을 파괴했고 교육의 질이나 수준도 크게 낮아졌을 뿐 아니라 중국의 경제를 후

---

[1] 학술 모델과 혁명 모델이라는 중국의 두 가지 교육 모델로 교육변혁과정을 분석한 연구로는 Theodore(1981). 중국 교육의 혁명성에 관한 연구로는 Ruth(1977); Robert(1975), 중국의 학교교육제도에 관한 연구로는 Stewart(1972); Price(1970); Unger(1982) 등 참조. 혁명과 발전이라는 두 가지 모델로 중국 교육을 분석한 중국 내 연구로는 袁振國(1992) 참조.

퇴시키고 사회발전에 악영향을 미쳤다고 본다.[2] 이런 견해에 따르면 개혁 이후 발전과 현대화에 대한 요구로 정규학교교육이 다시 강조되고 학제가 연장되었을 뿐 아니라 시험도 부활해 전통적인 지식교육이 다시 중요시되었으며, 이런 교육개혁의 여파로 과학과 지식이 중시되면서 경제발전을 도모했다는 것이다.

그러나 문혁 시기의 실험을 발전의 대안적 방식으로 극찬하는 시각이나 문혁의 어리석음과 잔인함을 지적하며 문혁 시기의 모든 시도를 폄하하는 시각 모두 이분법적 설명의 한계를 안고 있으며, 역사적 사실을 회피함으로써 많은 의문들을 남긴다. 문혁 시기의 대중교육 보급으로 많은 인민들이 실질적인 혜택을 입었는가? 밑으로부터의 자발적 참여와 혁명의 정신이 각 기층 단위조직 내에서 민주적으로 실행되었는가? 혹은 문혁 시기 각 지방에서 나타났던 기존 교육제도에 관한 비판과 자발적으로 실시되던 교육 모델은 과연 마오나 사인방집단의 정치적 조작과 선전에 불과했는가? 문혁 시기 교육혁명의 결과로 교육의 질이 크게 떨어졌다면 문혁 시기에 거둔 수많은 과학적 진보와 경제적 성과는 어떻게 설명될 수 있는가?[3] 또한 문혁 시기 대중

---

[2] 중국 국내에서 문혁 시기 교육에 대한 본격적인 연구가 시작된 것은 1990년대이다. 주로 마오의 교육사상, 지식청년의 하방운동, 교육변혁과정이라는 주제를 중심으로 진행되었다. 중국 국내 연구자들은 공산당의 역사평가지침서인 〈역사결의〉의 관점에 따라 대체적으로 문혁 시기 이전 17년간의 교육발전에 대해서는 긍정적인 태도를, 문혁 시기의 교육실천에 대해서는 부정적인 태도를 갖고 있다. 대표적인 연구로는 鄭謙(1999); 周奀華(1999); 程晉寬(2001) 참조.
[3] 일반적으로 문혁 시기의 중국 경제를 파탄과 후진으로 묘사하지만, 1960년대 후반부터 70년대까지 중국은 공업, 농업, 국방, 과학기술 모든 분야의 기초를 다졌고 큰 업적을 거두었다. 특히 석유화학, 석탄, 도로, 철도, 공업기지, 항공우주, 수리건설 등 산업발전에 필요한 기초공업과 국방공업에서 큰 발전을 이룩했다. 문혁 시기 국민총생산액은 3,624억 위안으로 1965년의 1,716억 위안보다 두 배 이상 증가했고, 연평균 6.8%의 성장률을 보였다. 더욱이 당시 중국경제는 외채가 전혀 없는 완전히 독립된 형태를 유지했다. 1972년 이후 서구의 선진설비와 기술을 들여오고 경제교류도 활발해지면서 수출과 GDP가 급증했다(陳東林 2000a; 伊凡 1968).

교육의 보급이 남긴 역사적 영향력은 어떻게 평가할 것인가? 이런 의문들에 대한 해석은 마오 중심적인 설명으로는 풀리지 않는다. 마오에 대한 편향 혹은 편견으로는 복잡하고 다양한 제도적 실험과정을 이해하기 힘들다.

마찬가지로 교육혁명의 구상을 홍과 전이라는 정치적 주기의 반복 속에서 이해하고자 한다면, 문혁 시기에 나타났던 복잡한 교육발전과정을 지나치게 단순화할 수 있다. 교육은 단지 정치적 과정에 의해서만 결정되지 않으며, 특히 지방의 자율을 최대의 덕목으로 생각했던 문혁 시기의 경우 각 지방의 조건과 상황에 따라 혁명적 실험의 경험과 결과가 다양하게 나타났다. 더욱 중요한 것은 기존의 지배 질서와 제도화된 지식에 도전하려는 혁명적 구상을 노동자와 농민 대중이 어떻게 받아들이고 실천했는가 하는 점일 것이다. 홍과 전이라는 두 가지 교육방식을 주기적으로 반복했다기보다는, 문제를 해결하고 상황에 적합한 새로운 내용을 실험하는 끊임없는 과정으로 신중국 이후의 교육을 이해하는 노력이 필요하다. 문혁의 가장 극적인 특징이 국가중심적 상황을 넘어서려는 사건이었음을 감안하면, 대중적 참여와 실천의 면모를 이해하고자 하는 시도는 기존의 권력중심적 시각을 보완해 줄 수 있을 것으로 판단된다.

한 사회의 교육발전이 역사적 전통이나 경제발전 수준 및 정치제도, 그리고 당시 사회구조나 사회인식 및 사회적 요구 등의 영향을 받는다는 점을 감안하면, 교육혁명을 통해 제기되었던 문제들, 즉 삼대차별의 축소라든지, 교육의 보급과 노동자·농민의 대학 진학, 경쟁위주의 시험폐지 등은 당시 중국의 교육발전과 관련하여 해결되어야 할 기본적인 문제였다고 볼 수 있다. 그러나 교육이 어떻게 사회적 요구에 적응하고 생산노동과 결합할 것인지, 어떻게 교육기회의 평등을 실현하고 학생의 창의적 발전을 도모할 것인지 등의 교육발전을 위한 문제는 성공적으로 제기하고 있지만, 그런 문제를 해결하지 못한 교육혁명의 과제는 지금까지도 중국 사회에 남아 있다. 당시에는 교육혁명의 정신이 정치적 수단으로 희생되었다면, 자본과 시장의 논리라는 또 다른 얼굴로 우리를 강요하는 지금의 교육 현실을 성찰해보지 않을 수 없다.

이 글에서는 문혁 시기 교육계에 반영된 혁명정신과 여러 형태로 시도된 혁명적 실험들에 대해 살펴보고자 한다. 또한 이를 노동자라는 민중적 관점에서, 그리고 과거의 현실을 인식하고자 하는 관점에서 살펴보고자 한다. 현재를 이해하는 데 있어 과거는 여전히 중요하다. 과거는 아주 중요한 현재의 지적·정치적 의제이기 때문이다(딜릭 2005, 49-112).

1. 근대적 교육체계의 수립

신중국 성립 이후 계획경제가 실행됨에 따라 국가가 모든 것을 책임졌고 교육 역시 통일된 방향으로 나아갔다. 무엇보다 교육계의 첫 번째 당면 과제는 문맹의 퇴치와 교육의 보급이었다.[4] 중국은 대륙의 광대함, 지역적 특색과 인종의 다양성 등의 이유로 서로 다른 지역끼리 기본적인 의사소통마저 어려웠고, 언어의 다양성과 한자의 난해함이 정책수행에 막대한 지장을 초래하고 있었다. 이런 지리적, 인적, 언어적, 사회적 문제를 딛고 대중교육을 보급한다는 것은 쉽지 않은 일이다. 그러나 중국 정부는 이를 위해 공동체 단위의 식자(識字)운동에 많은 노력을 기울였다. 교육의 보급책은 제도교육 외

---

[4] 당시 중국은 전체 인구의 80% 이상이 문맹이었고, 초등학교 입학률은 20%에 불과했다(吳玉文 1992, 14). 루딩이는 1950년 10월에 '오늘날 압도적인 다수 인민이 문맹이다'라고 개탄했으며, 1952년 마쉬룬은 그 비율을 90%로 추정했다.

에도 광범위한 사회교육을 실시하는 것이었다. 그 대표적인 것이 작업장 단위로 이루어지는 업여(業餘)학교이다.[5] 건국 초기에는 강한 혁명의식, 해방구 경험의 지속성, 평등한 교육가치의 중시 등이 사회의 주류적 인식이었으므로 다양한 형식의 교육 경로가 노동자와 농민 대중에게 열려 있었다. 우리가 조사한 대부분의 사례 공장은 1950년대에 이런 교육시설을 모두 갖추고 있었다. 1956년 10월에 건립된 베이징 774공장의 경우 이미 1955년부터 교육과를 설치하여 노동자 업여학교를 운영해 문맹퇴치, 초·중·고등 업여학습반을 두었는데, 전체 노동자의 85% 이상이 각종 교육혜택을 누릴 수 있었다(廠史編輯室 1986, 245). 1950년대 공장에 들어온 노동자들은 모두 공장에서 설립한 야간학교에서 초중등교육과정을 마쳤다고 회고하고 있다.

　　건국 초기 교육개혁의 방침은 전통적인 교육과 구 해방구의 교육경험, 그리고 소련의 경험이라는 세 가지 경험을 모두 참고하는 '신민주주의 교육'을 기본 방침으로 하여, 이론과 실제의 결합, 인민을 위한 봉사, 혁명투쟁과 건설 복무에 대한 헌신 등의 내용을 강조하는 것이었다(楊東平 2003a, 13). 그러나 정치적 조급함이 빚어낸 분위기로 인해 옛 교육은 전면 부정되고, 사회주의 교육개혁의 바람이 불면서 소련의 경험을 절대시하고 맹목적으로 따라하는 풍조가 나타나기 시작했다. 중국 교육에 미친 소련의 영향은 건국 이후 약 10년 동안에 걸쳐 가장 강력했다.[6] 소련의 영향은 특히 초기 대학교육개

---

[5] 업여교육의 목적은 1950년 6월 중앙정부의 행정위원회가 내린 〈업여교육에 관한 지시〉에서 처음으로 구체화된다. 업여교육은 '노동자 대중과 간부들의 정치·교육·기술 수준을 향상시키기 위한 가장 중요한 수단'으로 간주되었다. 좀 더 높은 수준의 과정이 제안되기도 했으나, 정치교육과 식자반에 역점이 두어졌다. 업여교육은, 교육의 대중화를 위해 국가가 운영하는 전일제 학교들이 수행할 수 없는 역할을 담당한다는 점이 강조되기 시작했다(Fraser 1965, 363).
[6] 소비에트 교육 모델이 중국에 끼친 영향에 대해서는 Li lixu(2001, 106-113) 참조. 이 연구는 개혁 이후 급속한 경제성장의 원인을 소비에트 교육 모델에서 찾고 있다.

혁에서 교수진을 개편한 것이라든지, 여러 개의 대규모 종합기술연구소를 설립한 것 등에서 찾아볼 수 있다. 인민대학이나 하얼빈공업대학과 같은 특수대학들은 그 구조와 내용에서 강한 영향을 받았다(楊東平 2003a, 9). 소련 모델에 따라 대학체계를 정비한 이후 대학은 소련식의 계획경제와 전문인재 교육 모델로 편입되었다. 가장 두드러진 특징은 교육계획과 국민경제계획이 긴밀하게 연계되어 교육에 대한 국가의 계획적 관리가 강조되었고, 교육의 중심이 경제건설과 직접적인 관계를 갖는 과학기술교육에 놓이게 되었다는 점이다.[7]

소련 교사들은 학생들을 가르치는 것 외에도 많은 중국인 교사들에게 정치이론 분야를 훈련시켰다. 좀 더 광범위하고 지속적인 영향을 끼쳤던 것은 중국이 받은 인쇄물이었다. 1952년에서 1956년까지 소련의 고등학교 교재가 1,393종 번역·출판되었고(『人民日報』 1957/11/06), 1955년 6월 고등교육부 계획국장 장종린은 800종 이상의 소련 교재를 번역했다고 보고했다. 또한 소련과 동유럽국가로 많은 유학생이 파견되었고, 그중 90%는 소련으로 갔다.[8] 약 800명의 과학자와 기술자가 소련 공업을 배우러 가기도 했고, 1959년 이후 정치적 냉각기에도 불구하고 많은 학생이 소련에서 훈련을 받았다. 이 학생들이 중국에 돌아와 자신들의 전문성을 살리고 싶어 했을 것이라는 점을 염두에 둘 필요가 있다(Price 1987, 114). 또한 당시 교육기관과 학

---

[7] 이런 정책 때문에 인문사회계열을 홀시하는 현상이 두드러졌다. 1949년만 해도 문학, 법률, 상업, 교육 등 인문계열의 학생이 33.1%를 차지했지만, 이후 이 비율은 점차 감소하여 1953년에는 14.9%, 1956년에는 9%, 1963년에는 6.8%까지 감소한다(楊東平 2003a, 10). 1951년에서 1958년까지 중국으로 초빙된 소련전문가 794명 가운데 이공계 전공자가 484명으로 전체 65%를 차지하고 있었다(楊東平 2003b, 121).
[8] 1951년 8월 375명의 유학생이 소련으로 건너가고, 1953년까지 모두 1,321명의 유학생을 파견한다. 1954년에서 1965년까지 9,438명을 파견하고 이 중에서 8,197명이 귀국한다(中國敎育報 1998/10/31).

내에서는 소련의 교과서가 사회주의 건설의 절대적인 지침서로 인식되었고, 교육현장에 교사의 권위를 부여하는 주요한 근거이기도 했다.9

전문적인 엘리트 양성을 중시하는 소련 모델의 여파로 해방구에서의 비정규교육 형태에 대한 가치는 점차 소홀해지고, 1955년 공농속성중학교는 학생모집을 중단한다. 중등교육은 점차 전일제 보통중학교라는 일원적 구조로 나아갔고, 직업교육은 축소되어 주로 공장 자체에서 도공들을 훈련시켰다. 교육의 정규화와 교육의 질에 대한 중시는 평등과 효율의 문제에서 점차 후자에 무게를 두게 된다. 엘리트교육과 대중교육 가운데 어느 것을 중시하느냐의 문제에서 전문인재를 양성하는 고등교육발전을 우선적으로 중시하여 대학생에 대해 학비를 면제해준다. 또한 초·중등학교에서는 중점학교 제도를 실시하여 진학교육을 목표로 하는 '학벌피라미드'(小寶塔) 구조를 형성하여 소수정예의 우수한 인재를 선발하고 배출하게 된다(Andreas 2004, 6-11). 그에 따라 고등교육을 중시하고 기초교육을 경시하는 풍조가 나타났고, 기술·과학교육과 전문교육을 중시하고 인문·보통교육을 경시하는 교육가치의 불균형 현상이 나타났으며, '호구제'에 의한 공간적인 단절로 인해 농촌교육의 보급이 취약해졌고 도시와 농촌 지역의 교육격차가 현저하게 나타났다. 특히 입시위주의 중점학교는 학교설비 환경과 조건, 교사의 수준, 학비 등에서 일반학교와 현저한 차이가 있었기 때문에, 기초 환경이 열악한 보통학교는 '형편없는 학교', '쓰레기 학교'라는 심각한 위화감을 조성하여 전체 기초교육 분위기에 악영향을 미쳤다(楊東平 2003a, 14).

---

9 당시의 교내 분위기를 잘 보여주는 다음과 같은 증언이 있다. "교사의 강의노트는 소련의 교수자료를 복사한 것이며, 그것을 단 한 자도 바꾸지 않고 교사가 칠판에 옮겨 쓰면, 학생들은 우둔하게 자기들 노트에 베껴 쓴다. 어떤 학생이 그 가운데 어떤 것을 이해하지 못할 경우, 교사는 '이 수업자료는 소련에서 온 것이야'라고 하면서 그에게 매를 들이댈 것이다"(MacFarquhar 1960, 97; Price 1987, 115에서 재인용).

전통적 경험과 옌안 경험의 효율성을 동시에 교육 내용에 반영한다는 건국 초기의 목표는 생산과 건설을 위한 소비에트 모델의 절대화와 지식과 기술 우월 풍조, 그로 인한 엘리트교육과 대중교육의 양극화 현상으로 인해 사회적 균열과 갈등을 초래하는 요인이 된다.

2. 중국식 교육 모델에 관한 논의 : 반공(농)반독

소비에트 모델은 중국 지도부에게 전쟁의 폐허에서 벗어나 급속한 경제 재건을 달성할 수 있는 모범적인 사례로 보였으나, 그 내용과 특징은 애초부터 중국의 혁명 경험과 경제사회적 조건에 맞지 않는 것이었다. 특히 소련의 엘리트주의 사상은 마오의 혁명적 후계자 양성이라는 교육사상에 대한 위협적 요소로 보였을 것이며, 이는 양국의 관계를 냉각시키는 한 요인이 되었다. 또한 1956년 폴란드·헝가리 사건과 소련 공산당의 스탈린격하운동, 그리고 1957년 반우파운동을 겪으면서 중국 사회에서는 수정적인 노선을 경계하고 부르주아계급을 적대시하는 좌경적 인식이 사회의 주류를 이루었다. 이런 분위기는 자연스레 교육에 대해 정치적 기능과 혁명성 담보라는 내용을 요구하게 되었고, 사회주의 교육은 어떤 것이어야 하는가에 대한 논의가 진행되었다. 1957년 2월 마오는 〈인민 내부모순을 정확히 처리하는 것에 관한 문제〉에서 "우리의 교육방침은 교육을 받는 모든 사람을 도덕적, 지적, 신체적으로 발전시키고 교양과 사회주의 정신을 지닌 노동자로 만드는 것이다"라고 강조하고 있다(『毛澤東選集 5卷』, 1977, 385). 이런 분위기에서 당시 지식인들이 장악하고 있던 교육계에 대해, 전문가만이 교육을 운영할 수 있고 당 위원회나 군중은 교육을 알지 못한다는 권위적 행태와 교육 신비주의가 만

연해 있다는 거센 비판이 일어난다.[10]

특히 1954년과 1957년 대규모의 초중등학교 졸업생들이 취업도 진학도 할 수 없는 문제가 불거지자 단일한 중등교육구조의 결함이 드러나게 되었다.[11] 그러나 당시 사회주의 건설을 위한 인재양성의 절박한 필요성에도 불구하고 교육사업에는 여러 가지 어려움이 있었다. 우선 교육사업의 재원 부족은 매우 심각한 수준으로, 이런 중국 상황에 적합한 교육제도를 모색하는 것이 절실한 상황이었다. 사실 교육이 국가에 의해서 전일제로만 운영되기에는 거기에 소요되는 막대한 국가의 재정적 부담과 생산에 미치는 심각한 타격을 고려하지 않을 수 없었다. 그에 따라 1958년 1월 마오는 〈공작방법〉(초안)에서 "모든 중등기술학교와 기능학교는 공장과 농장을 경영하여 생산

---

10 1958년 9월 중앙의 〈교육사업에 관한 지시〉에서는 교육은 반드시 프롤레타리아 정치를 위해 복무할 것과 당이 영도해야 함을 강조한다(『人民日報』 1958/09/20). 〈지시〉에서는 몇 가지 개혁 방안을 추진하기로 결정하는데, 우선 교과과정의 관리권을 지방으로 이양하고, 초·중등학교 교과서는 각 성이나 시, 자치구에서 자체 편찬하도록 한다. 둘째, 기초교육학제가 너무 길다는 지적에 따라 1958년 9월부터 전국 각지에서는 초중등학제를 단축하는 실험을 진행한다. 당시 각 지방에서는 초등학교 5년제와 중등학교 5년제, 혹은 초·중등학교 7년, 9년, 10년제, 중등학교 4·2제, 3·2제. 2·2제, 4년제 등 다양한 실험을 진행하고 있었다. 각 지방에서 자체 편찬한 교재들에서는 정치적 내용이 강조되고, 생산 위주의 편집방법이 채택되었다. 뿐만 아니라 교수방법도 작업장, 농촌, 혁명 유적지 등을 방문하는 현장학습이 늘어났고 노동자나 빈농, 군인들이 학생에게 수업을 하는 경우도 있었다(彭澤平 2005a, 156). 셋째, 교육과 생산노동의 결합을 강조하면서, 초·중등학교에서는 생산노동이 강조되고 중등학교 각 학년에는 매주 두 과목의 생산노동 과목이 개설되었으며, 모든 학생은 매년 육체노동에 참여했다. 각 지역의 초·중등학교는 크고 작은 작업장과 학교가 운영하는 공장 및 농장, 그리고 실험단지 등을 설립해 학생들의 노동 참여를 도왔다. 넷째, 사상정치교육과 교사에 대한 사상개조를 강화했다. 사상정치교육은 주로 노동계급의 계급관과 공동체의식 및 노동관, 변증법적 유물관 등을 고취시켰고, 교사에 대한 사상개조는 자발적인 혁명의식과 당에 대한 마음을 강조했다. 이런 교육은 모두 군중운동의 방식이나 군중투쟁 혹은 4대 형식[大鳴·大放(누구나 자신의 견해를 자유롭게 밝힘), 大字報, 大辯論(대토론)]으로 진행되었다.
11 당시 학교를 설립할 국가 재정이 없어, 500만 초등학교 졸업생 중 400만 명이 중학교에 진학하지 못했고, 109만 명의 중학교 졸업생 중 80만 명이 고등학교로 진학하지 못했으며, 20만 고교 졸업생 중 8만 명이 대학에 가지 못했다(李慶剛 2002).

활동을 전개해 자급 혹은 반자급하고 학생들은 일하면서 배워야 한다"라고 제기하고, "조건이 허락하는 상황에서 최대한 많이 학생을 뽑아야 하지만, 국가의 재원은 증가할 수 없다"라고 강조한다.[12] 이에 따라 1958년 근공검학(勤工儉學), 반공(농)반독[半工(農)半讀] 등의 형식으로 교육경비를 절약하여 학교를 확대하는 방식이 제기되었다.

반공반독학교는 교육을 노동과 결합시키는 일종의 작업장 내 학교로서, 교육을 노동자·농민에게 친숙하게 함으로써 대중적인 참여를 유발하는 중요한 방법의 하나로 고안되었다. 최초로 설립된 반공반독학교는 농업중학교였는데, 이것은 농민 자녀에게 경제적으로 부담을 주지 않으면서도 지역사회의 요구에 직접 관련되는 중등교육의 기회를 제공하려는 의도에서 설립되었다. 반공반독학교에 관한 많은 글들은 그것이 경제적인 부담을 주지 않아야 하며, 그럼으로써 중·하층 농민의 자녀가 유일하게 교육받을 수 있는 길이 되어야 한다고 강조하고 있다.[13] 반공반독제 학교는 대체로 지역사회에 의해 설립·운영되었다. 도시에서는 주로 공장과 광산에 의해 학교가 운영되었고, 어떤 경우에는 인민공사에서 재정을 부담하기도 했으며 국가보조를 받는 곳도 있었다. 1960년대 초반까지 각종 형태의 중등과정 반공반독학교가 등장했다.[14] 반공반독제 학교 졸업생에 관한 보도들은 한결같이 그들

---

12 1958년 8월 13일에는 톈진대학을 시찰하면서 "앞으로 학교는 공장을 경영하고, 공장은 학교를 경영해야 한다", "학생들은 근공검학하고 교사들도 그래야 한다"라고 말했다. 또한 1961년 7월 30일 당시 공산주의노동대학 건교 3주년을 축하하며 보낸 편지에서는 일하면서 배우는 형태에 지지를 표명하면서 국가의 지원이 아닌 완전한 자급 형태를 지지한다.
13 예컨대 쓰촨성의 수이닝(遂寧) 지구에서는 1958년 5월까지 총 758개의 농업중학교를 보유하게 되었고, 이는 거의 모든 향에 하나 정도의 중학교가 설치된 셈이라고 보도되었다. 같은 시기 『인민일보』 보도에 의하면 호남성에서는 인민공사에 의해 사립중학교가 설립되어 각 향마다 하나씩의 중학교를 보유할 수 있게 되었다고 한다. 또한 1965년 통계에 따르면 중등학교 1,431만 재학생 중에서 반공(농)반독 형태의 학생은 498만 명으로 전체의 38.8%를 차지하고 있다(張建新 1997, 88).

대다수가 농장에 그대로 머물러 있다는 사실을 강조하고 있다. 그들은 회계, 출납, 경영보조, 기타 행정 업무와 같은 핵심적 업무를 담당하며, 일부는 트랙터운전사, 전기기술자, 원예 및 임업기술자, 수의사 또는 의무담당자와 같은 기술직에 종사했다.

그러나 대약진이라는 정치적 실패와 함께,15 다양한 형식의 학교 실험도 실패하고 중등교육의 단일한 구조는 여전히 바뀌지 않아 다시 한번 도시의 진학과 취업 문제가 갈등을 빚는다. 이에 대한 국가정책 가운데 하나는 지식청년들의 상산하향을 확대하는 것이었고, 다른 하나는 다시 직업교육 문제를 제기하는 것이었다. 이에 따라 1964년 각 성에서는 각종 직업학교를 설립하여 반공반독제를 실시했다. 그러나 자금이나 교사충원 등이 부족하여 학생들은 입학 후 단순히 육체노동을 하는 경우가 많았고 출로가 마땅치 않아 농업중학교의 학생모집은 다시 어려움을 겪게 되었다. 특히 다양한 형식의 학교를 인정하여 단일한 중등교육의 구조를 바꾼 것은 바람직했지만, 이는 두 가지 제도의 병존을 인정함으로써 사회적 차별과 불평등구조를 공고히

---

14 1965년 『인민일보』는 "농업중학교의 당면 문제"에 관한 기사에서 세 가지 형태의 학교를 기술하고 있다. 첫 번째 유형은 기술학교로서 농업과 기술직 요원을 교육시키는 학교이다. 두 번째 유형은 일반 농업학교로서 전일제 중학교와 동등한 수준이었다. 세 번째 유형은 가장 흔한 것으로 정치, 국어, 산수 및 농사기술 등의 네 과목에 대한 기초과정만을 가르치는 학교이다.
15 대약진이라는 과열된 목표지향적 정치운동 속에서 실제에 맞지 않는 무리한 목표를 내놓게 된다. 1955년 12월 청년단 중앙에서는 7년 내에 전국 청년의 문맹을 타파한다는 목표를, 1956년 9월 8차 당대회에서는 12년 내에 초등학교 의무교육을 보급한다는 목표를, 1958년 중앙이 내놓은 〈교육공작에 관한 지시〉에서는 이런 목표를 더욱 앞당겨 3년 내지 5년 내에 문맹을 타파하고 초등학교 교육을 보급시키며 농업합작사의 미취학 아동들을 모두 탁아소나 유아원에 입소시키자는 목표를 밝혔다. 이런 열기 속에서 각급 학교가 급증했다. 대학의 경우 1957년 227개에서 1960년에는 1,289개로 늘어났고, 중등학교의 경우 1956년 6,715개에서 1958년에는 28,931개로, 학생수도 1956년 516만 명에서 1958년에는 852만 명으로 급증했다(楊東平 2003a, 15-16). 장쑤성에서는 1958년 3월 15일에서 4월 27일까지 불과 40여일 내에 농업중학교와 각종 직업중학교가 6,568개 생겨났고, 산동성의 경우 1958년 한 해 동안 36개의 대학이 생겨났다(楊鳳城 1999, 72).

하는 것이었으며, 그로 인해 대학에 가지 못하는 대다수 노동자와 농민의 불만이 쌓이게 되었다.16

반공반독교육의 의미는 단일한 전일제 교육구조를 바꾸어 교육개혁의 경험을 축적했으며, 교육을 보급시키고 교육발전과 교육재원 부족이라는 문제를 해결할 수 있는 실험적 형태였다는 데 있다. 높은 수준의 교육은 아니었지만, 무엇보다 실용기술을 위주로 교육하여 생산현장에 바로 투입할 수 있었다. 상하이의 한 노동자는 다음과 같이 회고하고 있다. "반공반독은 실제 상황에 부합하는 제도였지요. 감잡아본 것들이 비교적 많아서 대개 처음 일할 때 빠르죠. 졸업한 뒤에 바로 일을 시작할 수 있었어요. 그래서 어떤 학생들은 중소형 공장으로 가서 한몫 톡톡히 했습니다. 똑같이 공장으로 배분받은 대학생이나 혹은 학력이 더 높은 사람들도 바로 일을 시작하건 아니었죠. 반공반독은 단기적인 효과가 비교적 뚜렷했어요. 그렇지만 반공반독학교의 교사들이 구체적인 것까지 알진 못했어요. 심지어 책의 어떤 내용들은 확확 넘어갔죠. 필요 없다고 생각되는 것은 그냥 넘어간 거예요. 추상적인 것들도 얘기하지 않았어요. 실용주의적이었죠. 자기 경험을 근거로 해서 필요한 게 있으면 집중적으로 얘기했어요. 기초가 튼튼한 건 아니었어요."17

중국 현실에 맞는 적합한 교육 모델이라는 평가에도 불구하고 당시의 경제적 기초는 이런 교육 이상을 실현하는 데 적합하지 않았고, 사회적 지위나 교육의 위계구조와 사유재산의 관념도 완전히 제거되지 않았다. 무엇보다

---

16 류샤오치는 지방 시찰 후 다음과 같이 말하고 있다. "중국은 두 가지 주요한 학교교육제도와 공장·농촌의 노동제도가 있어야 한다. 하나는 현재 전일제 학교교육제도와 공장과 기관 내에서 8시간 노동하는 노동제도로 이것이 주이다. 이밖에 학교, 공장, 기관, 농촌에서 비교적 광범위하게 '반공(농)반독'의 방법을 채택하여 앞의 제도와 병행하도록 한다"(『劉少奇選集(下卷)』 1985, 277-294).
17 인터뷰, 2006년 1월.

문혁 이전의 이런 교육 실험은 기존의 불평등한 권력구조를 근본적으로 바꾸려는 혁명적인 것이었다기보다, 정규교육을 늘리지 못하는 국가재정에 부담을 주지 않으면서 각 지역 자체에서 기초교육을 해소할 수 있는 방법으로 고안된 교육 형태의 변화였다. 따라서 전일제 교육이 여전히 엘리트를 양성하는 교육의 핵심 부분이었고, 오히려 이런 두 가지 제도의 병행으로 인해 차이가 극심해짐에 따라 더 큰 갈등의 불씨를 안고 있었다. 문혁이 시작되자 이런 형태의 제도는 자산계급의 직업학교라는 비판을 받아 모두 철폐되어 실패로 끝나게 되지만, 반공반독이라는 생산과 교육을 접목한 시도는 문혁 시기에 더욱 다양한 형태의 학교와 제도가 등장하는 사회적 실험의 기반을 마련했다고 볼 수 있다.

3. '혁명'으로서의 교육, 그리고 마오의 교육관

혁명을 교육으로 영구히 지속시키고, 교육을 혁명화하기 위한 일련의 과정은 어떻게 형성되었는가? 그것은 건국 이후 전개된 교육개혁을 둘러싼 다양한 논의와 구상, 그리고 일련의 정책집행과정에서 야기된 문제들이 조금씩 축적된 결과로 이해될 수 있다. 건국 직후 새로운 시대에 제기된 새로운 요구는 교육이 노동자·농민을 위한 것이고 또한 생산건설을 위한 것이어야 한다는 데 있었으며, 교육정책은 이런 원칙에 따라 제정되었다. 이런 계급적 관점과 생산노동 관점은 점차 교육 분야에 침투하여, 교육은 혁명에 복무하는 주요한 수단이자 혁명의 목표 자체가 되어 간다.

이런 상황에서 1960년대 초 중국에는 마오로서 받아들이기 힘든 정책들이 많았다. 1960~62년 경제회복 시기에 전문가와 물질적 인센티브에 대한 의존도가 높아지면서 교육정책 역시 적절하게 조정된다. 즉 경제발전 수준의 향상을 위해 교육은 필요한 인력을 제공해야 하기 때문에, 정규학교와 과학연구가 다시 장려되고 우수학생이 주목받으며 반공반독학교가 축소되고 운영이 정지되었다. 이런 방침으로 생산수준이 개선되었지만 빈부격차가 점차 확대된다. 또한 전체 입학 인원이 많이 감소하고 특히 농촌지역의 많은 학교들이 문을 닫게 되어, 농민들은 주요한 희생자가 되었다.[18] 농업 분야에서는 인민공사 사원의 소규모 자류지와 부업을 허용했고 공업 분야에서도 물질적 인센티브 조치를 강화했다. 의료 역시 도시 중심적으로 제공되었고 교육에서 다시 중점학교가 중시되기 시작했으며 예술 분야도 전통적인 극과 작품이 부활했다. 이런 정책들은 마오가 보기에 불평등과 특권화를 유발하는 것으로, 사회주의의 이상적인 모델과는 맞지 않았다.[19]

특히 진학과 취업은 교육구조와 깊은 연관이 있는데, 당시 이런 문제가 매우 심각한 갈등에 놓여 있음을 알 수 있다. 1950년대 말 문맹퇴치와 초등교육의 보급운동이 진행되면서 초·중등학교로 진학할 기회뿐 아니라 대학 진학의 기회 역시 증가된다. 그에 따라 1960년대에 이르면 각급 학교가 학생들을 더는 받아들일 수 없는 포화상태에 이르고 도시에서는 진학하지도 취업하지도 못하는 초·중등학생이 매년 급증하게 되어 주요한 사회 문제로 대

---

[18] 대약진의 여파를 수습하기 위한 일련의 조정정책으로 급증했던 학교의 수 역시 대폭 축소되었다. 대학교는 1960년의 1,289개에서 1963년 407개로, 재학생수 역시 1960년 96만 명에서 75만 명으로 축소되었다. 중등전문학교는 1960년 6,225개에서 1,355개로, 재학생수는 1960년 222만 6,000명에서 45만 2,000명으로 급감했다(吳玉文 1992, 15).

[19] 마오는 1950년대 소비에트 모델을 중심으로 세웠던 교육제도의 가장 중요한 약점은 교육의 평등을 실현할 수 없다는 점이고, 이런 교육제도에서는 노동자·농민의 자녀가 기타 계층의 자녀와 동등한 교육기회를 부여받을 길이 없다는 점을 잘 알고 있었다. 이미 1957년 1월 마오는 "베이징시의 조사에 따르면 대학생은 대부분 지주, 부농, 자산계급 및 부유한 중농의 자녀이고, 노동계급과 빈농·중농 출산은 20%에도 미치지 못한다. 이런 상황은 바뀌어야 한다"라고 강조한 바 있다(『毛澤東選集 5卷』 1977, 333).

두한다. 게다가 경제적인 이유로 많은 학교들이 1960년 이후 폐쇄되어 진학과 취업 문제는 한층 더 가중된다. 이런 상황에서 중점중학교 졸업생의 대학진학 기회는 많은 데 반해, 일반 중학 졸업생의 진학 기회는 점점 어려워지고 대다수가 농촌이나 변경지역으로 보내지게 되어 불만이 점차 커졌다.[20]

학생의 출신성분에 따라 교육의 혜택 범위에 차별을 두는 현상은, 결국 취업과 진학의 불평등구조로 인한 불만이 사회적 문제로 대두하자 오히려 더욱 강화되었다. 즉 중국의 지도부는 계급투쟁이란 이름으로 교육의 수혜 대상을 축소함으로써 치열한 경쟁구조의 압박을 완화하려고 했다.[21] 따라서 출신성분이 좋지 않은 학생들이 사회적 지위를 얻을 수 있는 유일한 방법인 진학과 취업의 경로가 막히게 되자 이에 대한 불만과 반감은 피할 수 없었고, 엘리트 코스에 대한 사회적 비판이 점차 거세지는 분위기 속에서 문혁에 이르면 교육에 대한 불만정서가 이미 위험 수위에 도달해 있었다. 게다가 당시 국제 환경 역시 교육혁명의 중요한 계기를 마련했다. 냉전이라는 국제 환경

---

[20] 신중국에서 가장 이상적인 엘리트 코스는 중점중학교와 대학에 진학한 뒤 이상적인 일자리를 배분받는 것이었는데, 이는 주로 가정 출신과 학습성적, 그리고 정치적 태도가 중요한 기준이었다. 그러나 1960년대 중반에 이르면 출신과 정치적 태도는 여전히 중요한 기준이었지만 성적은 그다지 중요하지 않게 되었고, 가장 많은 기회를 얻는 층은 주로 간부나 군인 자녀여서, 이들은 성적이 좋지 않아도 진학과 취업 분야에서 많은 혜택을 누렸다(程晉寬 2001, 146). 이들은 제도적으로도 많은 혜택을 받았는데, 예를 들어 중점(小寶塔)학교들은 1단계에서는 1년에 아홉 달 반 동안 수업하고 한 달 동안 생산노동에 참가했으며, 2단계에서는 아홉 달 동안 수업하고 반 달 동안 생산노동에 참여하도록 되어 있었다. 반면, 나머지 학교들은 수업기간이 더 짧고 생산노동 기간이 더 길었으며, 외국어를 가르치지 않아 이들 학교 출신들은 좀 더 나은 대학에 입학할 수가 없었다.
[21] 1964년 6월 공청단 제1서기였던 후야오방은 지주, 부농, 기타 착취계급 출신의 자녀가 착취분자는 아닐지라도 착취계급 가정에서 자라 가정의 영향을 받았기 때문에 그들에 대한 사업은 쟁취와 교육, 개조밖에 없다고 발언한다. 8월 3일자 『인민일보』에서도 가정 출신과 혁명 후계자의 문제를 연결시키면서 혁명의 핵심 영도는 반드시 성분과 출신이 좋을 뿐 아니라 장기적인 계급투쟁에서 단련된 사람이 다수를 차지해야 영도 핵심의 계급적 기반을 보장할 수 있다고 주장하고 있다.

과 서방 세계의 화평연변 전략에 두려움을 갖고 있던 중국은, 수정주의로 가지 않겠다는 확고한 신념을 유지하고 혁명의 후계자를 양성하는 문제가 무엇보다 시급했다. 교육은 이를 위한 가장 중요한 운동이자 목표 그 자체가 되었다.

교육의 혁명적 전환을 제기하는 사회적 열기는 마오의 교육관에도 잘 반영되어 있다. 마오는 인민의식을 철저히 개조하여 프롤레타리아계급의 이데올로기에 부합하는 가치체계와 행위 기준을 건립함으로써 인민 스스로 적극적인 사회주의 경제건설에 투신할 수 있다고 보았다. 교육은 이를 위한 중요한 수단이었으며, 사회주의의 새로운 인간형은 이상과 도덕, 겸손과 자기희생의 정신을 갖춘 사람으로서 교육혁명은 사회질서를 개조하는 실재적인 대실험이었다. 마오는 변화하는 새로운 사태에 모든 사람이 적응하지는 못하기 때문에 이를 극복하기 위해서는 계속적인 재교육이 필요하다고 하여, 누구든지 정기적으로 재교육을 받아야 한다고 강조한다.[22] 또한 마오는 교육을 교실 안에 국한된 것이라든가 인생의 어느 한 시기에 한정되어 실시되는 것으로 보지 않았다. 교육은 일차적으로 사상·정치적인 것으로 생각되지만 동시에 그것은 실천적이며 사회적인 것이었고, 기술보다는 인간의 태도와 목적에 관한 것이었다. 초기 저작에서 마오는 인간의 지식 획득을 위한 투쟁에서 실천의 중요성을 언급하고 있다. 마오는 이미 혁명 시기에 후난자립(湖南自修)대학과 농민운동강습소를 창립할 때 교육과 생산노동이 결합된 원칙을 제기한 바 있으며(張建新 1997, 88), 오직 실제 노동에 참여함으로써 온전한 지식인이 될 수 있다고 보았다.

---

[22] 중국공산당이 수시로 실시한 재교육의 한 형태는 정풍운동이었다. 마오가 인정하듯, 그 목적은 정치적인 것으로서 '당원들로 하여금 정치적이고 과학적인 정신으로 그들의 생각을 무장하도록 교육하기 위한 것'이었다.

마오의 또 다른 중요한 교육관은 바로 교육은 군중을 위한 것이어야 한다는 것이다. 마오는 일관되게 군중교육의 보급을 주장했고, 교육은 군중을 위해 봉사해야 하고 인민군중의 실제에서 출발해야 한다는 강조했다. 혁명 시기에 제시한 "인민이 인민을 가르치고"(以民教民), "서로 가르치고 서로 배우자"(互教互學)는 군중노선의 교수방법은 건국 이후에도 상당한 영향을 미쳤다.23

4. 교육혁명의 전개

1966년 여름에는 모든 학교와 대학의 수업이 중지된다. 중학교 이상 특히 대학 수준의 학생들은 격렬한 정치토론에 참여하고 대자보를 쓰며 경쟁적인 홍위병 집단과의 투쟁에 몰두했다. 11월과 12월 홍위병조직들은 옌안이나 징강산 등과 같이 중국 혁명사에서 특별한 의미를 지닌 장소를 향해 장

---

23 혁명 근거지에서 창출된 독특한 제도적 특징은, 1) 지식이 실천에 근원을 두어야 하고 이론을 통해 실천에 이르는 끊임없는 순환과정을 통해 진리를 추구한다. 2) 교육은 평생의 일로 취학 시기나 학교 내로 한정되지 않는다. 3) 학교는 사회에 개방해야 하고 교육과 생산노동은 서로 결합하며 교육이 정신귀족을 키워내지 말고 광범위한 노동군중이 장악해야 한다. 교육사상교육은 가장 중요한 지위를 차지한다(丁鋼 1996, 179). Kwong(1979)은 마오의 교육사상의 기원을 마르크스-레닌주의와 함께 중국의 전통적인 요인에서 찾았다. 교육과 설복을 통해 비판과 자기비판의 방법으로 영혼을 개조한다는 구상은 맹자의 철학사상과 매우 유사하다는 것이다. 이밖에 혁명 경험과 옌안 시기의 교육실험 등이 신중국 이후 교육실험의 원형이 되었다는 연구로는 Hawkins(1974) 참조. Pepper(1990; 1996)는 마오의 교육사상의 기원을 좀 더 과거로 끌어올리는데, 마오는 청말 이후 도입된 서구식 교육의 엘리트화와 맹목적인 서구 학제의 모방, 농촌교육을 소홀히 하는 문제에 대해 비판적으로 검토하면서 자기학습(自修)과 정식교육, 교육과 생산노동의 결합을 강조하면서 호남자수대학을 창립했다는 것이다.

정을 시작했다. 여행 도중 학생과 교사들은 공장이나 농장에서 노동했으며, 그들 대부분은 학교 교과서에서는 쉽게 배울 수 없는 교훈을 얻었다. 이런 활동은 혁명정신을 잊지 않고 계승하자는 것으로, 교육현장은 자연스레 군대문화를 그대로 수용했으며 부르주아적 교양과 예절은 모두 반혁명적인 것으로 치부했다.[24]

1967년 중반에 이르면 홍위병운동이 점차 파벌투쟁의 성격으로 발전하면서 학교는 거의 무정부상태에 빠진다.[25] 1967년 2월 중앙은 홍위병운동으로 인한 혼란을 막기 위해, 운동을 학교 내로 제한하는 "수업에 복귀해 혁명하자"(復課鬧革命)라는 방침을 제기했다. 그러나 1967년에서 1968년까지 홍위병운동은 무질서 상태에서 지속되다가 1968년 4월 마침내 칭화대학의 100일 무장투쟁 사건이 벌어진다. 1968년 7월 27일 칭화대학의 무투를 제지하기 위해 베이징시 3만 명의 노동자로 구성된 '노동자·농민 마오쩌둥사상 선전대'(工農毛澤東思想宣傳隊, 이하 工宣隊)가 대학으로 진주한다.[26] 인민해방군의 지원을 받은 공선대의 제지로 이후 홍위병은 정규 군중조직으로 편

---

[24] 학생 홍위병들은 전통적인 권위에 대항하면서 매우 미숙한 언어를 사용했다(니미, 썩 꺼져버려(滾他媽的蛋)). '제기랄'(他媽的)은 북쪽 지역의 지방어로, 문혁 이전에는 모든 문서에서 거의 찾아볼 수 없었지만 홍위병 대자보에서는 정치적 논거를 쟁취하는 공식적인 구절로 사용되었다. 1966년 8월이 되면 이런 표현은 보편적이 되어 구호나 노래 등에 자주 인용되었고, 개자식(混蛋), 꺼져(滾蛋), 쌍놈의 자식(王八蛋), 뒈져라(見鬼去), 빌어먹을(該死), 멍청한 놈(砸蛋狗頭) 등은 대자보, 문건, 심지어 정부지침서에서도 흔한 구절이 되었다. 이전에 적절했던 언어들은 지나치게 체제순응적이라고 간주되었고 예의를 갖춘 문구는 '부르주아지와 봉건계급의 매스꺼운 예절'로 비난받았다. 거칠고 폭력적인 언어를 사용할수록 더욱 혁명적인 것이었다. 이런 욕설은 대화 속에까지 침투했다(Perry and Li 2003, 221-236).
[25] 홍위병운동이 하루아침에 발생했다기보다는, 문혁 이전 중국 사회의 주류적 분위기를 형성하고 있던 혁명이상적인 교육, 계급투쟁적 교육, 대학해방군운동, 마오에 대한 개인숭배 등에 고무되었던 세대적 특성을 이해할 필요가 있다(徐友漁 1996, 23-52).
[26] 이 과정에서 칭화대학 '징강산병단'파의 격렬한 저항이 있었고, 학생들이 동원한 각종 병기와 수류탄으로 12시간에 걸친 전투 결과 공선대원 5명이 사망하고 731명이 부상을 입었다(唐少杰 2004).

입되고 일정한 통제를 받는다. 1968년 말 학교에 남아 있던 대학생에 대한 분배가 실시됨에 따라 많은 도시의 학생들이 하향하게 되고 학교는 다시 평정을 되찾는다. 파벌이나 종파주의, 무정부주의에 반대하는 여론몰이로 상부에 대한 복종이나 기율이 강화되고, 각 지방의 혁명위원회에서는 일정한 비율의 홍위병 대표를 받아들임에 따라, 학교의 홍대회(紅代會)라는 조직을 통해 홍위병운동의 방향을 조정했다. 이런 조직적·제도적 정비를 거치면서 홍위병의 조반정신은 무색해진다.[27]

9차 당대회 이후 각급 학교에서는 '투쟁(斗), 비판(批), 개조(改)'[28]를 주요 내용으로 하는 정치운동을 벌여 기존의 학교제도와 조직기구, 전공과 수업과정 등을 비판했고 심지어 학교 신입생을 선발하는 제도도 바꾸었다. 1972년 대부분의 대학에서는 학생을 다시 선발했는데, 입학 기준은 2년 이상의 실천 경험을 지닌 우수한 노동자·농민·군인(이하 공농병)이었으며, 중등교육 졸업생은 뽑지 않았다. 또한 입시제도를 폐지하고 추천으로 학교에 입학했다. 1971년 4월 전국교육공작회의에서 통과된 〈전국교육공작회의기요〉에서는 두 가지 평가를 제기하면서,[29] 문화대혁명 이전 17년 동안의 교육성과

---

[27] 1969년 4월 9차 당대회에서는 학교의 홍대회(紅代會)조직을 당정이 직접 영도하는 정식 군중조직으로 편입시킨다. 홍대회조직은 공청단조직이 회복되기 전까지 기존의 공청단과 학생회가 맡았던 역할을 대신했고, 공청단조직이 회복된 후에는 그 역할이 모호해졌다. 실제로 공청단에 입단하려면 홍대회가 영도하는 홍위병조직의 구성원이어야 했지만, 이때의 홍위병조직은 이미 공청단의 외곽조직으로 변질된다. 홍대회조직의 역할은 지역이나 상황마다 달랐다. 일부 지역에서는 홍대회 책임자가 혁명위 성원으로 혁명위원회 체제에 완전히 예속된 비독립적 조직이었지만, 일부 지역에서는 완전히 독립된 조직으로 혁명위에 대항하면서 무정부주의적인 경향을 나타내기도 했다(程晉寬 2001, 194-195).
[28] 한 가지 투쟁(一斗): 자본주의 당권파와의 투쟁, 두 가지 비판(二批): 자산계급의 반동학술권위와 자산계급과 착취계급의 이데올로기 비판, 세 가지 개혁(三改): 교육, 문예, 사회주의 경제기초에 부적합한 일체의 상부구조 개혁.
[29] 1971년 4월 15일에서 7월 31일까지 열렸던 '전국교육공작회의'에서 결의된 〈전국교육공작회의기요〉는 문혁 기간 대학교육의 지도성 문건이다. 〈기요〉는 문혁 이전 17년간의 교육사업

를 부정하고 '재교육'의 구호 아래 많은 교사와 간부를 '5·7간부학교'나 농촌으로 하방하여 노동에 종사하도록 했다. 임표의 실각 이후 일부 외지로 옮겨졌던 학교들이 원래 지역으로 돌아오고 교육제도가 차츰 재정비되었지만, 사인방은 다시 1973년 7월의 '백지 사건'과 초등학생 일기 사건, 그리고 '마전푸(馬振扶) 사건'을 이용해 수정주의 노선의 회귀를 경계했다.

5. 문혁 시기 교육의 혁명적 실험들

문화대혁명은 "낡은 교육제도를 개혁하고, 낡은 교수방침과 방법을 개혁하는 것이 프롤레타리아 문화대혁명의 매우 중요한 임무이다"라는 교육혁명을 제기한다(中國人民解放軍·國防大學黨史黨建政工敎硏室 1988, 72-77).[30] 마오는 관료의 특권이 이해관계의 분열을 초래하고 점차 새로운 착취계급을

을 전면 부정하고 두 개의 평가(兩個估計)를 내놓았다. 하나는 1949년부터 1966년까지 교육에서 수정주의 노선이 지배했다는 것, 두 번째는 대다수의 교사 및 학생들이 부르주아적이며 따라서 사회주의의 적대계급이라는 것이다(中國人民解放軍·國防大學黨史黨建政工敎硏室 1988, 540-547).

30 "中共中央關於無産階級文化大革命的決定 1966. 8. 8." 1966년 8월 8일 (16조) 제10항: "프롤레타리아 문화대혁명에서 성취되어야 할 가장 중요한 과업은 구래의 교육제도와 교수원리 및 방법을 변혁하는 것이다. 이 혁명을 통해서 부르주아적 지식분자가 지배해 온 우리의 학교가 전면적으로 변화되어야 한다." "우리는 모든 종류의 학교에서 프롤레타리아 정치에 봉사하고 생산노동과 결합된 교육일 것을 주장하는 마오쩌둥 동지의 정책을 충분히 실행함으로써, 교육받는 모든 사람들이 도덕적, 지적, 신체적으로 발달하고, 사회주의 의식과 문화를 겸비한 노동자가 될 수 있도록 해야 한다." "학교교육 기간은 단축되어야 하며, 그 과정 또한 축소되고 개선되어야 한다. 교재도 완전히 변혁되어야 하며, 특히 그것은 복잡한 교재를 단순화시키는 작업에서 시작되어야 한다. 학생들의 본분은 공부하는 것이지만, 동시에 그들은 공부 이외의 것도 배워야 한다. 즉, 학과공부 이외에 공장일이나 농사일, 군대 등을 배워야 하며, 부르주아지를 비판하는 문화혁명의 투쟁에 참여해야 한다."

형성한다고 보았다. 당시 중국이 소련에 대해 계속해서 비난을 퍼부었던 것은 바로 이런 맥락에서 이해될 수 있는데, 마오는 이미 소련에서 이런 과정이 상당히 진행되었다고 생각했다. 전문가에 의한 통치를 지지하고 개인에 대한 물질적 보상을 강조하는 입장은 '수정주의'라는 이름으로 비난받았다. 교육에 있어서는 이와 유사한 태도를 '부르주아'라고 공격했다.

　　마오는 급진적인 사회평등화 원칙에 따라 전체 교육체계를 재고하려는 정책을 주도했다. 그 특징은 위에서는 대폭 축소하고 밑에서, 특히 농촌지역에서는 광범위하게 확장하려는 데 있었다. 문혁 시기에 제기된 교육혁명 모델의 특징은 학제기간 단축이라는 제도적 변화뿐 아니라,31 공업, 농업, 군사 등 학생들이 배우는 학습 내용을 모두 바꾸는 것이었다. 이에 따라 대학생 모집도 실천적 경험이 있는 노동자나 농민 중에서 선발하고 몇 년간의 학교교육을 마친 후에는 다시 현장으로 돌아가는 방식을 택했다. 학교관리도 노동자나 빈민층에게 맡겼고 노동자와 혁명간부, 학생·교사가 결합된 관리체제를 모색하여 소위 자산계급이라 여겨지던 지식인이 교육을 독점하는 상황을 근본적으로 바꾸려고 시도했다.32 문혁 기간 대학시험의 폐지는 기존의 교육체계를 파괴했고 학업 동기를 유도하는 어려움을 포함하여 심각한 문제를 낳았지만, 동시에 농촌교육의 급격한 확대와 농촌지향적 교과과정의 개발

---

31 초등학교와 중등학교는 4~5년으로, 대학은 2~3년으로 학제가 단축된다. 교육의 보급을 위해 일부 학교에서는 초등학교와 중학교를 합쳐 7년제로, 혹은 초중등과정을 9년제로 바꾸기도 했다. 중등·고등교육은 가능한 한 반공반독 혹은 반농반독제의 형태로 바뀌었고, 일부 초등학교 역시 반공(농)반독제를 실시하기도 했다.
32 마오는 66년 5월 7일 임표에게 보낸 편지에서 다음과 같이 쓰고 있다. "학생들의 주요 과업은 학습이지만, 학습 이외에도 그들은 다른 것, 즉 공업노동, 농사, 군사에 관한 것을 배워야 한다. 그들은 부르주아지를 비판해야 한다. 학교교육 기간이 단축되어야 하며, 교육이 혁명화되어야 하고, 더 이상 부르주아적 지식인들이 학교를 지배하도록 해서는 안 된다"(中共硏究雜誌社編輯部 1973, 193-194).

을 촉진했다.33 초중등교육은 12년에서 9년으로 압축되었지만 참여는 대폭 확대되어, 교육 형태가 피라미드에서 박스형으로 변화되었다. 모든 학교가 지역을 위해 복무했고, 명목상 평등해졌다.

1) 교육과 생산노동의 결합 모델

교육혁명의 정신은 모든 사회적 차별의 형태를 깨뜨리는 것이다. 노동자와 농민의 차별, 도시와 농촌의 차별, 육체노동과 정신노동의 차별, 엘리트와 대중의 차별, 정규교육과 비정규교육의 차별, 직업교육과 학술교육의 차별, 반공반독학교와 중점학교의 차별 등을 깨기 위해서는 교육에 대한 발상의 혁명적 전환이 필요했다. 그 가운데 노동을 통해 동료1의 생각과 감정을 이해하는 방식은 계급 간격과 정신-육체노동의 간격을 좁힐 수 있는 주요한 방법으로 인식되었다.

학교와 사회를 연계하고 교육과 생산노동을 결합하기 위한 구체적인 교육방법으로 우선 마오가 주창한 '실천-인식-재실천-재인식'이라는 방식이 채택되었다. 이런 실험은 '학교 운영의 개방'(開門辦學)이라는 형식으로 진행되었는데, 여기에는 교사와 학생이 정기적으로 공장에서 현장실습을 하는 '공장과 학교의 연결(廠校掛鉤)' 방법과 '학교의 공장경영'(校辦工廠) 방법이 실험되었다. 톈진시의 경우 245개 중학교가 각각 600여 개의 공장과 200여 개

---

33 농촌교육의 확장과 농촌지향적 교과과정의 개발에 문혁의 초점을 맞춘 연구로는 Andreas(2004) 참조. 대다수 농촌의 젊은이들에게 처음으로 중등교육을 가능하게 했던 급격한 정책을 강조한 연구로는 Pepper(1996) 참조. 문혁 시기 동안 진행된 농촌의 중등교육과정이 1970~80년대 중국의 놀라운 농촌 경제발전에 중요한 역할을 담당하는 기본 교육과 실용적인 훈련을 제공했다고 보는 연구로는 Han(2000a; 2000b) 참조.

의 대대(大隊)와 서로 연결되었다. 규모가 큰 학교는 몇 개의 공장과 연결되었고, 공장과 대대 내에 각각 공업과 농업을 배우는 기지를 설립하여 학생들이 정기적으로 생산노동에 참여했다. 이런 실험은 육체노동으로 학생들의 사상을 변화시키고 자산계급의 세계관을 개조한다는 좀 더 분명한 목적을 갖고 진행되었다. 노동시간은 지역과 시기에 따라 달랐는데, 혁명의 열기가 뜨거운 지역일수록 생산노동에 더욱 많이 참여했다. 학교에서 공장을 운영하는 방식으로 일정한 재원이 생겨나 교육경비가 증가했으며, 특히 과학연구의 성과는 현지 농공업 생산을 향상시키는 성과를 거두기도 했다(周全華 1999, 139-143).

현장 경험이 있는 새로운 인재를 배출하는 구상은 흔히 마오의 7·21지시에서 비롯된다.34 그에 따라 과거 소수 특권층에게 유리했던 대학입시는 폐지되고, 대학교육은 프롤레타리아계급 혁명사업의 후계자를 양성하는 문제와 관련되기 때문에 매우 중요한 정치적 임무라고 보았다. 문혁 과정에서 대학교육의 개혁 필요성에 관한 마오의 수많은 발언들이 대자보 또는 소형 신문 형태로 전파되었다. 그것은 수학 연한을 단축하고 실천과의 관계를 좀 더 긴밀히 하며, 노동자·농민이 더욱 많이 참여할 수 있어야 한다고 촉구하는 것이었다. 대표적인 것이 '7·21 노동대학'이다. 이런 형식의 모범사례가 된 상하이 기계기구공장(機床廠)에서는 공장 내 각 작업장에서 32~35세의 노동자 52명을 뽑아 기술과정과 마오쩌둥 사상 및 군사·신체 훈련과정에 대

---

34 "從上海機床廠看培養工程技術人員的道路": "대학은 여전히 필요하다. 여기서 내가 말하는 필요성이란 주로 과학과 기술대학에 관한 것이다. 그러나 수학 연한을 단축하고, 교육을 혁명화하며, 프롤레타리아 정치가 지배하도록 하고, 노동자들 중에서 기술자를 훈련시키는 상하이 기계기구공장의 방법을 따르는 것은 필수적이다. 학생들은 실천적인 경험을 지닌 노동자·농민 중에서 선발되어야 하며, 소정 기간의 학습 후에 그들은 생산노동 현장으로 되돌아가야 한다." 이것이 유명한 마오의 7·21지시이다(『人民日報』 1968/07/22).

한 교육을 제공했다(張梅華 1971, 48-52). 최초로 7·21이라는 이름으로 설립된 이 공장에서 운영하는 대학(廠辦大學)은 3년 학제로서 학생들은 졸업 후 다시 작업장으로 돌아갔다. 1972년 전국의 7·21대학은 68개로 학생수는 4천 명이었는데, 1976년에 이르면 1만 5천 개의 학교와 78만 명의 학생으로 급증한다(『人民日報』 1976/07/21). 전국적으로 7·21대학이 급증한 이유는 급진적 운동의 분위기 속에서 7·21 모델을 따라 설립된 학교가 늘어난 이유도 있지만, 1972년 이후 공장이나 기업에서 운영하던 전일제 학교, 반공반독제, 업여, 단기반 등 각종 형태의 교육 형식이 모두 7·21대학으로 통칭되었기 때문이다.

또한 대학입학을 위한 준비 임무에서 자유로워짐에 따라 농촌학교에서는 농촌 근대화를 지원하기 위한 실용적 교과과정이 발전한다. 농림대학은 농촌이나 임업지역으로 내려가 교과활동을 전개했다. 공사와 촌에는 농촌 근대화를 지원하기 위해 고안된 화학비료공장, 농기계 생산 및 수리시설 등의 소규모 기업이 세워졌고, 생산대는 촌마다 의료 진료소와 새로운 초·중학교를 세웠다. 의과대학은 현이나 공사병원(보건소), 방역소, 약검역소 및 제약공장으로 분산되어 임상 실천과 학습을 동시에 병행했다. 이 모든 것은 중앙 재정의 지원이 아닌 지방의 자체적인 힘으로 추진되었고, 자원과 재정이 부족한 지방에서는 이런 실험을 완성하기 위해 혁명전통과 인간의지에 호소할 수밖에 없었다.[35]

---

[35] 이런 운동은 '자력갱생', '각고분투'라는 구호 아래 진행되었는데, 요점은 자산계급처럼 앉아서 손을 뻗어(伸手) 기다리는 것이 아니라 투쟁의 정신으로 손을 움직여야 한다(動手)는 것이다. 따라서 건물이 없으면 낡은 목재로 스스로 건설하고 기계가 없으면 폐기더미에서 부품을 찾아내 수리해서 쓰며 땅이 없으면 십리 밖의 산으로 가 황무지를 개척하고 기술자가 없으면 공장에 가서 배워 와야 한다는 것이다. 혁명에 대한 열정과 무한한 인간의지를 강조하고 있으며 학교에서 세운 공장은 대부분 이런 과정을 통해 건립되었다. "〈五七指示〉的大道越走越廣

대외적으로 고립된 경제체제에서 산업화를 추진하는 유일한 방법은 이런 대중 노동력의 투입에 의존하는 방식일 수밖에 없으며, 이로 인해 중국의 민중은 과도한 노동에 동원될 수밖에 없었다. 교육과 생산을 결합하는 모델은 한편으로 육체노동과 정신노동의 차별적 인식을 없애는 데 큰 기여를 했지만, 당시의 분위기에서 모든 학교가 경쟁적으로 공장이나 농장을 운영함으로써 학생들을 노동력으로만 간주하고 학업을 소홀히 하는 부작용을 낳기도 했다. 대개 평소의 노동시간은 매주 하루 반으로 격주마다 일요일에 노동을 했으며, 농번기 때면 매학기 반개월 이상씩 집중노동을 했다(周全華 1999, 143). 그러나 교육을 위한 사회적 자본이 절대적으로 부족한 상황에서 혁명적인 방식으로 추진된 교육과 생산노동의 결합 실험은 중국의 대중교육 보급에 기여했고, 이는 비슷한 경제 수준의 다른 어떤 국가도 빠르게 이룩하지 못한 문맹률 타파를 신속하게 달성하여, 이후 급속한 경제성장을 위한 사회적 토대를 다져놓았다.

사실 교육과 생산노동을 결합시키는 방식은 당시 산업화 추진 목표와 대중교육을 위한 자본 부족의 문제를 동시에 해결할 수 있는 좋은 방법이었다. 각 지방에서 자율적으로 추진된 이런 실험은 재정적으로 큰 성과를 거두어, 지역의 교육경비를 충당하고 보편적인 대중교육 확대를 위한 기반을 마련했다. 산시성 시양(昔陽)현의 경우 현 전체 학교에서 176개 공장과 농작지 3,970무를 경영하여 1973년에 10만여 위안의 수입을 거두었는데, 이는 현 전체 교육경비의 16.7%를 차지하는 규모로 학생들의 각종 잡비 총액을 충당하고도 남는 액수였다(周全華 1999, 146).

闊: 福建古田縣一中教育革命的調查報告", 『紅旗』(1970년 8기), 46-49쪽.

2) 학제 개편과 교과과정의 혁명

교육혁명을 위한 구체적인 조치가 몇 가지 취해졌다. 우선 학제 개편과 함께 교과과정을 간결하게 하고 혁명화된 교과과정을 만들었다. 1967년 초·중등학교의 수업이 복귀된 후 각 지역에서는 교과과정을 간결하게 하기 시작했다. 1968년 10월 7일 중앙 문혁의 〈상하이시 혁명위원회 공선대의 초중등학교 진입 상황에 관한 보고〉에 따르면, 상하이의 중등학교들은 화학과 생물을 농업기초과목으로, 수학과 물리를 공업기초과목으로 합치고, 혁명문예과를 개설했다. 지린성 리수(梨樹)현의 경우는 교과과정을 설치할 때 프롤레타리아 정치와 이론과 실제의 연계 원칙을 매우 강조했다.36 각 지역에서 자율적으로 학제 개혁 실험을 진행하면서 학제도 짧아지고 다양해졌다. 1973년 9월까지 전국 14개 성·자치구에서는 초중등학교 9년제(5-2-2)를, 7개 성·시·자치구에서는 10년제(5-3-2 혹은 6-4)를, 9개 성·자치구에서는 농촌에서 9년제, 도시에서 10년제를 실시했다. 또한 티베트 자치구에서는 초등학교 5년제와 6년제가 병존했고 중학교는 3년제였다. 이렇게 하여 초·중등학교 교육이 문혁 전에 비해 2년 내지 3년 짧아졌다(廖其發 2004, 12). 특히 중요한 조치의 하나는 소수 특권계층이 독점하던 중점학교제도를 폐지해 평등한 교육기회를 실현한 점이다.37 당국은 농촌교육을 광범위하게 넓히고 농촌지향적 교과과정을 개발하도록 했다. 또한 남녀학생 분교제도도 폐지하여 모두 남

---

36 리수현의 〈농촌중소학교육대강〉(초안)(農村中小學教育大綱)에 의하면 초등학교 과목으로는 정치어문, 산수, 혁명문예, 군사체육, 노동 등 다섯 과목이 있었다. 중등학교 과목으로는 마오쩌둥사상교육, 농업기초, 혁명문예, 군사체육, 노동 과목이 있었다(『人民日報』 1969/05/21). 외국어 교육은 몇 년간 폐지되었다가 1972년 이후 부분적으로 부활한다.
37 국가교육위원회 통계에 따르면, 1965년에서 1977년까지 현급 중등학교(초중)에 입학하는 숫자가 250% 증가되었고, 촌급 중등학교 입학률은 20배 증가되었다. 1966년에서 1976년까지 소학교 졸업생 비율은 47%에서 99%로 증가되었고, 중등학교(초중) 졸업생 비율은 11%에서 77%로 증가했으며, 중등학교(고중) 졸업생 비율은 3%에서 36%로 늘어났다(Andreas 2004, 17).

녀공학으로 통합했다(楊東平 2003b, 185).

둘째, 교육정책은 육체노동과 정신노동의 차이, 지식인과 노동자·농민의 차이를 좁히기 위해 고안되었다. 이런 목표에 따라 기존의 교과서와 교사 중심의 이론적 교수방법에서 탈피하여 실용적 지식이 강조되었다. 텍스트 역시 '누구를 위한 교재인가'라는 문제가 제기되면서 실용적 사례를 사용하기 위해 과학적 원리를 가르치는 것으로 설계되었다. 각급 학교는 기존의 구 교재가 제국주의와 수정주의 국가에서 그대로 베껴 온 것으로 '실제와 괴리된 이론, 내용이 공허하고 필요에 맞지 않는 것'이라며 모두 폐지하고, 공농병과 혁명적 교사·학생이 공동으로 편찬한 새로운 교재를 채택한다. 교재의 새로운 내용은 마오의 사상이나 사회생활 혹은 생산노동에 필요한 지식으로 채워졌다. 전체적으로 새로운 혁명교재의 기본 특징은 중국의 혁명투쟁 경험을 중시하고 인간의 정신과 실제적인 경험을 강조하는 것이었다. 그에 따라 1968년 각 지역에서는 초중등학교 교재편집소조가 잇달아 구성되어 자체적으로 교재를 만들었고 사실상 통일된 교재는 없었다. 어문교재의 내용은 대체로 정치적·혁명적 내용이 위주였다.[38] 또한 실용주의적 관점에서 많은 교과과목이 합병되고 삭제되어 많은 지역에서 물리나 화학, 생물 등의 과목이 취소되었다. 개설된 공업기초나 농업기초 등의 과목은 좀 더 실용적인 교육을 위주로 했다. 공업기초는 전기공업, 화학공업 등의 내용이, 농업기초에는 트랙터, 디젤기관, 모터, 펌프 등의 내용이 다뤄져, 주로 생산을 위주로 교과내용이 채워졌다. 다롄 조선창의 한 노동자는, 따리엔 공학원 조선과에

---

[38] 어문교재의 내용은 주로 마오 주석의 저작, 린뱌오 동지 문장, 중요한 사설이나 문건, 혁명 문장, 공농병이 쓰거나 공농병을 다룬 문장 등이었다. 장티에성(張鐵生) 사건 이후에는 마오가 리칭린(李慶霖)에게 보내는 편지와 리신(李信)과 장티에성의 답안 등이 중등학교 교재 내용으로 들어갔다(彭澤平 2005b, 77).

서 겸직교사를 맡으면서 선박기술을 가르쳤고, 새로운 교재편찬에도 참여했다. 그는 실제적인 경험을 반영하여 심혈을 기울여 편찬한 새로운 교재에 강한 애착을 보였고 상당한 자부심을 가졌다. 그러나 사인방이 체포되자 새로운 교재는 모두 폐기되었고 그가 참여해 편찬한 교재도 몰수당했다. 그는 이에 대해 "사인방이 무너진 뒤 우리 교재가 몰수되고 따리엔 공학원에서는 비판대회를 열어 삼결합을 비판했습니다. 그들의 말을 듣자니 무지렁이 노동자들이 지도를 맡았으니 그들이 뭘 알겠냐는 것이었습니다. 역습이었지요"라고 말하면서, 자신이 참여해 만든 교재에 대한 자부심과 함께 그것이 정치적 숙청과 함께 사라진 아쉬움을 동시에 나타냈다.[39]

셋째, 교과과정이 정치화, 실천화되었다. 초·중등학교 과정에서는 프롤레타리아 정치와 노동자·농민, 그리고 생산실천과의 결합 원칙을 강조했다. 교사와 학생이 서로 가르치고 서로 배우며, 교실수업과 현장수업을 결합시키고, 전직교사와 겸직교사를 서로 결합시키는 등의 방법으로 '배움(學)'과 '쓰임(用)'을 긴밀히 결합시켰다. 소위 '군중 속에서 나와 군중 속으로 들어간다'라는 군중노선의 교수방법을 채택해 학생들의 사고와 연구, 조사 및 실천능력을 키워주고 토론 방식의 수업이 중시되었다. 생산이라는 실천학습의 과정에서 이런 실제적 대응 능력과 토론을 중시하는 방식은 생산증진에 많은 도움을 주었다.[40]

이런 원칙을 실현하기 위한 구체적인 방법으로는 학생이 강의하는 방식과 학교를 개방해 수업하는 방식(開門敎學)이 있었다. 이는 학생들에게 실제적인 사회 경험을 접하게 해주기 위해서였다. 개방수업의 방법으로는 노동

---

[39] 인터뷰, 2005년 7월.
[40] 駐淸華大學工人, 解放軍毛澤東思想宣傳隊. "爲創辦社會主義理工科大學而奮鬪", 『紅旗』 (1970년 8기), 5-19쪽.

자·농민·군인을 선발해 교사로 쓰거나, 임시로 나이 든 노동자나 농민에게 정치보고를 듣는 방법(請進來), 학생들이 공장이나 농촌에 내려가 현장학습 활동을 벌이는 방법(走出去)이 있었다(彭澤平 2005b, 78). 상하이 중국 5·7중학교의 경우 1968년에서 1973년까지 5년 동안 면방직 기계공장과 짜오싱(曹行) 공사, 쉬후이(徐汇) 청결소, 용지아(永嘉) 가도(街道) 등 단위의 공농병 25인을 고정교사로, 42명을 임시교사로 채용하여 정치, 작문, 침구, 제약, 목공, 봉재, 전기 등을 가르쳐 학생들의 실천적 지식에 많은 도움을 주었다(周全華 1999, 149-150). 일주일에 한 번씩 오후에 학생들은 '노동수업'에 참여하여 학교 농장이나 가까운 공장 혹은 촌 생산대에서 노동에 종사하기도 했다. 또한 교사와 학생이 집단적이고 민주적으로 평가하는 방식이나 현장학습의 실천 과정에서 바로 평가를 하거나, 노동자·농민·병사에게 학생의 성적을 평가하도록 하는 방식 등이 도입되기도 했다(彭澤平 2005b, 78). 그러나 이런 실험이 강조된 당시의 정치적 분위기에서 학교 밖을 벗어나 실제와 결합한다는 실험의 효과는 그다지 크게 나타나지 않았고, 오히려 학교의 경비지출과 생산에 지장을 초래하기도 했다(周全華 1999, 152). 그럼에도 불구하고 공사에서 경영하는 중등학교의 직업프로그램은 공사에서 경영하는 기업과 긴밀하게 연관되어 있었을 뿐 아니라 매우 성공적이었다. 실제를 중시하는 수업 방식의 효과는 오히려 이후에 나타났는데, 이런 기업들은 1970·80년대 및 1990년대 초반 동안 잘 경영되었고, 이는 개혁 시기에 향진기업의 성공으로 이어졌다(Andreas 2004; Han 2000). 게다가 문혁 기간에 고등교육은 대부분 서비스를 제공할 목적으로 훈련프로그램을 제공했고, 이런 기술교육은 시험제도를 대신한 추천제도에 적합한 것이었다. 문자와 숫자를 가르치는 기본 교육의 확대, 실용적인 농촌 교과과정 등은 농촌 발전을 위해 필요한 기술을 젊은이들에게 제공했다(Pepper 1996, 310-312, 477).

3) 대학입시제도의 혁명, 공농병 대학

교육과 생산을 결합시키는 다양한 시도들과 함께, 교육혁명의 가장 획기적인 실험은 대학입학의 대상과 자격을 근본적으로 바꾸는 것이었다. 계급적 관점과 생산노동적 관점이 교육정책에 관철되어야 할 주류적 관점이 되면서, 문혁 이전부터 이미 대학입시제도에 대한 비판 정서가 팽배해 있었고 중학생의 자발적 항의와 시험거부 사건들이 있었다(徐友漁 1999, 128). 1966년 6월 10일 베이징시 제4중학 고3반의 학생들은 현행 입시제도가 여전히 자산계급의 후계자를 육성하는 것으로서 수정주의 부활의 중요한 수단이 되고 있다고 보면서, 입시제도 폐지, 졸업생의 현장 훈련, 공농병의 입학, 반공반독교육제도의 실시 등을 요구했다(『人民日報』 1966/06/18). 또한 인민대학의 7명의 학생은 졸업하기 전에 반드시 혁명운동에 참여하여 공농병과의 결합을 실천할 것, 문과대학은 마오의 저작을 교재로 삼아 계급투쟁을 주요 수업으로 할 것, 자습과 토론 위주로 바꿔 주입식·압박식 수업 방식을 폐지할 것, 공농병의 대학입학 등을 요구하기도 했다(『人民日報』 1966/07/12).

대학선발제도 개혁의 목적은 기계적인 학업성적으로부터, '정치적 견해' 등과 같은 말로 묘사되는 인격적 측면으로 입학시험의 강조점을 바꾸려는 것이었다. 대부분의 경우 목표는 '농장(혹은 공장)에서 대학으로, 그리고 다시 농장(공장)으로'라고 표현되었다. 새로운 학제는 2~3년으로 단축되었으며, 지원 자격은 정치사상이 좋고 신체 건강하며 3년 이상의 실천 경험이 있는, 중학교 이상의 학력 수준을 지닌 20세가량의 빈·하·중농, 해방군, 청년간부들을 모집대상으로 했다.[41] 이공계 대학의 경우 2~3년 기간의 보통반과 1년

---

[41] 1971년 베이징대와 칭화대 등 7개 대학에서 모집한 8,966명의 공농병 학생의 출신을 조사한 결과, 노동자와 빈농·중농, 혁명간부 등의 자녀가 전체의 99.8%를 차지하고 있었고, 착취계급의 집안 출신은 0.2%으로 나타났다. 그중 당원이 46.2%를, 단원이 38.1%를, 비당원이 15.7%

가량의 진수반 외에도 과학연구반, 업여대학반 및 전문단기반 등 다양한 형식으로 교내외 과정을 개설하여 기존 고등교육의 고정된 형식을 탈피해 다양한 인재들을 배양하고자 했다.

1970년 대학생 모집이 재개된 이후 적용된 일반 원칙은 지원, 대중의 추천, 지도층(당)의 승인, 해당 대학의 재심 순이었다. 지원은 개인이 하고 일단 지원을 하면 지원자의 작업 동료에 의해 지원 여부가 토의되는데, 여기서 그들은 지원자의 인격, '인민에게 봉사하려는' 자발성 등을 판단한다. 이것은 생산대 또는 공장 작업장의 공개회의에서 이루어지기도 하고 별도의 소위원회에서 처리되기도 한다. 그 다음에는 성 정부 및 대학의 재심이 있게 된다. 그 가운데 대중의 추천과 동의가 무엇보다 중요하다. 베이징의 한 노동자는 "1970년에 전 칭화대학에서 공부를 했습니다. 그때 공장 전체에서 몇 십 명이 칭화대학으로 갔죠. 작업장에서 추천하고 군중들이 통과시켰어요. 군중들의 동의가 없으면 안 됐죠. 그때 대학입학 기준이 무엇이었냐 하면 학력 기준은 없었어요. 당시 칭화에 간 사람들 중에는 전국 모범노동자도 있었고, 초등학교를 졸업한 사람도 있었죠. 공농병 대학생이 되려면 사상이 좋아야 했고 무슨 기준은 없었어요"라고 회고했다.[42]

또한 학교를 관리하기 위해 파견된 공선대 대원이 공농병 대학생이 되어 학교를 다니면서 관리하는 경우도 많았다. 베이징 ○○인쇄공장의 경우 대학 내 파벌투쟁을 진정시키기 위해 파견된 공선대가 대학에 진주하면서 장기적으로 학교에 남게 된 노동자들이 공농병 대학생으로 입학했다.[43] 이렇게 하여 1970년과 1971년 일부 대학에서 모집한 학생수는 매년 4만 2천 명에 달했

를 차지하고 있었다(鄭謙 1999, 83).
42 인터뷰, 2006년 8월.
43 인터뷰, 2006년 8월.

고, 전국의 대학은 1972년부터 공식적으로 공농병 학생을 모집했다. 1977년 대학입시가 부활할 때까지 모두 94만 명의 학생이 모집되었다(李剛 2002, 125). 1969년 9월에는 푸단대학이 2년제로 30명의 공농병 학생을 선발하는데, 5·7 문과시범반으로 전공 내용은 문예평론이었다. 그 가운데 노동자는 24명, 군인은 4명, 빈·중농은 2명이었다. 12월 서북공업대학에서는 교육혁명 실험반을 개설하여 58명의 노동자 학생을 선발해 비행기 제조와 모터 등 두 개의 전공으로 2년제를 운영했다(李剛 2002, 125).

공농병 대학제도는 국가의 취업 배분 방법도 바꿔 놓았다. 대학교육을 받은 공농병 학생은 소수 학교에 남는 자를 제외하고 졸업 후 모두 자신이 속해 있던 공장이나 농촌, 부대로 돌아가게 되었다. 이는 1974년 랴오닝 챠오양농업학원(朝陽農學院)의 '공사에서 왔다 공사로 돌아간다'(社來社去)라는 경험 형태로 전국적으로 선전된다. 이 경험의 핵심은 보통노동자가 대학에 진학하여 졸업한 뒤 보통노동자로 돌아가는 것이다. 이는 육체노동과 정신노동의 차별을 극복할 수 있는 효과적인 방법으로 인식되면서 이후 대학교육의 기본 정책이 된다. 그러나 대학교육을 마친 뒤 다시 원래 단위로 돌아가지 않고 전문직을 배분받거나 간부 신분을 취득한 경우도 있었다. ○○인쇄공장의 경우 공농병 대학을 졸업한 뒤 다시 공장으로 돌아가지 않고 신분이 바뀐 경우가 꽤 있었다. 한 노동자는 "어떤 사람들은 대학에 가서 정말 무언가를 배우더니 결국 공장으로 돌아오지 않았습니다. 졸업 후 바로 출판사로 간 경우도 있고요, 어떤 사람은 회사로 가기도 했지요 …… 결국 기회의 문제라고 생각합니다"라고 밝히고 있다.[44] 농촌에서 온 대학생의 경우 졸업 후 농촌으로 다시 돌아가기를 꺼렸으며, 노동자의 경우 공장으로 돌아온 이후

---

[44] 인터뷰, 2006년 8월.

다시 노동자가 되는 경우가 드물었다.⁴⁵

　　모든 경우에서 교육을 생산노동과 결부시키고 또 교육을 프롤레타리아 정치에 봉사하도록 하는 실험의 부작용도 만만치 않았다. 문혁 이전 농민의 이동은 호구제도와 국가 취업 배분에 의해 엄격히 제한되었기 때문에 시험제도는 농촌 밖으로 이동할 수 있는 주요한 경로였다. 그러나 문혁으로 이런 경로가 막히면서, 생산대가 시험을 대신해 중등학교 졸업생을 대학에 추천하는 권력을 지닌 강력한 통제자(gatekeeper)가 되었다. 또한 생산대는 젊은 이들의 도시 공장고용과 군복무를 위한 추천권도 지니고 있었다. 중등교육 졸업생들은 추천을 받기 전 최소 2년 동안 생산에 종사해야 했으며, 그 할당액은 촌 생산대에 주어졌다(Andreas 2004, 13). 생산대와 공사간부들이 학생 추천에서 핵심적인 역할을 맡으면서, 결과적으로 추천제도는 촌간부에 대한 촌민의 의존을 높였고 부패를 조장했다.⁴⁶ 이런 '뒷줄대기'(走後門) 현상은 모택동이 동의한 19호 문건에도 나와 있는 것을 볼 때 당시 사회적 문제로 대두한 것처럼 보이지만,⁴⁷ 지역의 권력구조에 따라 그 정도는 매우 달랐을 것이다. 지방에서 생산대나 공사간부들이 실질적 권력을 장악하고 있던 농

---

45 "繼續改革大學教育: 北京市的調查報告", 『紅旗』(1975년 5기), 79-82쪽. '조농경험'(朝農經驗)은 노동자 출신의 인재를 현장에서 활용해야 하는 국가 고용정책과 관련된다. 당시 이 쟁점을 둘러싸고 사회적으로 많은 논란과 갈등이 있었던 것으로 보인다. 선양 기전학원의 7명의 학생은 "우리는 단순히 보통노동자가 될 수 없다"라는 대자보를 붙여 이의를 제기하기도 했다(『遼寧日報』 1975/04/23). 당시 교육부 부장이었던 저우룽신(周榮鑫)도 이에 동의하지 않았는데, 이런 관점에 대해 당시 국무원 부총리였던 장춘차오는 "교양 있는 착취자나 정신귀족이 될 바에야 교양 없는 노동자가 되겠다"라고 반박한다.
46 추천제도가 촌과 작업장, 대학에 미친 영향은 거의 연구되지 않았다. 관련 연구로는 다음을 참조. Gao(1999, 107-114); Pepper(1978; 1996, 455-465); Unger(1982, 191-200); White(1981).
47 "각 지역의 학생모집과정에서 '뒷줄대기' 현상이 존재하며 일부 지역과 단위의 상황은 비교적 심각하다. 일부 간부들이 직권을 이용해 규정을 위반하고 명단을 내정해 지명하는 방식으로 마음대로 입학시키고 있다. 심지어 접대나 선물을 받거나 허위조작 등의 부정당한 수단으로 자신이나 친척 혹은 상급자의 자녀를 대학에 입학시키고 있다"(李剛 2002, 126).

촌과 달리, 공장 내에서 절대적 권력자는 존재하기 어려웠기 때문에, 대학입학과 관련된 부패 현상은 대개 도시보다 농촌에서 발생했던 것으로 보인다. 충칭의 한 노동자는 공농병 학생의 수준과 추천제도에 대해 강한 자부심을 갖고 있었는데, "공장에서 정치적 태도(表現)가 좋고 기술력도 갖추고 일정한 문화적 소양이 있는 사람은 대학으로 추천해서 보냈지요. 뒷줄대기 현상은 문혁 때는 전혀 없었습니다. 당권파들이 권력을 잡고 있지 않았고 군부대 자녀들도 여기에 없었기 때문이에요. 그러니 공농병 학생 중에는 가짜가 없었습니다"라고 회고하고 있다.[48] 도시 공장에서는 오히려 우수한 노동자들을 공장 내에 붙잡아 두기 위해 공농병 학생으로 추천하길 꺼려하기도 했다(張梅華 1971, 48-52).

지금의 학력 기준으로 보면 공농병 학생의 전체적인 문화적 소질은 낮은 것으로 평가되지만,[49] 실질적인 기술 수준은 상당히 높았던 것으로 보인다. 교육혁명과 새로운 교재편찬에 참여했던 다롄 조선공장의 한 노동자는 이렇게 회고한다. "대학생들이 배운 것은 모두 이론적인 것이고, 실제로는 본 적이 없지요. 우리 조선공장에서는 '7·21' 노동자대학을 운영했습니다. 학생은 노동자 중에서 선발했고 그래서 수판(手板)이 무엇이냐고 하면 바로 알았지요. 그래서 우리 조선학교 학생들을 고참 노동자들이 좋아했습니다. 이유는 조선학교 학생들이 대학생보다 뛰어났기 때문입니다."[50] 또한 이런 기술은 당시 혁명 건설에 꼭 필요한 것이었기 때문에, 공농병 학생의 육성은 전문인

---

48 인터뷰, 2005년 9월.
49 1972년 화동공학원(華東工學院)이 모집한 공농병 학생 중 60%가량이 중학교 1·2학년 수준이었다. 1972년 난징대학 무선전기 전공학생 50명을 모집했는데, 그중 중학교 졸업 이상의 수준을 지닌 학생은 22명으로 전체의 44%를 차지했고, 나머지는 중학교 이하의 수준으로 대부분 중학교 1학년 수준이었다(李剛 2002, 126).
50 인터뷰, 2005년 7월.

력에 대한 사회적 수요를 만족시켰다. 1970년에서 1975년까지 대학 졸업생은 없었지만 전문인력에 대한 수요는 끊이지 않아 각 분야의 전문가가 절대적으로 부족한 실정이었다. 당시 전국적으로 중등학교 교사가 58만 명, 초등학교 교사가 48만 명 부족한 실정이었는데,[51] 공농병 학생의 모집은 이런 부족한 교사를 충원하는 계기를 마련해 주었다. 1975년 최초의 공농병 학생 졸업생이 나오자 각 학교에서는 학생들을 교사로 채용했고, 장쑤성의 경우 24곳의 대학에서 705명을 채용했다(李剛 2002, 129).

보다 중요한 것은 대학의 재개로 많은 청년들의 학습 열기를 고취시켰다는 점이다. 사회적으로 다시 지식이나 인재를 중시하는 풍조가 나타나기 시작했고, 많은 지역에서 지하독서회가 자발적으로 꾸려졌다. 94만 명의 졸업생을 배출한 공농병 대학생의 자질을 지금의 지식과 기술 수준을 잣대로 평가하기는 어렵다. 그중에는 중학교 수준에도 못 미치는 사람도 있었지만, 문혁이 아니었으면 불가능했던 배움의 기회를 잡아 뛰어난 재능을 발휘하여

---

[51] 교사 부족 문제는 대약진 이후(1960~62년) 베이비붐으로 태어난 아이들이 학교에 입학하는 시기가 되면서 악화된다. 또한 문혁 기간의 파벌투쟁으로 중등학교와 교사훈련학교가 몇 년 동안 문을 닫으면서 상황이 더욱 악화된다. 농촌의 교사 부족 문제는 두 가지 방식으로 해결하려 했는데, 첫째, 전국의 초등학교 교사는 자신의 출신 농촌으로 되돌아갔고, 둘째, 촌 간부가 중등교육을 마친 젊은 촌민 중에서 민반(民辦)학교(공동체가 경영하는 학교) 교사로 복무할 사람을 선발했다. 민반 교사는 현에서 월급을 받지 않고 촌 생산대에서 작업포인트를 받았으며, 현에서 약간의 현금 보조금을 받았다. 1970년대 초반 지청(知青) 청년들이 촌으로 들어오면서 자격을 갖춘 민반교사의 숫자가 안정적으로 늘어났다. 일부는 도시에서 농촌으로 보내졌지만(下鄉), 대부분은 중등학교 졸업 후 그들의 고향으로 돌아갈 필요가 있는(回鄉) 농촌의 젊은이들이었다(Andreas 2004, 19). 1972년부터 전국적으로 학생모집이 확대되면서 많은 교사를 필요로 했는데, 그에 따라 각 지방에서는 농촌이나 공장으로 하방되었던 지식인을 다시 불러들였다. 장쑤성의 경우 24곳의 대학에서 보고한 내용에 따르면 1,293명의 교사를 급히 필요로 했다. 이에 성 혁명위원회 교육국에서는 부족한 교사를 충원하기 위해 1) 대학, 중등전문, 과학연구 등의 단위에서 하방된 전문기술인원에서 선발한다. 농촌이나 공장으로 하방된 사람 중에서 100~200명을 선발한다. 2) 부부관계 중에서 대학 교원으로 적합한 조건을 갖춘 사람을 선발한다. 난징시의 경우 대학에서 일하면서 떨어져 사는 부부가 3,100명가량으로 전체 교원 중 20%를 차지하고 있었다(李剛 2002, 129).

지식과 문화의 전달자가 된 사람들도 많았다. 1978년 대학입시제도가 부활한 후 3년 동안 모집된 석사생의 75%는 공농병 대학생 출신이었다. 1980년 공농병 대학생의 마지막 졸업식을 뒤로 하고 교육부에서는 이들에게 정식으로 전문대학의 학력을 인정해 주지만(周全華 1999, 183), 문혁에 대한 부정적 인식이 주류가 되면서 공농병 대학생이라는 용어도 역사 속으로 사라지게 된다.

4) 학교 관리기구의 민주적 결성

1967년에 접어들어 문혁의 양상이 통제할 수 없는 방향으로 전개되자, 마오는 민주적인 자치 형식인 코뮨을 포기하고 혁명위원회라는 형식으로 파벌간의 대연합을 주장하고, 삼결합이라는 구조로 권력을 재편해 나간다. 특히 1968년 교내 투쟁에서 폭탄과 무기가 등장하고 운동 방향이 걷잡을 수 없는 사태로 흘러가자 마오는 군대와 노동자계급을 동원해 학생운동을 진압하기로 한다. 마오는 5개 대학 조반 영수들과 모임을 갖고 학생들이 노동자·농민계급에게 다시 배울 것을 강조하고, 7·21지시를 통해 지식인의 특권으로 상징되는 학교라는 성역을 뒤엎고 노동자가 관리한다는 지침을 내린다. 이는 어떤 국가에서도 존재하지 않았던 교육관리 모델로서, 교육관리의 전문화 추세라는 세계적 조류와는 달리 노동자·농민·군인이 교육을 영도하고 관리하는 정반대의 흐름이었다. 이런 교육관리의 혁명화는 1968년 8월 26일 『인민일보』에 실린 요문원의 문장, "노동계급이 모든 것을 영도해야 한다"(工人階級必須領導一切)에 잘 나타나 있다.[52] 이는 자산계급인 지식인이 학교를

---

[52] "노동자, 군인, 그리고 적극적인 학생이나 교원이 참여하는 삼결합 형식의 관리방식을 채택

지배해 왔고, 교사나 학생으로는 교육혁명의 임무를 완성할 수 없기 때문에 반드시 외부의 역량을 빌려 교육을 철저히 변모시켜야 한다는 구상에서 나온 것이다. 학교 권력을 견제할 외부 역량의 주체는 바로 노동자계급이고, 마오는 이것이 수정주의로 빠지지 않고 영구혁명을 보장할 수 있는 유일한 선택이라고 믿었다. 즉 이런 결정은 당시 내전을 방불케 하는 혼란스런 투쟁의 분위기에서 투쟁의 주역을 학생에서 노동자로 대체할 것을 지시한 정치적 판단이라고 볼 수 있지만, 교육혁명의 관점에서 볼 때 노동계급이 학교를 통제한다는 구상은 학술 영역에서 수정주의 사조를 근본적으로 막고 매판적인 서양 숭배 철학과 파행주의를 효과적으로 방지하는 방법처럼 여겨졌다.

이런 지시에 따라 거의 모든 학교에서 혁명위원회라는 영도체제를 갖추게 되고 공선대가 학교를 관리하며 지식인은 개조 대상이 된다. 학교 혁명위원회는 혁명학생대표, 혁명교직원대표, 혁명영도간부대표로 구성되다가 1968년 7월 27일 베이징 60여 개 공장 3만여 명으로 구성된 공선대가 대학에 진주함에 따라 혁명간부대표, 교직원과 학생대표, 공선대(혹은 군선대)대표로 구성된다. 기존 교사가 공농병의 재교육을 통해 개조될 경우 다시 무산계급의 교육사업과 사회주의의 문화과학사업을 위해 공헌할 수 있는 기회를 줄 수 있다는 취지에서였다.53 혁명위 위원은 일반적으로 선거를 거치지 않고 반복적인 토론과 협상, 심사를 거쳐 추천으로 선출되었다. 이런 방식은 대

하고 공선대는 장기적으로 학교에 거주하여 학교의 투쟁(鬪), 비판(批), 개조(改) 임무에 참여하여 영원히 학교를 영도한다."
53 문혁 초기 학술반동권위에 대한 운동이 격렬하게 진행되면서 기존 교사들이 핍박을 많이 받았지만 1967년부터는 다시 계급간의 대연합이 주창되면서 학교교육이 회복되어 나갔다. 학교운영의 정상화를 위해서는 다시 교사들이 필요했고 따라서 일정한 개조를 통과한 기존 교사는 다시 임용할 수 있다는 방침이 정해졌다(改造好了再用). "爲創辦社會主義理工科大學而奮鬪", 『紅旗』(1970년 8기), 5-19쪽.

부분 각 지역의 조반조직 상황과 심사기관의 주관적 의지에 따라 결정되기 쉬웠지만, 반드시 대중의 합의를 거쳐야 했다. 광대한 혁명군중의 행동에 직접적으로 의존해 선출하는 방식이 기존의 선거로 선출하는 방식보다 훨씬 더 프롤레타리아 계급적 민주에 적합할 뿐만 아니라 민주집중제에 적합한 형식으로 여겨졌다.

학교로 파견된 노동자들은 일정한 규칙에 따라 선발되었다. 베이징의 공선대 파견지침을 보면, 시 전체 산업노동자의 약 1/10 정도의 인원을 선발하여 일정한 기간마다 몇 기에 걸쳐 돌아가면서 파견되었다. 그중에는 소수의 간부들도 속해 있었는데, 이들은 앞에 나서지 않고 주로 내부적인 업무를 맡았다. 상하이의 경우 10만 명의 공선대를 선발했는데, 그 가운데 간부의 비율은 약 3~4% 정도를 차지했다(周全華 1999, 108-109). 공선대는 주로 업무나 정치적 태도가 좋고, 말을 잘 하는 사람이 뽑혔다. 당원 여부는 가리지 않았고 나이도 중요하지 않았다. 그러나 나이가 너무 많으면 갈 수 없었으며, 공선대로 뽑히는 것이 매우 영광된 일로 간주되어 노동자들 대부분이 모두 가길 원했다.[54] 학교에서 공선대는 주로 정치적 영도를, 혁명위는 일상적인 행정 업무를 도맡았다(中國人民解放軍·國防大學黨史黨建政工敎硏室 1988, 195). 문제는 노동자들이 학교라는 전문가집단의 어떤 영역을 관리했으며, 또 어떤 관리 방식으로 운영되었는가 하는 점이다. 노동자가 학교를 관리하는 수단은 높은 혁명성이었고 그 준거는 마오의 혁명노선이었다. 이는 지식의 많고 적음의 여부를 떠나 혁명의 방향을 잡아주는 일이었다. 방향과 노선을 올바로 영도하면 지식인을 관리할 수 있고 이것이 바로 프롤레타리아계급의 정치적 영도력이라는 것이다. 그러나 공선대 활동의 전성기는 학교에 주둔

---

[54] 인터뷰, 2006년 5월.

해 투쟁과 개조운동을 지휘한 초기 약 1년의 시간이었고, 1970년 7월 루산에서의 정풍운동 이후 당의 일원적인 영도가 강조되고, 특히 1971년 린뱌오 사건 이후 당의 노간부들이 대거 복귀하면서 군과 함께 정치적 영향력이 점차 감소한다. 정치적 영도를 당조직이 장악하고, 전문적인 업무활동을 수행하기가 힘들어지면서 공선대의 학교 내 입지는 점차 축소되어 간다(周全華 1999, 108-109).

노동자세력을 중심으로 재편된 새로운 학교 관리기구의 조직 형태를 단순히 계급투쟁의 산물이라고 평가하기에는 복잡한 요인들이 존재한다. 혁명위나 공선대가 계급투쟁 극대화의 산물이고, 관료주의 형태를 다른 관료주의 형태로 반대했을 뿐이라는 평가에도 불구하고, 지식권력을 노동자세력이 제어할 수 있었다는 것은 가히 '혁명적' 발상이라고 할 수 있다.

6. 결론 : 교육혁명의 사회적 결과

사회주의 국가에서 교육은 어떠해야 하느냐는 화두를 둘러싸고 문혁 시기 교육 분야에서 다양한 혁명적 실험이 전개되었다. 교육이 단순히 진리 탐구나 지식의 전달에 머물지 않고 인성교육이나 사회적 실천까지 포함하는 것이라면, 교육은 당대의 상황과 요구를 반영해야 할 것이고, 따라서 문혁 당시 실천을 중시하는 풍토에서 제기된 혁명적 인간형이라는 교육 목표는 당연한 것일지도 모른다.

중국의 개혁 이데올로기의 출발점이 문혁에 대한 철저한 부정이며, 그것이 문혁에 대한 선택된 기억만을 허용한다는 점에서 우리는 중국의 공식적인 입장을 통해서는 매우 제한적으로만 문혁을 이해할 수밖에 없다. 이 글은 문혁에 대한 박제화된 관방 기억에서 벗어나 당시 노동자들과 사회적 인식의 흐름, 그리고 이 과정에서 시도된 다양한 실험을 통해 문혁을 파악하고자 했다. 흔히 파괴적이고 파행적으로 운영된 지식체계의 질적 저하를 문제점으로 지적하면서 문혁 시기의 교육을 역사적인 퇴보로 평가하지만, 당시에는 질적 수준을 평가하는 기준이 정치적 방향이었고 아무리 많은 지식을 갖추더라도 방향이 잘못될 경우 소용없다는 인식이 지배적이었다. 당시에 필요했던 인재는 실제와 유리된 이론전문가(書呆子)가 아니라 사회주의 혁명과 건설에 실제적인 역할을 발휘할 노동자였다. 또한 치열한 경쟁과 계급적 재생산을 낳는 문혁 직전의 교육제도는 시험을 통해 관직을 얻는 봉건제나 수정주의 교육노선과 같은 것으로 인식되었으며, 이런 분위기에서 대학생의 선발 권한을 인민 대중에게 주어야 한다는 귀결은 자연스러운 것이었다. 이 시기의 정치적 실험은 실천적인 측면에서 폭발적이고 자발적인 힘을 발휘했고, 실행과 결과라는 측면에서 권위주의적이었지만, 기층 수준에서는 좀 더 민주적이고 합의적 형태를 띠기도 했다(장윤미 2005, 59). 좀 더 중요한 것은 일반 노동자 대중이 이런 혁명적 제도 실험에 대해 어떻게 반응하고 느꼈는가 하는 것이다. 우리가 만난 대부분의 노동자들은 고되지만 보람 있는 시기로 기억한다. 이들에게는 사회주의 국가 건설의 주역이었다는 자부심, 공장 하나하나의 부품과 기계에 정성을 쏟으면서 서로 돌보며 국가를 건설했다는 자긍심이 넘쳐 났다. 이들에게는 새로운 교육정책 덕분에 배움의 기회를 얻어 가난과 무지에서 벗어날 수 있었다는 공통된 인식이 여전히 존재했고, 이는 오늘날 민중의 정치적 의식과 대중 저항의 행위에 중요한 영향을 미치고 있다.

그러나 문혁 시기의 정치적 반전과 혼란 속에서 교육혁명은 결과적으로 실패하고 말았다. 우선 중국은 혁명적 인간형을 교육의 목표로 삼았지만, 자본주의에서 유래한 발전지상주의적 전제들이 대안적 형태의 사회주의에 대한 약속을 능가했다. 전쟁에 대한 두려움과 체제 경쟁이라는 압박 속에서 부국강병에 대한 고려는 사라지지 않았으며, 이런 조건에서 교육혁명은 사회주의 전망보다는 오히려 민족을 기반으로 하는 국민국가 형성에 복무했다. 노동과정에서 차별과 소외 현상을 타파하고자 했던 교육과 생산의 결합은 발전이라는 국가적 목표 앞에서 퇴색되었다. 이런 측면에서 문혁 시기 중국의 교육 목표는 자본주의 세계체제와 이념적으로 단절하지 않았다고 볼 수 있다.

둘째, 교육혁명이라는 방법으로 기존 특권층의 기득권을 타파하고 평등한 사회구조를 실현하려 했지만, 뿌리 깊은 위계서열 의식까지 바꿔 놓을 수는 없었다. 무엇보다 절대적 우위를 차지하여 누구도 도전할 수 없었던 공산당 권력을 뒤집을 수는 없었고, 결국 당의 영도력과 무오류성을 지지해주는 논리로 전락하고 말았다. 물론 교육혁명은 기존의 사회관계나 생산관계에 많은 영향을 미쳐 주체적인 자각과 의식에 눈을 뜨게 했지만, 인간의 사상을 도덕적으로 개조할 수 있다는 기계적 믿음은 수많은 불행한 사건과 아픔을 낳았다.

셋째, 지역의 자치적이고 민주적인 실험들과 공동체 사회에 봉사하는 정신은 당시의 열악한 물적 조건과 냉전의 위기 속에서 빛이 바랬다. 교육권의 하방, 지방의 자율성 존중, 자급자족 강조라는 자치적이고 민주적인 실험들은 모든 개인의 이익을 공공의 이익을 위해 희생시켜야 한다는 것으로 쉽게 전환되면서 전체주의라는 역사적 흐름 속에 묻히고 말았다.

이런 한계에도 불구하고, 기존의 모든 지배 질서와 권위구조의 틀을 깨고 좀 더 평등한 사회를 꿈꾸는 사람들은 마오를 필요로 했다. 그들은 마오의 교육관과 구상대로 교육혁명의 내용을 채우려 한 것이 아니라, 마오의 권위를 빌어 기존의 모든 권위를 비판하고자 했으며, 이는 이후 중국에서 사상해방의 원천이 되었다. 마오라는 절대적이고 최종적인 권위까지 부정하고 사상해방을 할 수 있는 기초를 마련한 것이 조반 정신이 남긴 중요한 유산이라고 할 수 있다. 그 한가운데에 교육혁명이라는 거대한 실험이 있었다. 그러나 마오에 대한 해석을 두고 벌어진 정치적 투쟁과정에서 탈권은 목표 자체가 되었고 노동자 자치의 약속은 깨졌으며, 이런 과거의 문제제기는 아직까지 오늘날의 중요한 지적·정치적 의제로 남겨져 있다.

제4장

지역별 사례를 통해서 본 노동자 기억 속의 문화대혁명

| 이희옥 외*

1. 서론

기존의 문화대혁명(이하 문혁) 연구는 중앙에서의 문혁을 중심으로 전개되어 왔다. 그러나 개혁개방의 진전, 문혁 당시의 자료 개방, 문혁 시기 핵심 참여자의 노령화와 맞물려 지방 수준에서의 문혁 연구가 활발하게 진행되고 있다. 그러나 지방 수준의 문혁 연구는 홍위병조직을 중심으로 다루거나 지방에서 문혁의 전개양상을 거시적으로 추적하는 데 집중되었다. 노동자의 기억 속에 각인된 문혁, 현재의 노동 상황에 대한 문혁 당시 노동자의 인식을 다룬 글들은 상대적으로 적다.[1] 실제로 중국에서는 문혁사가 봉쇄된 상태에

---

* 다이젠중, 백승욱, 안치영, 장영석, 장윤미 공동 집필.
1 이 책의 부록 참조.

있었기 때문에² 문헌연구를 통한 재구성은 한계가 있으며, 외국에서의 활발한 문혁 연구도 근본적으로는 새롭게 발견된 중국 문헌에 의존하고 있기 때문에 지방노동자들의 실질적 기억을 충분히 반영하지는 못했다.

따라서 문혁 연구에서 이례(deviant)를 발견하고 기존 연구를 보완하기 위해서 이 연구에서는 문혁의 전개양상이 가장 뚜렷하게 나타났던 대단위 공장의 노동자와 간부, 당위원회 간부, 문혁의 운동지도부에 대한 심층 인터뷰를 진행하여 문혁 당시 공장 수준의 문혁과 문혁 이후의 노동 상황을 보편적으로 재구성하고자 했다. 지역별로는 베이징, 상하이, 충칭, 다롄, 후난성 샹판을 다루었다.³ 조사대상자는 베이징의 25건, 상하이 20건, 다롄 15건이었고, 충칭의 경우 운동지도부 네 명을 집중 인터뷰했다. 베이징 공장에서 문혁의 전개양상은 중앙 문혁의 영향을 직접적으로 반영하고 있다는 점에서, 상하이의 경우는 노동자 조반이 시작된 곳이자, 전국에서 최초로 탈권이 이루어진 곳이며 문혁 급진파의 거점이라는 점에서 전형적인 성격을 띠고 있다. 충칭의 경우 무장투쟁과 노동운동·학생운동이 결합하여 혁명적 대중운동이 가장 전형적으로 포착된 지역이고, 다롄의 경우 베이징과 비교적 멀리 떨어져 있는 대표적인 중화학공업지대의 특징을 반영하고 있다는 점에서 의미를 지니고 있다.

지방 수준에서 문혁의 전개양상을 확인할 수 있는 대표적인 국유기업을

---

2 최근 문혁 40주년을 맞아 다양한 연구들이 등장하고 있다. 이런 점에서 문혁사에 대한 연구 없이 문혁 연구는 불가능하다고 주장하면서 문혁 연구의 재구성을 주장하기도 한다. 劉國凱, "沒有文革史何來文革反思", *Columbia University Symposium on Cultural Revolution*(May, 2006).
3 후난성 샹판의 경우 조사결과 유의미한 비교를 할 수 있는 자료가 적어서 조사결과를 반영하지 않았다. 샹판의 경우 조사대상은 샹양의 한 베어링 회사였다. 다만 이 노동자들의 현재 노동 상황에 대한 인식은 다른 지역의 노동자들의 기억과 유사하다는 점을 확인할 수 있었다.

선택한 이유는, 중국의 개혁개방이 점진적인 방식으로 이루어짐에 따라 상당히 오랫동안 계획 방식과 시장 원리가 공존하여 왔는데, 이로 인해 중국의 노동자 지위와 노동관계, 노동자의 인식과 행위 및 노조의 역할 등을 포함하는 노동 제반에 걸친 문제가 소유제와 지역별로 많은 차이를 보이고 있기 때문이다. 그리고 노동자들의 불만의 표출양식과 행동유형도 지방에 따라 차이가 나타난다. 이것은 중국의 정책 변화에 따라 각 지방이 경험했던 정치적, 산업적, 문화적 기반이 달랐기 때문이다. 이 글은 문혁 당시 노동자의 기억을 통해 일상에 각인된 문혁과 노동자의 삶을 재구성하고자 한다. 이를 통해 지방공장 수준에서 실제적으로 전개되었던 문혁 전후의 양상과 중앙 수준의 문혁이 지방에 어떤 형태로 실제적으로 파급되고 전달되었는가를 추적할 수 있다.

　이런 접근법을 통해 중앙을 중심으로 연구된 문혁 연구의 과도한 일반화를 수정할 수 있고 지역별로도 다양한 편차가 나타나고 있다는 점을 드러낼 수 있을 뿐 아니라, 문혁 당시 특정 피해자들의 기억을 통해 재구성하거나 문혁 이후 복권된 당정 엘리트들이 주도한 해석이 갖는 또 다른 역편향을 바로잡을 수 있는 장점도 있다. 또한 개혁개방 이후의 노동 상황에 대한 당시 노동자들의 평가를 반영하면서 중국에서의 '노동'의 의미를 다시 묻고자 한다.

2. 베이징의 문혁

1) 개관

베이징은 경쟁력을 갖춘 전자 및 통신설비, 인쇄업, 석유가공, 가구제조업, 설비제조업 등을 갖춘 도시이다. 최근 베이징은 현대적 제조업 발전을 수도 경제발전의 주요 성장점으로 제시하면서, 공업화와 현대화를 실현하는 과정에서 제조업, 특히 첨단기술을 필요로 하고 고부가가치의 환경보호와 경제성장에 막대한 영향을 미칠 수 있는 현대적 제조업을 발전의 관건으로 제시하고 있다. 이 과정에서 전통적 국유기업을 대부분 구조조정하고 많은 노동자를 '면직'(下崗)했다. 그러나 행정 중심지이면서 경제적 위상이 높고 정치사회적 안정이 다른 지역에 미칠 수 있는 파급 효과가 크다는 점에서 국유기업 노동자들에 대한 보상이 다른 지역에 비해 비교적 잘 이루어져 왔다.

베이징은 베이징대에서 있었던 대자보 사건으로 홍위병운동이 확산되고 일반 대중이 운동에 참여하면서 문혁의 포문을 열었던 도시이다. 베이징에서는 수많은 조반파들이 형성되고 이후 양대 파벌로 분리되었다. 하나는 명망가들이 모여서 권력을 창출한 신북대공사(新北大公社)였는데 당시 주류를 형성했다고 할 수 있다. 다른 하나는 이들과 맞섰던 징강산 그룹이었다. 이 파벌은 이후 하나로 합쳐지기도 했다.

베이징은 역사적 상징성 때문에 문혁의 성지로 여겨졌고, 약 여덟 차례에 걸쳐 전국의 홍위병 1,100만 명이 마오쩌둥을 보기 위해 '혁명 대교류' 활동에 참여했다. 이렇게 보면 베이징에서는 공장내 노동자투쟁보다는 학교를 중심으로 한 학생들의 투쟁이 더욱 격렬하게 전개되었다고 할 수 있다. 예컨대 1968년 칭화대학의 100일 무장투쟁이 일어나기도 했고, 마오쩌둥이 직접 5대 조반파 핵심인 학생지도부를 만나면서 문혁의 흐름을 크게 바꿔놓기도 했다. 그러나 문혁의 중심지인 베이징에서는 여러 조직들이 개입된 공장 내 문혁 또한 매우 중요한 의미를 지니고 등장했다.

조사대상인 베이징 전자부 소속의 7XX공장은 수도에 위치해 통제가 비교적 엄격했고, 생산품목이 기밀에 속하는 국방시설 업종이었기 때문에 문혁 시기에도 공장 상황이 비교적 안정적이었고 큰 동요가 없었다. 문혁 당시 베이징은 다른 지역과 달리 생산 중단이 거의 없었다는 점에서 이 공장은 베이징의 일반적인 사례라고 할 수 있다. 또 하나의 조사대상인 ○○인쇄창은 당시 아시아 최대 인쇄공장이었다. 그 전신은 일제 시기의 신민서관(新民書館)이었다가 국민당 치하에서 정중서국(正中書局)으로 바뀌었다. 해방 이후 ○○인쇄창으로 개명되어 많은 지역의 인쇄공장들이 모두 ○○인쇄창에 흡수되었고 사회주의 개조 시기에 또 다시 수십 개의 작은 인쇄공장들이 ○○인쇄창으로 합쳐졌다. 소규모 인쇄공장에 있었던 노동자와 기존의 ○○인쇄창 노동자와의 갈등은 크게 나타나지 않았고 원만한 관계를 유지했다. 1958년 대약진 시기에는 이 공장 노동자들도 베이징 시산(西山)에서 철강제련에 참여했으며, 1959년 반우파 시기에는 인쇄공장내 지식인이 비교적 적어 격렬한 운동이 일어나지 않았다. 일부 반사회주의 분자로 낙인찍힌 사람들이 있었지만 우파로 판명나지는 않았다. 일부 노동자들은 '배불리 먹지 못한다'라는 말을 해 비판받기도 했지만 그렇게 심한 비판의 수준은 아니었다.

문혁 시기 ○○인쇄창은 마오 주석이 모범사례로 정한 '여섯 공장, 두 학교' 가운데 하나였고, 장칭이 열 차례 넘게 ○○인쇄창을 직접 시찰했으며, 천윈(陳云)이나 예젠잉도 학습하러 온 적이 있었고, 베이징대학과 칭화대학의 학생 40~50여 명이 ○○인쇄창에 와서 학습한 적도 있었다.

베이징의 경우 베이징 7XX공장에서 모두 13명과 인터뷰했는데, 이 가운데 여성은 6명이었다. 7XX공장에서는 상대적으로 여성노동자가 많았고 부부도 다수 발견되었다. ○○인쇄창에서는 모두 11명을 인터뷰했고 이 가운데 여성은 1명이었다. ○○인쇄창의 특징 중 하나는 간부나 관리자가 기본적으로 모두 직공 중에서 선발되어 승진되었다는 점이다. 조사 방식은 퇴직한 공장 당서기의 소개로 이루어졌고 피조사자가 다시 소개한 경우도 있었다. 인터뷰는 주로 7XX공장 퇴직직공 휴게실과 ○○인쇄창 직공 휴게실에서 진행되었다.

2) 문혁 직전의 상황

베이징 노동자들은 한결같이 1950~60년대 상황은 고되게 일하고 어려웠지만, 국가 건설의 제일선에 참여했다는 자부심과 자긍심을 갖고 있었다. 이들은 인정 많고 계산적이지 않았던 그 시절을 향수하고 그리워했으며, 마오쩌둥과 공산당이 있어 노동자의 지위가 절대적으로 향상될 수 있었다고 믿고 있었다. 이들의 기억 속에 마오 시기의 생활은 별 문제가 없었고 당시에는 개인 이익보다는 국가 이익을 고려했다. 더구나 건국 이후 노동자가 되었다는 자부심과 당에 대한 충성심이 매우 강하게 나타났다.

그 당시 생활이 정말로 좋았습니다. 노동자들도 정말로 열심히 일했죠. 모두 앞서거니 뒤서거니 경쟁적으로 일했습니다. 보수를 받지 않아도 좋았죠. 우리는 한마디의 원망도 없었습니다. 그 당시 3반제였는데 24시간 작업장에 있지 못하는 것을 안타깝게 여길 정도였어요(베이징A4).

그땐 영광스러웠지요. 더 많이 공헌하려 했고 더 많이 인민을 위해 봉사하고 일하려고 했어요. 무척 영광스럽다고 느꼈지요. 그땐 모두들 그렇게 생각했어요. …… 막 공장에 들어갔을 때 정말 노동자계급으로서의 느낌이 있었지요. 적극적이었고 기율도 있었어요. 입당한 후에는 더욱 당에 대해 감사하고 은혜로운 생각이 들었어요(베이징A3).

이들은 공산당의 덕택으로 구 사회의 압박과 착취에서 벗어날 수 있었다는 공감대가 형성되었고, 열심히 노동했으며, 정치 및 경제 활동, 여가 생활이 하나가 된 삶을 살았다는 기억을 간직하고 있었다.

노동적극성이 매우 높았어요. 왜냐하면 말이죠, 우리 같은 사람들은 모두 정말로 깊은 보은사상을 갖고 있습니다. 왜냐하면 해방 이후에 모든 것이 해방되었죠, 생활도 보장되었죠, 그러니 그렇게 말하죠. 집에서도 사회에서도 반드시 은혜에 보답해야 한다고 했어요. 공산당의 은혜에 보답해야죠. 공산당이 있어서 우리가 해방될 수 있었고 먹을 수 있게 되었잖아요. 구 사회에서는 먹지도 입지도 못했어요. [중략] 또 하나 전체 사회 풍조가 당의 업무를 위해서라면 자기를 희생했어요. 보수는 생각지도 않았죠. 개인적인 이익은 고려하지 않았어요(베이징A5).

그리고 공장내 간부와 노동자 관계, 노동자 상호간의 관계가 매우 친밀하고 좋았는데, 개인적 도제관계로 기술을 이어받는 전통도 있었다.

조장은 생산을 관리했죠. 무슨 회의를 한다든지 말이에요. 그땐 관계가 매우 좋았습니다. 당시엔 대개 노동자 중에서 위로 올라가 상황을 잘 알고 있었어요. 모두 하나가 되어 관계가 매우 좋았답니다. …… 사부와의 관계도 모두 좋았답니다. 왜냐하면 말이죠, 우린 모두 구 사회를 겪어본 사람들이라 사부의 말은 모두 좋았지요. 사부와의 관계가 좋지 않으면 기술을 배울 수 없어요. 그러니 사부와의 관계가 특히 좋았지요(베이징A8).

3) 문혁 상황

베이징의 7XX공장 파벌구도를 보면, 보황파는 홍기파(紅旗派), 조반파는 혁련파로 구분할 수 있다. 인터뷰 대상자 중에는 조반파 2명과 소요파 1명을 제외하고는 모두 보황파였다. 그러나 문혁 당시 모범공장으로 선정되어 전국적으로 널리 선전되었던 ○○인쇄창의 경우 다른 지역 노동자와는 달리 자신이 어떤 파에 속하는지 분명히 밝히기를 꺼렸다. 이것은 베이징이 권력 중심지라는 지역적 특수성과 당시 어느 한 쪽의 입장을 강요받는 분위기에서 입장을 소극적으로 선택했기 때문일 수도 있고, 문혁 이후 기층 당조직의 개혁에 대한 학습과 문혁에 대한 역사관이 당의 지침대로 수용되어 당의 공식적인 문혁 인식을 그대로 갖고 있기 때문일 수도 있을 것이다.

파벌의 형성은 4청운동 때부터 이미 분명하게 대립되어 나타나고 있다. 4청 때 파견된 공작대로부터 일련의 조사와 비판을 받은 사람들이 이후 문혁이 발발하면서 혁명파가 되었다.

> 두 파벌의 관계는 4청으로 인해 생긴 겁니다(베이징A10).
>
> [혁명파에 왜 들어갔나요?] 당시 제 생각엔, 확실히 4청 중에 일부 사람들이 억울하다고 생각했어요. 예전엔 모두 적극분자에 속했던 사람들이죠. 사실 저도 적극분자에 속했지만 전 숙정된 사람들(被整)을 무척 동정했어요. 전요, 그 숙정된 사람들과 함께 했지요. 그들이 무척이나 억울하다고 생각했기 때문입니다. ……4청 때 숙정된 사람들은 문혁이 시작되자 모두 혁명을 했어요. 숙정을 주도한 사람들(整人的)과 숙정된 사람들(被整的) 두 파벌로 나뉘었죠. ……[문혁이 시작되자] 숙정된 간부들은 그들의 일이 아니었죠. 그들은 한쪽으로 밀려났어요. 그들은 자본주의의 길을 걷는 세력이었으니까요. 양쪽 파벌의 사람들은 모두 서로 그들을 놓고 싸웠어요. 이쪽에서 싸우고 저

쪽에서 싸우고 양쪽에서 모두 그들을 놓고 비판했지요(베이징A13).

4청공작단이 [공장에] 들어오고 난 뒤 좌쪽의 사람들을 키워야 했습니다. 4청 자체가 싸우는 것이니까요. 한 무리를 끌어들였고 많은 사람들이 원했죠. 그때부터 생트집을 잡으면서 엉터리로 꾸며낸 것입니다. 노간부들은 대부분 혁련(파)쪽으로 기울었습니다. 홍기(파) 쪽이 후에 키워낸 간부들이었죠[나중의 간부들은 홍기파가 키워낸 사람들이라는 뜻](베이징A11).

전투대는 노동자들이 만든 것인데, 각 전투대 사이엔 파벌 싸움도 있었지요. [시작하자마자 파벌로 나뉘었나요?] 당연하지요, 당시 전 입당을 해서 적극분자에 속했는데, 우리는 사람을 조사하는 파(整人派)로, 그들은 조사받는 쪽(被整)에 속했지요. 우리 대부분은 당원이나 적극분자였어요. 홍기파였죠. [보황파였나요?] 그들은 우리더러 보황파라고 했고, 우리는 그들더러 보황파라고 했어요. 만약 상대방이 평소에 간부와 사이가 좋아 간부를 조사하지 않는다면 우린 보황파라고 말했지요. 당시엔 문제가 진짜이든 가짜이든 조사받으러 올라가면 비판을 받아야 했어요(베이징A8).

당시 파벌이 갈라지는 양상은 공장마다 작업장마다 달랐지만, 4청운동 당시의 골이 깊은 감정과 함께 간부에 대한 입장 차이에 따라 나뉘는 것이 보통이었다.

당시엔 누구를 지지하느냐 지지하지 않느냐의 문제였죠. 예를 들어 당시 제4기계부(四機部) 부장인 왕징이 있었는데 우리 공장에 와서 의견을 발표한 적이 있습니다. 문혁이 시작되자 이걸 두고 그를 지지하느냐 지지하지 않느냐로 두 파벌로 갈라서게 되었죠. 왕을 보호하는 입장(保王)과 보호하지 않는 입장(不保王) 두 파벌이 시작된 거예요. …… 왕징 밑에 숭지에가 있었는데 우리 당위서기였죠. 슝지에를 좋게 본 사람들이 있었고 일부 사람들은 좋지 않다고 여겼어요. 좋게 본 사람들은 그가 노동자들에게 관심이 있고 1963년에 홍수가 났을 때 노동자들이 강을 건너도록 도와주었다고 하면서 모두들 좋아했죠. 일부 잘못한 점도 있었지만 전 신경 쓰지 않고 그를 보호했어요. 그를 좋지 않게 본 일부 사람들은 한 파가 되었죠. 그들은 슝지에가 노동자 생활에 관심이 없다, 집 문제도 해결해주지 않았다고 하면서 그를 반대했죠. 반대한 사람들이 다른 한 파가 되었고 상황이 그렇게 변했어요(베이징A5).

파벌간의 모순은 관점이 달랐지요. 출신성분도 달랐습니다. 홍기파 쪽은 대부분 당원간부였지요. 출신성분이 좋지 않은 쪽은 당원도 적었고 문혁 이전에 비판받고 조사받은 적이 있던 사람들이었습니다. …… 서로 관계가 좋지 않아 말도 하지 않았지요. 부부 사이라도 다른 파벌이면 말을 하지 않았어요. 물론 소수지만요(베이징A8).

파벌은 또 세대에 따라 갈라지기도 했다. 1950년대 공장에 들어 온 노동자들은 보황파에, 1960년대 들어 온 젊은 노동자들은 혁명조반파에 참여하는 경우가 많았다. 베이징 공장의 노동자 파벌구조는 학생들의 파벌과는 달리 자신의 계급적 입장이나 이데올로기적 신념에 따라 파벌을 명확하게 형성하지 않았다. 노동자들은 생산 활동에 직접 참여하고 있고, 자신의 소속이나 위치에 따라 생계 문제가 직결되기 때문에 학생들보다는 소극적인 태도를 보였다. 특히 베이징의 사례 공장은 생산업종이 특수하고 이런 업종 특성 때문에 대부분 정규직 노동자로 이루어져 있었다. 당시 국제 환경 속에서 생산을 유지해야 한다는 사명감이 투철했고, 다른 지역이나 업종에서 보였던 비정규직과 정규직의 갈등도 거의 없었던 것으로 보인다. 그러나 1970년대 초반부터 몇 년 동안 대대적으로 5·16 반혁명집단을 색출하는 사건이 있었다. 군대표와 작업장 당지부 서기들이 5·16을 조사하는 소조를 만들었는데,

문혁 당시 혁명에 참여했던 사람들은 대부분 5·16으로 조사받았다. 100일 동안 공장에 갇혀 심문을 받은 홍기파 사람들도 있었지만(베이징A6 참조), 대부분 혁련파 사람들이 조사를 받았다.

> 5·16 안에는 조반파가 많았지요. 왜냐하면 이후 권력을 잡은 쪽이 홍기파였기 때문입니다. 무슨 5·16을 잡겠다고 했지만 정말로 잡은 건 얼마 되지 않습니다. 당시 누구누구가 5·16이라고 소문이 났지만 정말로 조사할 땐 없었어요. …… 두 파벌 아래의 군중들은 5·16에 대해 모두 몰랐습니다. …… 정말로 5·16이 뭔지 지금까지도 정확하지 않습니다. 당시엔 폭행, 파괴, 약탈(打砸搶) 행위에 참여했던 사람들을 5·16이라 했는데 허튼 소리지요(베이징A10).

> [5·16이] 무슨 조직입니까, 누구도 보지 못했어요. 무슨, 무슨 형태였냐고요, 아무도 보지 못했습니다. 하지만 결국 우린 모두 인정했어요. 인정하지 않으면 안 됐어요. 나갈 수가 없으니까요. 5·16이라고 인정하지 않으면 나갈 수 없다, 그렇게 된 거죠(베이징A12).

다만 문혁 시기 생산 중단에 대한 기억은 간부와 노동자, 당시 직위, 작업장 상황, 자신의 출신성분에 따라 차이가 존재했다. 특히 기술 부문을 담당하고 있었던 간부(총공정사)의 경우 무투도 없었고 주로 '혁명을 틀어쥐고 생산을 촉진하자'(抓革命促生産)라는 것을 기억하고 있다. 그러나 일선 노동자의 경우 문혁 초기 3년간 무투와 대중의 투쟁이 있었으며 생산이 중단된 적도 있다고 기억하고 있다. 이것은 일선에서의 무장투쟁에 대한 경험의 차이와 당시 투쟁 수위에 대한 인식의 차이에서 오는 것으로 보인다. 그러나 전반적으로 생산에 대한 영향은 작업장별로 차이가 있었지만, 다른 지역에 비해 그다지 크지 않았던 것으로 판단할 수 있다.

4) 노동의 기억

문혁에 대해서는 바보 같았다는 자조를 보였지만, 마오쩌둥에 대한 향수는 전반적으로 강하게 나타났다.

이제 와서 얘기한다면, 마오쩌둥 최대의 공로는 인민공화국을 건설한 것이죠. 그가 문화대혁명을 일으킨 것에 대해 얘기가 분분한데 어떤 사람들은 권력을 쟁취하기 위해서라고 하고 어떤 사람들은 건국이후 20년 동안 간부들이 부패하고 타락해서 마오쩌둥이 문화대혁명으로 이런 관료 풍조를 쓸어내려 했다고 합니다. 목적은 좋았지요(사례 10).

또한 개혁 이후의 상황에 대해서는 전반적으로 이중적인 태도를 보였다. 개혁에 대해 긍정하면서도 노동의 지위 하락과 경제적 어려움으로 개혁의 방향에 대해 비판적인 태도를 보였다. 특히 노동자 자녀가 대학에 진학하는 경우가 극히 드물어 가난이 대물림되고 사회적인 관심을 받지 못한다는 것에 대한, 특히 노동자계급의 지위 하락 대한 상실감이 컸다.

무슨 계급이요? 진작부터 그런 개념은 없어졌습니다. 누구 눈에나 들어오겠습니까. 사실대로 말하자면요, 노동자가 영도계급이라는 건 노동자를 어떤 지위에 두느냐의 문제인데, 그건 위에서의 일이에요. 위에서 정책으로 정해서 노동계급이 영도계급이라고 하는 거지요. 결코 공장 안에서의 일이 아닙니다. 노동자는 영도계급이 아닙니다. 공장에서 작업장 노동자 말대로 됩니까?…… 지금 왜 많은 사람들이 마오쩌둥 시대를 그리워하는지 압니까? 생로병사 모두 책임졌어요. 그게 영도계급이지요. 말로만 할 순 없었어요. 한 번 말해보십시오. 노동계급이 영도계급입니까?(웃음)(베이징A10)

공장에서 고위직을 맡고 있던 간부들도 이전의 공장체제에 대한 자부심은 크지만, 개혁개방으로 인한 사회보장체제의 붕괴에 대해서는 매우 비판적인 인식을 보여주었다.

그때는 공장에서 사회적 책임을 졌으니 복지가 매우 좋았지요. 엄마차[수유를 위해 어머니들을 태워 나르던 차도 있었고, 탁아소도 있었지요. 후엔 이런 일을 관리하는 사람이 없습니다. 우리 탁아소도 많을 땐 1,400여 명의 아이들이 있었는데 지금은 없어졌어요. …… 이전엔 식당도 관리하고 주택도 관리했지만 지금은 없어졌어요. 집이 필요하면 자기가 사야 하고 살 수 없다면 대출받아야죠. 간단합니다. 상품화되었죠(베이징A14).

우리는 어쩔 땐 마음의 평정을 잃습니다. 어쨌든 개혁개방이 됐지요. 지금 우리 국가의 주요 모순은 말이죠, 바로 덩샤오핑이 말했던 겁니다. 소수의 사람들이 부자가 된 것은 맞지만, 수입 격차가 커졌지요. 다수의 사람들은 공동부유를 이룰 수 없습니다. 지금 샤오캉(小康)을 제기하는데, 실제로 어떻게 샤오캉을 이룹니까? 뭘 갖고 실현하느냐고요? 조치가 없습니다(베이징A14).

개혁개방의 흐름 속에서 버려졌다는 배신감은 문제가 발생했을 때 행동으로 나타나기도 했다. 특히 집단행동을 보일 때 과거의 기억을 되살려 저항의 자원으로 활용한다.

전자관창은 우리 손으로 시작된 것이지요. 그러니 우리들을 잊으면 안 됩니다. 왜냐하면 말이죠, 몇 년도인가, 1994년인가 1995년인가 2천 명이 넘는 사람들이 공장으로 가서 조반을 일으켰어요. 어떤 항의였냐 하면요, 의료보장이 없어 진료를 받아도 혜택을 받지 못했죠. 허나 지금의 임금으로는 생활을 유지할 수가 없으니 공장이 아무리 어려워도 우리에게 혜택을 줘야 한다면서 조반을 했지요. 이 공장은 우리 스스로가 세운 겁니다. 직접 손으로 만든 거라구요. 우린 국가에 대해 바칠 건 이미 모두 바쳤어요. 이제 병이 났다고 우리를 다시 돌봐주지 않는다면 어떻게 살아갑니까(베이징A4).

3. 상하이의 문혁

1) 개관

상하이는 문혁의 발단이 되는 "하이뤼이 파관(海瑞罷官)에 대한 비판"이 작성되어 발표된 곳일 뿐만 아니라 문혁 급진파의 본거지였다. 또한 노동자 조반파의 조반이 시작된 곳이자, 전국에서 최초로 탈권이 이루어진 곳이기도 하다. 그런 점에서 상하이를 떠나 문혁을 이해하기는 어렵다.[4]

상하이가 문혁 급진파의 본거지가 된 것은 상하이 당서기 커칭스(柯慶施)와 밀접한 관련을 가진다. 커칭스는 1965년 4월 사망하지만, 그의 후원을 받은 이데올로그인 장춘차오(張春橋), 야오원위엔은 커칭스의 사망 이후에도 장칭과 비밀리에 접촉하여 "하이뤼이 파관에 대한 비판"을 작성해 발표했다. 또한 1966년 5월 문혁이 본격적으로 시작된 이후 문혁 전에는 중앙위원회 후보위원도 되지 못했던 그들이 새롭게 구성된 중앙문혁소조의 구성원으

---

[4] 문혁 시기의 상하이 노동자 조판파와 노동자계급의 실질적 지위에 대한 연구로는 李遜 (2006). 이 글은 노동자 조반파가 문혁 시기에 시종일관 중심적 지위를 차지했으며, 노동조합도 가장 자유롭고 독립적인 지위를 부여받았다고 평가하고 있다.

로 중앙정치 무대에 등장하여 문혁 10년간 최고지도자로 군림했다.[5]

또한 상하이에서 발생한 1966년 11월 전국 최초의 성급노동자 조반조직인 '상하이 노동자혁명 조반사령부'(上海工人革命造反總司令部, 약칭 工總司)의 성립과 안팅 사건, 노동자 사이의 최초의 무장투쟁인 12월의 캉핑루(康平路) 사건, '1월 폭풍'으로 불리는 1967년 1월의 권력 탈취 등을 통해 상하이는 문혁의 전형으로서 자리매김 되었다. 안팅 사건 이전에는 생산 현장에서의 조반이 금지되고 문혁이 문화와 교육 영역을 중심으로 진행되었지만, 그 사건을 계기로 노동자의 조반이 허용되었을 뿐만 아니라 문혁이 생산 영역 등 사회의 전 영역으로 파급되는 계기가 되었다. 또한 안팅 사건과 '1월 폭풍'을 거치면서 노동자 조반파의 지도자로 부상한 왕훙원은 10기 1중전회에서 정치국 상무위원이자 부주석으로 선출되면서 마오쩌둥의 사실상의 후계자로 인정받는다.[6]

상하이는 문혁세력의 본거지이자 문혁의 선구 역할을 했을 뿐만 아니라 급진파에 의한 권력 탈취와 안정적인 통치를 확보했다는 점에서 '새로운 권력 형성'(改朝換代)의 '모범'이었다.[7] 1967년 1월의 탈권과 상하이 인민공사가 만들어지고 2월 혁명위원회가 정식으로 성립된 이후 1976년 사인방 체포를 통해 문혁이 끝날 때까지 상하이의 권력구조는 기본적으로 안정적으로 유지되었다. 물론 탈권과 그 이후의 문혁 과정에서 혼란이 없었던 것은 아니

---

[5] 두 명 모두 1969년 9기 1중전회에서 정치국 위원으로 선출되며, 1973년 10기 1중전회에서 장춘차오는 정치국 상무위원으로 선출된다.
[6] 왕훙원은 개인적인 능력 등의 문제로 마오쩌둥의 후계자 지위에서는 밀려나고 1975년 초 덩샤오핑으로 대체된다. 덩샤오핑은 문혁에 대한 입장 문제로 마오쩌둥과 대립하여 1976년 초 후계자의 지위가 화궈펑으로 넘어가며, 동년 9월 9일 마오쩌둥이 사망함에 따라 화궈펑이 계승자가 된다.
[7] 장춘차오는 여러 차례에 걸쳐 문혁은 곧 '개조환대'라고 말한다(當代中國出版社 編輯部 編 1993, 261).

다. 예컨대, 상하이의 '새로운 권력 형성' 과정에서 서기 천피시엔(陳丕顯)과 시장 차오디츄(曹荻秋)가 숙청되었을 뿐만 아니라 수많은 기존 간부들이 격리 조사를 받고 지방으로 하방되었다.[8] 1967년 6월부터 8월 사이에는 상하이 디젤기관공장에서 동방홍총부(東方紅總部)와 상하이 디젤기관공장 노동자혁명조반사령부(上海柴油機廠工人革命造反司令部, 약칭 上柴聯司) 사이에 많은 희생자를 초래하는 무장투쟁이 발생하기도 한다. 그리고 장춘차오를 비판하는 급진적 조반파 홍위병조직이 생겨나기도 했다(王年一 2005, 154-156)

그러나 상하이는 1967년 2월 성립된 혁명위원회가 기본적으로 지속되었다는 점에서 지도부의 무수한 변동을 겪은 다른 지역과 달랐을 뿐만 아니라 무장투쟁이나 혼란의 양상도 다른 지역에 비해 훨씬 온건했다고 할 수 있다. 상하이의 그런 안정성의 기초는 장춘차오와 야오원위엔에 대한 마오쩌둥의 신뢰를 바탕으로 한 지도부의 안정성, 그리고 그들과 왕훙원과의 유기적 관계에 기반한 노동자조직에 대한 효과적인 통제에 있었다. 뿐만 아니라 문혁 발원지이자 격변의 중심이었지만 "혼란을 통하여 새로운 질서를 형성(天下大亂達到天下大治)"하는 문혁의 모범으로서 상하이의 위상과도 관련된다고 할 수 있다. 그렇지만 문혁의 종결은 문혁으로 형성된 상하이 지도부의 전면적인 교체와 인식의 전환을 초래했다. 이런 상하이의 특징은 문혁 참가자들이 지역적인 특수한 경험과 기억을 형성하도록 만들었다.

---

[8] 국장급(局級) 이상 간부의 40% 이상이 격리 조사를 받았으며, 2만여 명의 간부가 공장으로 하방되었고, 1,000여 명의 간부는 헤이룽장(黑龍江)으로 하방되었다(當代中國出版社 編輯部 編 1993, 262).

2) 조사

상하이의 조사는 2006년 1월과 7~9월에 걸쳐 전체 16개 사례에 대해 이루어졌다. 그 가운데 다섯 사례는 두 명을 동시에 인터뷰 했으며, 그중에서 한 번은 앞서 조사한 사람이 다시 포함되었기 때문에 모두 20명에 대한 인터뷰가 이루어졌다. 인터뷰 중 7개 사례는 한국 측에서 직접 참여했고, 나머지는 녹취록을 받았다.

20명은 남성 12명, 여성 7명, 불상 1명이며, 연령은 1920년대생 2명, 1930년대생 9명, 1940년대생 7명, 1950년대생 1명, 불상 1명이다.[9] 인터뷰는 노동자, 간부, 엔지니어, 관리자, 의사, 교수 등 다양한 직위의 사람들과 이루어졌지만, 1개 사례만 제외하면 모두 방직공업계통 출신자들이다.[10] 또한 우파 출신인 사람이 1명 있고, 노동모범도 전국 노동모범과 상하이시 노동모범이 각각 1명씩 포함되어 있다. 또한 전체 조사자 20명 중 당원이 13명, 비당원이 3명, 미확인이 4명으로 당원의 비중이 높다. 조사자 중 일반노동자로 퇴직한 경우는 4개 사례뿐이며, 고급 엔지니어, 대학 부총장, 회사 사장과 부사장 등이 포함되어 있지만, 입사 시기 전문학교 이상 졸업자는 4명(의사 포함)뿐이다. 대학 부총장 출신을 포함한 대부분이 노동자로 입사한 후 야간학교를 다니거나, 재직하면서 대학 등의 교육을 받은 경우이다.

방직계통 가운데 7개 사례는 상하이 문혁의 상징적인 의미를 갖는 대표적인 기업 소속이며, 방직계통이 아닌 경우 상하이에서 유일하게 무장투쟁이 발생한 기업이다. 그런데 7개 사례 중에서 1개 기업과 3명을 함께 조사한

---

9 한 명은 성별과 연령이 명기되어 있지 않고 녹취록에서도 명시적인 자료가 없었기 때문에 불상으로 표기했지만, 녹취록의 내용상 1930년대 초 출생의 여성일 가능성이 높다.
10 의사나 교수는 모두 방직회사 소속 또는 계통 출신이다. 교수의 경우는 원래 노동자로 입사하여 진학을 한 후 방직계통 대학의 교수로 재직하다 부총장을 역임한다.

1개 기업을 제외하면, 나머지는 모두 1~2명을 조사했다는 점에서 1개 기업을 제외하고는 개별 기업의 상황을 이해하는 데 있어서 조사가 다소 부족하다고 할 수 있지만, 상하이 노동자의 상황과 문혁의 일반적 상황을 이해하는 데는 의미 있는 수치와 인적 구성을 지닌 조사라고 할 수 있다.

특히 문혁 시기와 관련해서, 문혁 시기에 수정주의 또는 보수파로 비판받은 문혁 이전 간부와 노동모범, 정치사회적으로 배제된 우파 등이 포함되어 있을 뿐만 아니라 공선대 참가자, 조반파, 721대학 학습자, 공농병 대학 졸업자 등 다양한 경험자들이 포함되어 있다. 따라서 서로 다른 입장과 경험을 가진 사람들의 기억을 통해 상하이 문혁의 전반적인 상황과 노동자의 상황을 이해하는 데 유효하다고 할 수 있다.

3) 문혁 전후의 상황

문혁이 '혼란'이었다는 일반적인 추론과 달리, 상하이 노동자들의 일반적인 기억 속에서 생산 활동은 기본적으로 안정적으로 유지되었다고 여겨진다. 이런 안정에 대한 기억은 한편으로는 다른 지역에 비해 상대적으로 상하이가 안정되었다는 평가이기도 하지만, 특히 선임노동자의 소양과 관련해 그렇게 기억하는 경우가 많았다. 문혁 이후 모 기업의 부공장장을 역임했던 사람은 다음과 같이 회고한다.

> 나는 문화대혁명 중 상하이가 실제로 가장 좋았다고 생각해요. 문화대혁명이 좋았다는 것이 아니라 생산이 가장 정상적이었다는 것입니다. 그것은 고참 노동자들이 있었고, 그렇게 좋은 노동계급의 전통이 있었으며, 그렇게 좋은 제도가 있었다는 것인데, 그것을 부정할 수는 없어요. …… 중학에서 고

등학교 시절까지가 우리나라가 가장 정상적인 단계였어요. 현재의 분석에 의하면 그때는 형식화된 레이펑(雷鋒) 학습을 했다고 하지만, 내가 느끼기에는 그 때가 사회질서가 가장 좋았고, 사람의 사상도 가장 순박했던 시기였습니다(상하이 B1).

뿐만 아니라 고급 엔지니어 출신 노동자는 그것이 정치적 압력에 의한 것이기는 했지만 심지어 문혁 시기의 생산이 그 이전보다 나았다고 회고하기도 한다.

[문혁 시기 생산은] 기본적으로 매우 좋았어요. 매우 좋았어요. …… 1968년이 1966년을 초월했어요. 우리 공장에서는 열기가 하늘에 치솟았어요. 왜 그랬는가 하면, 마톈쉐이(馬天水) — 1966년에는 차오디추(曹荻秋)가 시장이었는데 — 는 이제 1968년에는 우리 조반파가 우리머리가 되기 위해서는 반드시 초월해야 한다고 했죠. 그래서 모두들 하자고 했죠(상하이 C5).

이런 생산 증가가 반드시 정치적 압력 때문은 아니었다. 앞의 부공장장의 회고처럼 문혁 시기 상하이의 생산이 중단되지 않았던 이유는 그들 고참 노동자들의 존재 때문이라고 주장한다. 물론 문혁 자체가 생산에 영향을 미치지 않았다고 주장하려는 것은 아니다. 왜냐하면 문혁은 노동자의 훈련과 재생산을 저해하여 장기적으로는 생산에 부정적인 영향을 미쳤기 때문이다.

이후 왜 잘못되었는가 하면 그것은 고참 노동자들이 없어지고[퇴직하고], 새로 들어온 노동자들의 소질이 나빠졌기 때문입니다. 그들은 [문혁으로 인해] 정규적인 좋은 교육도 받지 않았고 아무것도 두려워하는 것이 없었습니다(상하이 B1).

뿐만 아니라 문혁 시기에 폐지된 것으로 알려진 보너스가 정액 형태로 존재했다는 것이 모든 경험자의 공통된 기억이었다. 보너스는 정액제로 지급되었으며 일반노동자에게 더 많이 지급되었다. 한 고급 엔지니어 출신 간부는 다음과 같이 기억하고 있다.

노동자는 기술자보다 1위안의 보너스를 더 받았는데, 우리는 4위안이었고 노동자는 5위안이었어요(상하이 A6).[11]

이런 점은 상하이의 상대적인 안정을 보여주는 것이자, 안정을 유지하기 위한 기제로서 다른 지역과는 다른 유인이 주어졌다는 것을 의미한다. 다른 한편 노동자들의 보너스가 엔지니어보다 더 높았다는 것은, 피조사자 엔지니어와 간부 대부분이 노동자로 입사했지만 재직하면서 여러 가지 교육의 기회를 가졌다는 사실과 더불어, 그 당시 자신들의 지위가 개혁 이후보다 훨씬 높았다고 생각하는 노동자들의 일반적인 기억에 상응하는 사례라고 할 수 있다.

조사대상자들은 자신들이 문혁 시기에 담당한 역할에 대해서는, 조반파 조직의 핵심 조직원이었던 한 사례를 제외하고, 자신이 어느 파에도 속하지 않았다거나 보수파였다고 주장하는 것이 공통적으로 발견된다. 예컨대, 왕훙원과 더불어 안팅 사건에 참여했을 뿐만 아니라 노동자선전대로 다른 기업과 상하이시 당위원회에 파견되었던 사례나, 보수파에 의해 현행 반혁명으로 7개월간 감금되었다가 이후 노동자선전대로 징강산에 파견된 경우는

---

[11] 그런데 당시 노동자의 일반 임금은 도제 기간에 16위안 내외이며, 그 이후에는 40~60위안 정도였다. 그런 점에서 4~5위안의 보너스는 결코 적었다고 할 수 없다.

모두 조반파였다고 할 수 있다. 전자의 경우는 왕훙원에 대해 다음과 같이 기억하고 있다

> 실제로 그는 사람들이 말하는 것처럼 그렇게 모든 방법을 동원하여 [높은 자리로] 기어 올라간 사람이 아니어요. 우리는 이전에 그와 많이 만났었는데, 내가 보기에는 그가 아주 좋은 사람이에요(상하이 A1/사례 1).

이들은 왕훙원을 잘 알고 있을 뿐만 아니라 긍정적으로 평가한다. 그럼에도 불구하고 이들은 자신들이 조반파가 아니며, 아무 파에도 참여하지 않았거나 보수파라고 지칭한다. 그 이유는 다음과 같이 두 가지로 추론할 수 있다.

첫째, 문혁 이후의 평가와 그에 따른 기억의 재형성 때문이다. 문혁 이후 조반파는 문혁의 혼란을 조성한 '악의 근원'으로 평가받아 왔다. 이런 평가로 인해 자신을 조반파라고 부를 수 없게 되었다면, 다른 한편으로는 '조반파'로서 경험한 자신의 역할에 대한 자기인식과 조반파에 대한 평가 사이의 모순 때문에, 조반파의 정당성을 보수파의 정당성에서 끌어와 기억을 재구성했을 가능성이 있다.

둘째, 상하이 문혁 상황의 특성으로 인해 조반파가 자신을 보수파로 인식했을 가능성이 있다. 일반적인 의미에서 조반파는 현지 또는 상급의 당에 반대해서 조반하는 세력이다. 그러나 상하이에서는 이른 시기의 탈권으로 인해 조반파들이 당위원회를 장악했다는 점에서 결국 조반파는 당위원회에 대한 옹호자, 다시 말해서 보수파로 분류될 수밖에 없었다. 더구나 새롭게 형성된 당위원회를 비판하는 세력이 등장하는 상황에서 새로운 당위원회를 지지하는 초기 조반파들은 자신을 보수파로 인식했을 가능성이 있다.

다른 한편 문혁에 대해서는, 문혁 이후 복권된 우파 사례를 제외하고, 다른 지역의 노동자들과 마찬가지로 대부분 긍정적으로 평가하고 있다. 이런

평가에는 상하이가 과거에 방직공업의 중심지였지만 사양산업으로서 개혁 이후 상대적으로 피해를 입었다는 점도 작용했을 것이다. 그러나 좀 더 중요하게 고려해야 할 것은 문혁 시기에 그들이 발언권과 위신을 갖고 있었다는 점이다. 혁명위원회 또는 노동자의 공장관리에 참여하게 되는 실제 기능과 영향에 대한 평가는 소극적이었다. 그러나 이와는 별도로, 문혁 시기에는 적어도 노동자에게 관심을 갖고 노동자의 말을 경청하고 노동자임을 자랑스럽게 여겼지만, 개혁 이후에는 누구도 그렇게 하지 않는다는 것이 공통된 기억이라고 할 수 있다.

상하이 노동자들의 이런 기억이 곧 문혁을 긍정적으로 평가한다는 것을 의미하지는 않는다. 문혁 시기에 생산은 유지되었지만, 노동규율이 파괴되고 노동자의 재생산이 중단되었으며, 그것이 장기적으로 생산력 저하와 경쟁력 약화에 중요한 원인을 제공했다고 보기 때문이다. 다시 말해서 생산을 유지한 것은 1940년대 말에 해방감을 맛 본, '당과 국가에 감사하는' 기존의 노동자들이었으며, 문혁으로 인해 새로운 노동자의 충원과 훈련이 중단됨으로써 그런 공동의 기억을 가질 만한 노동자의 재생산이 중단되었다는 것이다.

4. 충칭의 문혁

1) 개관

충칭은 혁명 시기에는 국민당 정부의 소재지였으며, 마오 시기에는 삼선건설이 진행되었던 곳이고, 문화혁명 당시에는 무장투쟁이 일어났던 지역이다. 경제적으로는 서남지역의 최대 공업기지로서 장강 상류의 경제 중심지이자 육해공 교통·운수의 요충지이다. 또한 제4대 직할도시로서, 공업기지라는 장점을 발휘하여 자동차, 오토바이, 야금, 기계, 화학공업 등을 핵심산업으로 발전시켰다. 또한 항구, 철도 등 교통과 정보네트워크의 중심지라는 지위를 이용하여 물류와 상업·무역 산업을 발전시킨다는 계획을 갖고 있다. 그러나 충칭은 일찍부터 개혁개방을 시작한 연해 도시에 비해 출발이 늦었고, 국유경제의 비중이 높기 때문에 산업 재구조화의 어려움을 겪고 있다. 최근에는 국유기업 구조조정과정에서 경제보상과 사회보험 등의 문제를 둘러싸고 노동자와 기업의 충돌이 빈번하게 일어나고 있으며, 한 공장에서는 노동자들이 자발적으로 조직을 만들어 자신들의 이익을 보호해주지 못하는 시 노동조합을 고소하기도 했다.

충칭 노동자들이 비교적 단호한 집단행동으로 일련의 구조조정 과정에 대응하는 이유는 과거에 역사적 소용돌이 속에서 겪었던 독특한 경험과 지방 특색이 반영되어 있다. 즉 문혁 당시 충칭은 마오의 삼선건설 계획에 따라 핵심적인 공업도시의 하나였고, 노동자들의 조반 행동이 격렬하게 진행되었던 곳이었으며, 이런 경험과 기질은 노동자들의 기억 속에 상대적으로 깊게 남아 있다고 볼 수 있다.

충칭의 문혁[12]은 학생운동과 노동운동이 상호 결합되어 혁명적 대중운동이 강화되었던 전형적인 모습을 보이고 있다. 우리 조사에서는 당시 조반파의 핵심 지도자 4명을 인터뷰하여 충칭 노동자들의 기억 속의 문혁을 재구성했다.13 이들 외에도 여러 명을 조사했지만, 구술 녹취는 이들 주요 인물에 대해서만 진행했다. 인터뷰 대상자를 간략하게 소개하면 다음과 같다. 첫째, 당시 8·15파였던 저우JY이다. 그는 충칭대학 8·15총단의 핵심으로 충칭대학 혁명위원회 주임을 맡았다. 당시 군대표가 아닌 지식인이 주임을 맡은 것은 충칭대학이 유일했다. 그는 대학 졸업 후 혁명위원회 주임을 계속 맡을 수 있는 길을 포기하고 '대중 속에서 자신을 단련한다'라는 생각으로 공장노동자의 길을 선택했으며, 이후 쓰촨성 혁명위원회 상임위원을 맡았다. 그는 문화대혁명이 종결된 직후인 1976년에 체포되었다가 1992년에 출옥했다. 둘째, 런ST는 근본파로 볼 수 있다. 문혁 때에는 인직(印織)3창 총지부 부서기를 담당했으며 조반파에 가담했다. 1975년 문혁이 종결될 즈음 충칭 OO전구공장에서 당서기를 맡았다. 상급기관에서는 당시 파벌을 정리하기 위해 런ST를 이 공장에 파견하기도 했다. 셋째, 8·15파의 장SQ이다. 문혁 당시 충칭 전구공장에 근무했으며, 문혁이 종결된 후 이 공장 당서기로 온 런ST와의 갈등으로 퇴직했다. 그는 문혁 당시 적극분자로 분류할 수 있다. 넷째, 또 다른 근본파의 한사람인 판TG로 충칭 OO공장 출신으로 혁명위원회 충칭 OO공장의 부주임을 담당했다.

---

12 徐友漁(1999, 57)와 우한의 문혁을 연구한 王紹光(1993, 20)이 모두 지적하고 있듯이, 문혁을 연구한 서구의 학자들은 베이징, 상하이, 광저우의 홍위병을 대상으로 하고 있다.
13 우리의 인터뷰 대상은 아니지만 근본파의 핵심인 황렌의 구술 내용 참조. 衛濱, "重慶文革口述史-黃廉訪談錄(修正版)", http://www.wengewang.org/viewarticle.php?id=369(검색일: 2007. 1. 4).

2) 문혁 직전의 상황

저우JY는 4청운동이 당내 주자파를 숙청하기 위해 전개된 것이라는 관점을 가지고 있다는 점에서 4청운동과 문혁의 상호 연관성이 높다고 인식하고 있었다. 그는 최초의 4청운동을 시작했을 때 대중을 숙청했는데, 마오 주석이 이를 바로 잡았고 비판 대상이 당내 주자파로 집중되었다고 밝혔다. 또 다른 8·15파의 한사람인 장SQ는 계급대오를 정리하는 것으로 4청운동을 이해했다. 그는 4청운동이 전개되었을 때 중앙에서 문제가 발생한 것인지, 지방에서 문제가 발생한 것인지를 의심할 정도로 4청운동에 대해 민감하게 생각했다. 또한 그의 판단에는 4청공작조는 '기층과 결합하여'(扎根串联) 전개되었고, 서로 대면하지 않은 상태에서 상대의 결점을 들추는 방법(背靠背)을 동원했기 때문에 대중이 분화되고 와해되었다고 지적했다.

이와는 달리 근본파인 런ST는 인직(印织)3창에 총지부 부서기로 있을 때 4청운동을 경험했고 4청공작대의 부대장을 맡았던 적이 있었다. 당시 대장은 구 인민무장부의 부장이었는데, 당시 다른 의견을 가진 대중을 공격해서는 안 된다는 입장이었다. 또 다른 근본파인 판TG는 충칭시 인민무장부가 4청공작단을 조직하여 충칭 OO공장에 파견했기 때문에 4청운동을 잘 기억하고 있었다. 그의 기억에는 반별로 가족 배경, 개인적 친분관계 등을 말해야 했으며, 사람들의 결점을 밝히도록 했기 때문에 노동자들이 서로 의심하는 분위기가 형성되었다고 지적했다.

3) 문혁 상황

충칭의 문혁에서 주목할 부분은 중앙-충칭 지방당정의 관계와 조반파 지도부-대중의 관계이다. 우선 중앙과 지방당정 및 조반파 지도부의 관계를 살펴보자. 중앙은 조반파의 혁명적 대중운동이 중앙당국의 의도대로 전개되지 않을 때마다 충칭의 지방당정 간부 및 조반파 지도부를 베이징으로 불러 모아 학습반을 열었다. 이 '학습반'은 중앙의 지침을 지방에 관철하는 자리이다. 황롄은 베이징에서 개최되었던 학습반 개회 상황을 다음과 같이 묘사하고 있다.

> 1969년 8월 26일 전 성 현급 간부 6천여 명이 참여하는 학습반이 개최되었다. 참석한 많은 간부들은 학습에는 관심이 없고 놀기 바빴다. …… 다시 베이징으로 가서 쓰촨 문제를 해결하기 위한 3차 회의를 개최했다. 주석대에는 저우언라이 총리, 캉성, 천보다, 리셴녠 등이 열석하고 있었다. 살기가 느껴졌다. 중앙 간부들이 쓰촨의 각 간부를 호명하며, 무투가 발생한 이유, 파벌 극복 여부 등을 추궁하는 자리였다. 캉성은 '새 술병에 묵은 술을 넣었다'라는 나의 발언을 문제 삼았다. 휴식 시간에 저우언라이 총리가 나에게 다가와 혁명위원회의 위신을 세우고 군에 의지하라고 했다. …… 저우언라이 총리는 파벌을 극복하고, 군대가 역할을 할 수 있도록 하라고 당부했다. …… 베이징에서 15일가량 머문 뒤 나와 저우자위는 충칭으로 되돌아왔고, 나머지 간부들은 베이징에 머물면서 학습반에 참여했다. 군 공장, 강철, 중점공업 계통으로 나눠 학습반에 참여했다. 나와 저우JY는 충칭에 도착한 뒤 함께 각 단위로 가서 중앙의 회의 정신을 전달했다.[14]

중앙당국이 베이징으로 소집하지 않더라도 조반파 지도자들은 중앙문혁소조, 베이징의 조반파 지도자, 지방의 지도자와 상호 교류하면서 중요한 '정보'를 주고받으며 운동의 방향과 수위를 조절해 나갔다는 점도 주목할 만

---

14 衛濱, "重慶文革口述史-黃廉訪談錄(修正版)", http://www.wengewang.org/viewarticle.php?id =369(검색일: 2007. 1. 4).

하다. 예를 들어 1967년 7월 중순 8·15파와 근본파 사이에 탱크를 동원한 강력한 무장투쟁이 발생하자 청두 군구 장궈화(張國華) 정치위원은 황렌에게 전화를 걸어 근본파를 정돈하라고 지시하기도 했고, 그해 7, 8월 충칭에서 무투가 끊이지 않자 저우언라이 총리는 원바오화(溫寶華)를 충칭에 파견하여 황렌을 만나게 했고, 그 결과 근본파는 9월 9일 충칭 주둔 54군에 총을 반납하는 결정을 내리기도 했다.15

둘째, 충칭의 지방당정 및 조반파 지도부-대중의 관계다. 대중은 상대적으로 '정보'에서 소외된 집단이다. 따라서 운동의 방향과 수준을 자신이 이해하는 방식에 따라 결정했다. 때로는 조반파 지도부가 대중운동을 지도하지 못하고 운동이 자연발생적으로 흘러간 것은 바로 이런 이유 때문이다. 충칭에서 전개되었던 크고 작은 무장투쟁은 각 파벌에 속한 대중들 사이에 발생한 우연적인 작은 사건이 계기가 된 것도 많았다.

당시 충칭의 공장 생산은 문혁이 있었음에도 불구하고 큰 영향을 받지 않았다. 8·15파와 근본파 모두 한편으로는 혁명을 하되 다른 한편으로는 '생산을 장악해야 한다'라고 보았기 때문이다. 이는 당시 이데올로기로 인해 생산을 등한시했을 경우 상대방에게 결점을 드러내는 것이라고 여겨졌고, 그 결과 생산에 대한 고삐를 늦출 수 없었기 때문이다. 거리 시위에 참여할 경우에도 현장에 남아 있는 사람들이 다른 사람의 몫을 다 할 수밖에 없었다고 밝히고 있다.

문혁이 생산에 영향을 미친 시간은 그리 길지 않았다. 8·15파가 권력을 잡고 있는 공장이더라도 그들은 생산을 보증해야 했다. 그렇지 않으면 반대

---

15 衛濱, "重慶文革口述史-黃廉訪談錄(修正版)", http://www.wengewang.org/viewarticle.php?id=369(검색일: 2007. 1. 4).

편의 조반파에게 꼬투리를 잡혔다(충칭B1).

사실 생산은 평상시대로 이루어졌다. 어떤 영향도 없었다. 노동자의 주인공 정신 때문이다. 우리 반을 예로 들어보자. 6명이 있었는데, 3명은 조반 활동을 하러 공장 밖으로 나갔다. 그럴 경우 남아 있는 3명이 6명의 몫을 다 했다. 생산 임무가 너무 과중하여 감당하지 못할 경우 차간의 조반파 지도자가 와서 생산 임무를 조정해 주었다(충칭C1).

충칭 조반파의 특징은 공장 밖에서 각 공장을 연결하는 조반파 파벌이 강력하게 결성되었다는 점이다. 8·15파와 근본파 모두 공장 밖에 사령부를 두고 있었는데, 이 사령부는 학생과 노동자가 함께 구성했다. 학생과 노동자 사이의 갈등이라기보다는 학생과 노동자로 구성된 조반파 내부의 분열 갈등이 더욱 큰 문제였다.

충칭에서의 무투는 중앙에서 직접 관심을 가질 정도로 통제되지 않은 상태로 진행되었다. 군대의 좌파 지지정책이 통제되지 않은 무투를 낳는 데 큰 역할을 했다. 충칭 54군은 상대적으로 온건한 조반파인 8·15파를 지지했다. 청두의 50군이 강경 조반파인 825파(이 파는 충칭의 근본파와 상호 긴밀한 협조 관계에 있었다)를 지지한 것과 아주 대조적이다. 무장력에서 열세에 놓여 있던 충칭의 근본파는 충칭의 군수공장 점령을 시도하거나 군부의 지원을 받고 있어 무장력이 뛰어났던 청두의 825파와 연합하려고 시도했다. 군대의 '좌파 지지'는 특별한 기준이 있었던 것이 아니고, 군대 지도자의 상황 판단이나 주관적인 경향에 따라 이루어졌음을 알 수 있다. 군대의 좌파 지지에 따른 혼란은 조반파 내부의 무장투쟁 상황을 더욱 복잡하게 만든 요인이 되었다.

4) 노동의 기억

인터뷰한 네 사람 모두 조반파에 속한 사람들이어서 문혁을 긍정적으로 평가하고 있다. 다만 8·15파의 핵심이자 지식인 출신인 저우JY의 경우 문혁 시기 공장노동자는 단 한 번도 권력을 진정으로 장악한 적이 없다고 평가하는 점이 주목된다.

중앙-지방-대중의 관계를 보면,16 중앙의 의도를 짐작하기 힘든 '정보의 사각지대'에 있었던 대중들이 자신들이 이해하는 방식으로 대중운동을 이끌어 갔기 때문에, 중앙·지방 당국자와 조반파 지도자들은 대중운동을 통제하지 못했다. 런ST은 중국 사회의 발전 단계를 문혁 이전, 문혁, 문혁 이후로 나누면서 이 시기를 전체를 볼 때 마오에 대한 평가는 위대하다고 결론 내렸다. 문혁 때 실시한 4대 민주를 어느 국가에서도 실험하지 못한 것으로 높이 평가하면서 마오 시대와 덩 시대는 비교할 수 없다고 보았다. 즉 개혁개방 이후 노동자의 지위는 주인공에서 노예로, 공장의 도구로 전락하고 있다고 지적했다.

문혁에 대해 긍정적으로 평가하는 사람일수록 현재의 노동 상황을 더욱 비판적으로 보고 있다. 이 점은 인터뷰 대상자 네 사람의 공통된 관점이다. 특히 충칭 전구공장의 경우 전국 3대 전구공장일 정도로 유명했던 대형기업이었으나 2003년 파산했다. 문혁 말기 이 공장의 당서기를 맡았던 런ST은 이 점을 아주 안타깝게 느끼고 있다.

---

16 제일 위에 언급한 내용과 王紹光(1993, 298, 305)이 제시하고 있는 도표를 참조하는 것이 좋겠다. 왕샤오구앙은 지방 당국자와 조반파 지도자가 중앙과 어떤 관계를 맺고 또 중앙의 신호를 어떻게 해석하는가에 따라 지방 문혁의 방향과 운명을 결정하는 데 큰 영향을 미쳤다고 주장하고 있다.

장쩌민은 10년을 통치했다. 국가는 진보했다. 교통, 건축, 사회적 재부 등. 그렇지만 사람들의 사상은 후퇴했다. 인민을 위해 복무한다는 뜻이 사라졌다. 사회에서 사람과 사람, 상급자와 하급자 모두가 서로를 경계하게 되었다(충칭B1).

5. 다롄의 문혁

1) 개관

다롄은 동북지역에 위치한 핵심 공업도시의 하나이다. 동북지역은 1950~60년대 국가중점발전 지역으로 핵심 기업이 모두 이곳에 위치하고 있었다. 제1중형 기기공장, 하얼빈 산따(三大)동력설비공장, 선양 수변전설비공장 및 제1자동차제조공장, 대련조선소 등이 모두 여기에 속해 있었다. 그러나 개혁개방 이후 국가산업정책의 조정과 연해 공업의 신속한 발전으로 인해 동북지역의 제조업 비중은 점차 감소했고 중장비 시설이 낙후되어 많은 비효율성을 드러냈다. 조사를 진행한 ○○조선소 역시 대대적인 구조조정을 실시했고, 이 과정에서 노동자들의 불만이 터져 나왔다. 그러나 지역 경제에서 차지하는 조선소의 비중이 절대적이고 노동자들의 생활도 이 조선소를 중심으로 전개되었기 때문에, 노동자들의 불만이 시 정책에 쉽게 반영될 수 있었다. 또한 다롄시도 이런 문제를 해결해 줄 수 있는 일정한 재정 능력을 갖추고 일정한 해결책을 제시할 수 있었다. 그럼에도 불구하고 상당수 노동자가 비정규직 노동자로 채워지고 있기 때문에 새로운 사회적 문제로 떠오를 수 있는 불씨를 안고 있다.

조사대상인 OO조선소에서는 세 파벌의 분화, 무장투쟁의 양상, 공선대와 군선대의 개입, 외부 공선대의 배출, 사망자 발생, 계급대오 정돈 등 문혁 시기의 주요한 변화가 모두 일어난 바 있다. OO조선소는 다롄을 대표하는 군수산업 공장으로 1940년대 소련의 지원으로 건립된 오랜 역사를 지니고 있다. 1950년대 조선업은 크게 성장했고 사회적인 평판도 높았다. 이 과정에서 OO조선소는 주요한 정치적 격동의 한가운데 있었고, 오늘날에도 OO조선소는 국유기업의 구조조정 과정을 겪고 있지만 공장의 역사는 유지되고 있다.

조사는 이전에 OO조선소의 노동관계를 조사할 때 만들어진 연결선을 통해 대상자를 소개받는 방식으로 진행되었다. 조사대상은 1940~50년대에 이 공장에 입사하여 같은 공장에서 줄곧 일하다가 퇴사한 사람들 중에서 선발했으며, 조사과정에서 문화혁명에 주요한 경험이 있는 사람들을 더 많이 조사할 수 있도록 피조사자 선정 방향이 다소 조정되었다.

대부분의 피조사자는 이 공장에서 퇴직한 고급 공정사와 개인적 관계가 있는 사람들이다. 고급 공정사는 기업 내 대학, 연구소 등에서 노동자들에게 기술교육을 시킨 경험이 있고 생산부서의 책임자를 맡기도 했는데, 이때 형성된 관계가 지금까지 유지되고 있다. 피조사자는 모두 20명으로, 그 가운데 당원이 8명이고, 여성은 5명이었다. 피조사자들은 퇴직 시점을 기준으로 일반노동자에서부터 노조 간부, 중간 간부, 공장 서기, 공장장 등 다양한 분포를 보이고 있다.

2) 문혁 직전의 상황

대부분 노동자들에게 1950년대는 매우 활발하고 열정적인 시기로 기억

된다. 특히 ○○조선소의 경우 당시 조선업에 대한 사회적 인식이 매우 높았고 대우도 좋았다. 더욱이 당시 피조사자들은 매우 젊었고 갓 입사하여 활기가 넘치던 시절이기도 했지만, 그보다는 신중국 건설의 열기가 모든 곳에서 느껴지던 때였고, 상호 신뢰가 강하게 유지되었던 시기이기도 했다. 그만큼 이들은 문혁 시기를 평등의 시대로 기억하고 있다.[17]

> 1950년대에는 모두가 똑같았다. 일을 잘 했고, 되돌아보면 일을 아주 멋지게 했고, 마음도 아주 아름다웠다. …… 해방 초기, 우리 노동자는 하고 싶은 말을 했다. 노동자와 지도자가 같았다. 당시 지도자가 27근의 밥을 먹으면, 우리 노동자도 27근의 밥을 먹었다. 절대로 지도자이기 때문에 노동자보다 더 먹지는 못했다(다롄A3).
>
> 당시 이런 것이 매우 많을 수 있었는데, 사람마다 혁신을 하도록 제창했다. 혁신을 하고, 질량이 좋아지고, 진도가 빨라지고, 모두 장려상을 받았다. 어떤 상이었는가? 그저 수건 하나, 물잔 하나, 대야 하나였지만, 노동자들은 매우 즐거워했다. …… 당시 노동자의 적극성이 어느 정도였는가 …… 기중기 또한 계획이 있었다. 누가 먼저 사용하는가. 매 반조에는 소 조도원(調度員)이 있었는데, 이 사람들이 매일 아침 기중기가 움직이는 궤도에 드러누워 우리에게 기중기를 안 주면 못 간다고 여러 조들이 다투었는데, 적극성이 이

---

[17] 특히 1949년 당시 공장은 소련 장교들이 관리하고, 노동자들은 소련군에 준하는 대우를 받는 공급제가 실시되고 있었다. 당시 직공은 4천 명 정도였고, 주로 소련 전함의 수리 업무를 맡았다. 1950년대 대약진 시기 곤궁하던 시절에도 조선소는 영양식을 먹었고 식용유가 남아서 버린 적도 있었다. 이런 이유 때문에 1950년대에는 결혼 상대를 구할 때 해방군이나 조선소에 근무하는 사람을 선호했다. 당시 조선소 직공들이 썼던 모자는 경찰모자 같은 것이었는데 멀리서도 알아볼 수 있었다. 노동자들에 대한 대우가 좋았던 것은, 문혁 이전 조선소에서는 "기술자들이 생산 일선에 내려와 노동자와 서로 결합되었고, 생산 일선의 우수한 노동자를 선발해 교통대학에 보내 훈련을 시켰으며 기술과에 보내 일을 하게 하는 일도 있었다"라는 회고에서도 드러난다(다롄A3).

만큼 높았다(다롄A4).

노동자들이 조선소에 입사하는 경로는 매우 다양했다. 입사하기 전에 이미 관련 기술을 습득한 사람들은 빠르게 승진할 수 있었다. 선박기술학교(중학교 수준)를 졸업한 경우는 10년 내에 공단장까지 승진했으며, 대학을 졸업한 경우는 2년 후 기술조 조장으로 승진한 사례가 있었다. 초기에는 기술자가 부족했기 때문에 기술(技工)학교 정도를 나오면, 대학 졸업 수준에 해당한다고 볼 수 있었다. 이런 영향으로 초기에 입사한 기술자들은 이후 빠른 속도로 높은 지위에 올랐다. 반면 기술 없이 입사한 경우에도, 혁명 유가족 등으로 출신 배경이 좋거나 공장 내 기공학교와 홍전(紅專)대학을 거친 경우 간부가 될 수도 있었다. 문혁 시기에는 공선대나 군선대의 선발과정을 거쳐 3선 건설에 파견되는 대신 공장에 입사한 경우도 있었다.

3) 문혁 상황

문혁을 전후하여 다롄은 중국의 정치적 풍파를 선도한 지역은 아니었으나, 중앙의 정치적 풍파를 피해간 곳도 아니었다. 다른 지역과 마찬가지로 4청운동은 이곳의 공장들에서도 넓게 전개되었으나, 그 영향이 결정적으로 크지는 않았다. 문화혁명도 베이징에서 온 '대교류' 학생 등의 영향아래 외부로부터 촉발되었다. 이후 다롄 지역의 갈등구도는 보황파 대 조반파로 분화되었고 보황파 내부에서 군부를 지지하는 파벌이 형성되면서 다시 분화되는 특징을 보였다.

당시 조선소에서는 소(小)4청운동이 문화혁명으로 곧바로 이어졌다. 조선소에서의 문혁은 1965년 12월부터 시작되었으며, 특히 공군에서 많은 사람들이 와서 강연 등을 했다. 그러나 다른 기억에 따르면 4청공작대는 1965

년 10월에 철수한 것으로 기억하는 경우도 있다(다롄A1). 4청으로 타격을 입은 것은 지도급 간부보다는 대학을 졸업한 기술자였으며 실제로 주요 공격 대상은 지식인들이었다.

문혁 당시 ○○조선소에는 '마오쩌둥사상파'와 '마오쩌둥주의파'가 결성되었다. '사상파'는 대부분 당원들로 당시 지도부와 기관을 보호하는 입장인 반면, '주의파'에는 간부와 당원이 섞여 있었지만 상대적으로 소수였고 결속력도 상대적으로 강하지 않았다. 이후 '사상파' 내부에서 '삼련부'(三聯部)가 떨어져 나왔다. 삼련부는 군대와 경위구를 지지하는 입장으로 군대와 긴밀하게 연결되어 있는 직계조직이었다. '삼련부'를 세운 사람들은 원래 사상파에 속해 있었다. 이들은 심정적으로는 주의파에 동조했으나 '사상파'에서 5·1병단 민병대(民兵排)의 대장(排長)을 맡아 무장활동을 할 정도로 조직적으로는 한 뿌리에 속해 있었다(다롄A6). 그러나 이와는 달리 문혁 당시 파벌구조를 혁련, 공농(工農), 삼련부로 기억하는 경우도 있고(다롄A3), 또 다른 견해도 있다.

당시 다롄에는 세 파가 있었다. 하나는 공총사(工總司)로 조반파였고, 또 하나는 혁련으로 불리는 마오쩌둥사상파였으며, 나머지 하나는 비교적 중립적인 삼련부였다. 나는 조반파나 혁련에 기울지 않았다. 삼련부는 군대에 우호적이었고 친해방군 입장이었다. …… 1968년에 세력이 가장 강했던 것은 조반파였으나, 이후 이들은 지도부를 보호하는 보황파세력이 되었다. 당시 가장 점잖았던 것은 삼련부였다(다롄A2).

당시 '대학교', '총지휘부'를 내 건 쪽이 조반파였고, '마오쩌둥사상'을 내 건 쪽은 보수파였다. …… 출신성분이 비교적 좋은 적극분자는 당과 함께 갔고, 억압받고 낙후된 불만세력은 조반파가 되었다. …… 조선창 내에서는 '사상파'가 절반 정도를 차지했고, 조반파는 30~40%를 차지했으며, 소요파는

10% 정도로 비교적 적었다(다롄A1).

이처럼 문혁 당시 조선소 내에서 노선투쟁이 나타나고 있었던 것은 분명했다. 그러나 이 투쟁은 주로 조선소 내부에서 격렬하게 전개되기보다 '사회'에서 전개되었다. 그러나 이후 노동자들이 무장투쟁에 함께 참여하고 공장 내에 무장투쟁 거점이 생기면서 갈등이 격화된 적도 있다.

> 문화대혁명 때 모두 더 크게 일을 벌였다. 더욱이 문화혁명 때 왜 그랬냐면, 부대 안의 일부 사람들이 조반을 심하게 했는데 이들은 조선소에 있던 군인들이었다. …… 당시 OO조선소에는 57군 제대군인들이 있었다. 이들은 과거에 부대에서 총을 쏘고 전쟁을 한 경험이 있어서인지, 좋지 않은 일이 있으면 조반을 일으키고 어떤 것도 고려하지 않았다(다롄A3).

당시 조선소의 투쟁 대상은 공장장급 간부, 작업라인 간부, 공단 간부였으며, 그 외에 간부 아닌 사람도 일부 있었다. 간부가 아닌 경우는 역사적으로 문제가 있는 경우가 대부분이었다(다롄A3). 그러나 일과 중에 파벌투쟁이 벌어지는 경우는 드물었다. 당시에는 정치교육을 받아서, 조선소 노동자가 되는 것은 매우 영예로운 일이었다. 이런 사상이 노동자들의 생각에도 작용했다. 당시 조선소에서는 정해진 시간에 선박을 진수·인도해야 한다는 생각에 대부분 잔업을 했다(다롄A2). 따라서 조선소 전체가 생산을 중단한 것은 군대표가 대회를 통해 가동을 중단한 경우를 제외하고는 일부 사람들에 의한 부분적인 중단만이 있었다. 전반적으로 조선소는 전체적으로 4청운동이 시작되는 경우에도 생산이 중단되지는 않았다

한편 당시 조선소에서는 학생들이 공장에 들어오는 것을 막았는데, 그 이유는 군공장이었기 때문이었다. 그 대신 해방군이 파견되어 질서를 유지

했다. 그러나 일부 노동자들은 학생들이 공장에 들어왔던 것을 기억하는 경우도 더러 있다.

> 학생들이 대교류를 시작했고, 대학생들이 공장에 들어오기 시작했다. 공장에 들어온 후에, 이들은 각 생산반에 들어가 선전을 시작하면서 중앙지도부의 연설을 선전했다. 이것을 가지고 공장의 일부 잘못된 문제를 강력하게 반대해야 한다고 주장했다(다롄A3).

이런 기억에 의하면 당시 조선소에 온 학생들은 중앙의 문혁과 밀접한 관련이 있었다고 보인다. 그러나 중앙에서 제기한 정치적 개념이 대중 일반에게 널리 전파되지 않았고 불분명한 것이 많았으며, 학생들도 무엇을 할 것인지에 대해 명확하게 인식하지 못했다. 따라서 베이징에서 문혁의 소용돌이가 발생하자 대학생들은 모두 대교류를 떠났다. 당시 조선소에 온 첫 홍위병 그룹은 대학교에서 실습 나온 학생들로 베이징대, 칭화대 학생들이었다. 그들이 이곳에 왔을 때는 4청을 진행하던 때였기 때문에 큰일은 없었다. 이들이 했던 일은 기록하고, 사무실에서 자료를 정리하는 일이었다.

4) 탈권과 분열

문혁 시기 조선소에서는 탈권운동이 보편적으로 나타났으나 탈권 방식을 몰라 오전에 방송국 등을 탈권해 오후에 군대에 넘겨주는 일도 있었다. 다롄 시내에서는 탱크도 등장하는 등 무장투쟁이 격렬하게 발생했으나, 공장 내에서는 충돌이 상대적으로 격렬하지는 않았다. 다만 "고사포, 박격포 등이 없어지고 두 파가 공장에 들어와 여러 가지 재료들을 맘대로 집어가는"(다롄 A3) 상황이 발생했다.

당시 '사상파'는 매우 보수적이었으나 일단 무장투쟁이 벌어지자 '주의파'보다 훨씬 더 원칙 없이 행동했다. 이들은 자신들이 최고이고 모두 당원이므로, 반대파들은 낙후된 나쁜 세력이라고 간주했다.

그래서 공산당원인 '사상파' 사람들이 처음에는 확실히 문명적이지만, 일단 비문명적이 되면 어느 누구보다 비문명이 되고, 가장 개판이 되었다. 이것은 오늘날의 부패와 마찬가지이다. …… 부패하기 전에는 정말로 훌륭하다. …… 이 사람들이 문혁 시기에 이렇게 했고, 공동협력을 하지 않고 억압만 했다. 이 때문에 대규모 무장투쟁이 벌어졌고, 잔혹한 피가 흘렀다(다롄A6).

[1968년 10월 지식인 출신으로] 내가 그 시절 비판투쟁의 대상이 된 것은, 우리 조에 몇몇 핵심 기술자가 내가 일 잘하는 사람을 중용하고, 당원·단원인지는 보지 않는다고 생각하여, 사람들이 나를 삼가촌이나 사가점, 전(專)만 알고 사상(紅)은 모르는 개인 영웅주의라고 비판했다. [잡혔다 풀려난 후] 돌아와서는 노동자가 되었다. 1년 후에는 여러 곳에서 노동을 하고 조선소 건물을 지었다. 농촌에 하방되어 2년 안 되게 보냈고, 내 아내는 거의 3년 있었다. 후에 돌아와 기술자를 했고, 마지막에 새로운 지침이 내려와 원직으로 복귀했다(다롄A4).

당시 조선소에서는 한 파가 다른 파를 억압하지는 않았다. 다롄시에는 이후 세 파가 성립되었다. 그 하나는 중립파였다. 당시 해군은 주의파를 지지했고, 육군 일부는 삼련부를, 다른 일부는 사상파를 지지하는 등의 분화가 있었다. 당시에는 군관조가 당위원회를 대체했고 세 파의 군중조직에서 각각 한 명씩의 대표를 뽑아 혁명위원회를 구성했다. 당시 '주의파'는 이미 상당한 억압을 받고 있었다(다롄A6). 군대표는 삼련부의 대표를 혁명위원회 부주임이자 노동자대표회의 주임에 임명했다. 이것은 그가 다른 두 파와 균형을 잡을 것을 기대했기 때문이었으나, 실제로는 '주의파'가 완전히 억압된 상태였고, 주요 부문과 공장은 모두 사상파가 차지했다. 이 과정에서 혁명위원회의 공선대 파견 문제를 논의할 경우에도 "균형을 이루지 않으면 안 되었으며, 각 파벌을 모두 포함시켜야 했다. 실제로 균형을 이루지 않으면 일을 할 수 없었다"(다롄A1).

이렇게 보면 혁명위원회는 표준적인 삼결합으로 이루어졌다. 즉 군대표, 공정기술인원, 혁명노간부의 삼결합이고, 일부 노동자도 포함되어 있었다. 그러나 당시 혁명위원회 안에 "기술자들은 매우 적었고 혁명위원회나 노동자대표는 모두 군대표가 지명했다"(다롄A2). 조선소에서 당위원회가 복구된 것은 1970년경으로 다른 곳에 비해서 다소 늦었다. 당위원회 이전에서는 라인 주임을 포함해 모두 군인이 일하고 있었다.

> 1968년에 입사했을 때, 그 시절 혁명위원회 주임은 장OO였고 모두 군인이었다. 그리고 두 명의 군대표가 있었는데 라인마다 우두머리는 모두 군인이었고, 생산처·계획처 등은 모두 군인이 차지했다(다롄A2).

5) 노동의 기억

문혁의 기억은 지식인과 노동자 사이에서 다소 다른 형태로 나타난다. 지식인 출신에게 문혁이 남긴 의미 가운데 하나는 농민을 이해할 수 있게 되었다는 점이다.

> 매우 비참한 일이었다. 문혁 과정에서 유일하게 좋은 점이라고 느낀 것은 내가 농촌에 1~2년 하방되어 농촌을 다소 이해하게 된 것이다. 농민이 함께 일하고 생활하면서 빈부의 격차를 알게 되었다. 그들은 낙후되어 있었고

의료도 부족한 상태였다. …… 지식인은 중국에서 지위가 매우 낮다고 할 수 없고 농민의 빈곤을 체험하지 못한다. 그러나 우리 같은 사람은 이런 상황을 겪고 농민들의 생활이 곤궁하다는 것을 알게 되었으며, 이후에는 이들을 잘 대하려고 한다(다롄A4).

오늘의 노동 상황에 대해서는 매우 부정적인 시각이 많았다. 공장의 민주가 급격하게 약화되고 노동자의 주인의식도 사라졌으며, 관료와 민간의 격차가 갈수록 확대되고 있다고 보고 있다.

현재 노동자는 어떤 자유도 없고, 기계와 마주하고 있을 뿐이다. 일을 하면 반드시 잘해야 하고 제대로 못 하면 곧바로 어려움을 겪는다. 현재 지도부는 착취 지도부이다. …… 당신은 감히 그들과 싸울 수 없다. 싸우려 하면 당신이 엉망이 된다. 나는 네가 필요 없고, 따로 고명한 사람을 모실 것이다, 그러니 네가 나가라. 밥그릇을 잃게 된다. 자신의 자유는 거의 사라졌다. 이치를 말하자면, 과거에는 지도자가 잘못을 하면 의견을 제기할 수 있었고, 심지어 지도자에 대해서 이래라저래라 할 수도 있었다. 지도자는 당신을 집적거릴 수 없고, 감히 그럴 수 없었으며, 보복할 방법도 없었다. 당위원회가 있으니 말할 곳이 있었는데, 이제는 아니다. 그들한테 당신이 필요 없어지면, 누구를 찾아가겠는가? 아무도 당신을 상관하지 않는다(다롄A3).

현재 노동자는 철저하게 주인의식이 사라졌다. 과거에는 노동자 취업에 문제가 없었다. 사회주의제도는 당신에게 공부할 기회, 취업할 기회를 보장해 주었고, 의료가 있었으며, 주택이 좋지는 않지만 모든 사람이 주택을 가졌다. 또한 노동자와 작업장 주임급 간부의 임금과 대우의 차이는 매우 적었다. 이밖에도 노동자가 정치상 발언권이 없던 것, 그리고 감히 마오 주석을 욕할 수 없던 것(그것은 죽을죄이니까)을 빼면, 지도부에게 의견이 있을 때에는 욕할 수 있었다. 이밖에 라인에는 과거에 삼결합 같은 것이 있어서, 사안이 있으면 회의를 열었다. 여직공 대표도 좋고, 공회도 좋고, 아주 광범위해 보였다. 생산에서는 기술 능력이 있는 사람이 매 공종 안에서 매우 전형적이 되고 영예가 있었는데, 돈을 많이 받는 것은 아니었지만 매우 영예가 있었다. 공장 안에는 매년 말 선진을 평하고 노동모범을 평하여, 공장 입구에 가면 노동모범 사진을 볼 수 있는데, 80~90%는 노동자였고, 지도간부는 매우 적었다. 오늘날에는 거꾸로 되어 현재 노동모범은 영도간부, 관리간부이다. 노동자는 몇 사람이나 되겠는가? 현재 기술인원은 입으로는 매우 높게 치켜세워지고 임금 대우에서 조금 나아진 반면, 현재 지도간부는 보수가 매우 높게 인상되었다(다롄A2).

요즘 일을 말하자면, 현재 핵심 문제가 있다면 바로 관민격차이다. 관민격차가 빈부격차보다 훨씬 심각하고, 정치적 함의를 가지고 있다. 사람들이 참을 수 없는 정치적 함의가 있다. 세력이 강할수록, 이 격차는 더 커지는데, 우리 당이 이 문제를 해결하지 못하면, 앞으로 문제가 발생할 것이다. …… 이런 관과 민의 격차로 말하자면, 일반 백성들은 어느 정도 관을 증오한다. 왜냐하면 현재의 관은 권력도 있고 돈도 있기 때문이다. 나는 작업장 주임을 맡은 적이 있는데, 내 생각에 우리가 작업장 주임을 맡아 이 시대를 산다면 나는 할 수 없을 것이라고 본다. 요즘 작업장 주임은 집을 사면 모두 어마어마하지 않는가? 노동자는 아무도 이야기 하지 않고 모두 무감각하다. 모두 이야기하지 않게 되었다. 이런 세태를 사람들이 모두 보고 있지만, 이 세태, 이 격차는 노동자들이 보기에 마음속에 화가 나는 것이다(다롄A1).

노동자 적극성이 하락한 것은 정치적 이유가 있다. 현재 노동자는 문혁 이전의 적극성이 완전히 없다. 일은 하고 잔업도 하지만, 오늘날에는 완전하게 하지 않으면 생존할 방법이 없는 상태에서 한다. ……[그렇지 않으면] 면직되거나 조기퇴직 조치되거나 한다. 생존할 방법이 없는 것이다. 아이들을 학교에 보내야 하고, 그래서 그런 정치상의 적극성 개념을 이야기할 수도 없는 것이다(다롄A1).

6. 결론을 대신하여

지방의 단위공장 노동자들이 기억하고 있는 문혁은 기존의 지식인들이 생각하는 문혁이나, 문혁 시기에 비판받았다가 복권된 개혁개방 시기의 당료들이 기억하는 것과는 매우 대조적이다. 이것은 문혁에 대한 기억 자체가 문혁에 대한 이데올로기 투쟁의 대상이었다는 점, 그리고 중앙 수준에서 이후에 문혁을 재구성한 것과 무관하지 않을 것이라고 여겨진다. 심지어 충칭의 조사대상자 런ST이 현대 중국을 '문혁 이전과 문혁 그리고 문혁 이후로 구분해야 한다'라고 주장한 것처럼, 지방 노동자들의 문혁에 대한 기억은 각별하다고 할 수 있다.

문혁 이전 4청운동과 문혁의 양상이 비교적 뚜렷하게 나타났던 국영기업 노동자들의 기억 속에서는 어느 지방에서든 문혁이 단순히 '동란'으로 기억되고 있지 않다는 점에 주목해야 한다. 이들은 당시 사회주의 중국의 노동자로서 자부심이 대단했고, 노동의 적극성을 갖고 있었을 뿐만 아니라, 외부의 시각과는 달리 공장 단위에서의 생산 활동이 크게 중단되지 않았던 것으로 기억하고 있다. 상하이의 경우 문혁 지도부가 안정되어 혼란이 더욱 적었으며, 심지어 문혁 기간에 노동자에게 더욱 유리한 보너스가 정액제로 지급되고 있었다. 문혁이 가장 격렬하여 무장투쟁이 발생했던 충칭의 경우도 공장 생산은 유지되었다. 이것은 공장 내 분파 상호간에 생산이 하락하면 상대방에게 결점을 잡히는 빌미가 될 수 있었기 때문인 것으로 보인다. 다롄의 경우는 중앙과 일정한 거리를 두고 있었고, 조선소 노동자들의 높은 직업 만족도에 따라 노동적극성이 고양되는 열정적인 기간으로 기억하고 있었다.

또 하나의 특징은 문혁 직전에 존재한 4청운동 등 정치운동의 영향에 따라 문혁의 전개양상에 많은 변화가 일어났다는 점이다. 베이징의 경우 4청운동은 문혁의 전개과정에 일정한 영향을 미쳤고, 상하이에서는 비교적 일사분란한 문혁 조직이 유지되었으며, 충칭의 경우는 4청운동이 당내 주자파를 숙청하는 도구로 인식되었을 뿐만 아니라 학생운동과 노동운동의 결합, 중앙과 지방의 연결을 가장 뚜렷하게 보여 주었다.

문혁 시기에 공장 내 파벌은 베이징의 경우 보황파와 조반파 계보인 혁련파로 나눠졌으나 대부분의 노동자들은 스스로를 보황파로 간주하고 있었다. 뿐만 아니라 학생조직에 비해 노동자들의 조직 참여는 상당히 소극적이었고 조반파와 보황파 사이의 경계도 모호한 측면이 있었다. 특히 공장 입사 시기에 따라서 1950년대에 입사한 사람들은 보황파, 1960년대에 입사한 사람들은 조반파로 구분되는 특성도 나타났다. 상하이의 경우는 보수파와 조반파 사이의 분화가 있었는데, 행태상으로는 조반파로 볼 수 있는 노동자들도 스스로를 보수파로 범주화하는 특징을 지니고 있다. 이것은 상하이의 이른 탈권으로 인해 조반파들이 시 당위원회를 장악했기 때문이기도 하고, 새롭게 형성된 당위원회의 비판세력이 존재하는 상황에서 초기 조반파들이 자신을 보수파로 인식했을 가능성도 있기 때문이다. 충칭의 경우 8·15파와 근본파로 구분될 수 있으나, 이들 모두 공장 바깥에 사령부를 두고 있었다. 충칭의 경우 조반파 지도부들은 모두 중앙의 영향력 속에서 움직이고 있었다고 볼 수 있다. 다롄의 경우 보수파로 볼 수 있는 마오쩌둥사상파와 마오쩌둥주의파 사이의 분화가 나타나기도 했는데, 전반적으로는 보황파와 조반파 사이의 전선이 주된 흐름이었고 보황파 중에서 군부 지지파들이 갈라지는 현상도 나타났다. ○○조선소의 경우 조반파의 비중은 약 30~40% 정도였으나, 중앙과의 연관성은 상대적으로 적었다.

문혁 당시 지방의 공장노동자들은 노동의 적극성을 지니고 있었고, 이런 연장선상에서 문혁과 마오쩌둥에 대한 향수를 가진 경우도 많았다. 그러나 상하이 공장노동자들의 기억처럼, 노동자 충원구조의 왜곡과 노동자 재생산의 중단이라는 문제가 있었음을 동시에 기억하고 있었다. 전체적으로는 조사대상 노동자들이 종사했던 분야가 상하이의 경우처럼 사양산업으로서 구조조정의 대상이 된 경우가 많았기 때문이겠지만, 그렇지 않은 경우에도 노동자의 주인의식이 사라진 데 대해서는 공통적으로 지적하고 있다. 이런 맥락에서 현단계 노동 상황에 대해서도 이중적인 태도를 보여 준다. 즉 개혁개방의 불가피성을 인정하면서도, 노동자의 지위가 급락하고 사회보장체계가 붕괴하고 있으며, 문혁 당시와 비교해 공장의 민주가 현저히 축소되었을 뿐 아니라 관민격차 등을 체득하고 있기 때문에 개혁 자체에 배신감을 느끼는 경우도 있었다. '문혁이 동란이었다면 개혁은 난동'이라는 인식이 팽배해 있는 것이다.

사실 중국에서 국유기업의 문제는 과거 사회주의체제의 방식대로 조직되고 관리되던 시스템을 시장경제에 맞게 바꾸려는 데서 출발하고 있다. 그리고 개혁 방향에서 시장화·사영화 성격이 뚜렷해지면서, 국유기업은 산업 재구조화, 그리고 시장 영역에서 성장한 비국유 부문과의 경쟁에 직면하여 적자를 면치 못했고, 대량의 감원 조치가 불가피해지면서 수년 동안 단위제도 속에 은폐되어 있던 실업 인구가 공개되기 시작한다. 30여 년간 계획경제라는 경직되었지만 비교적 평등했던 체제에 익숙해 있던 국유기업의 노동자들이 새로운 규칙에 적응하기란 쉽지 않은 과정이었다. 따라서 국유기업 노동자들 사이에는 강한 저항의 정서가 나타난다.

국유기업 노동자들의 가장 큰 불만의 원인은 우선 퇴직자들의 연금체불과 노동자의 임금체불 문제를 꼽을 수 있다. 국유기업 혹은 도시 집체기업의 적자와 파산으로 연금과 임금을 체불하고 최저임금이나 기본 생활비조차 담보할 수 없어 집단 탄원과 파업이 발생하고 있다. 또한 기업의 파산, 합병, 합자 등 구조조정 과정에서 노동자 배치 문제를 둘러싸고 노동쟁의가 발생하고 있다. 기존에 국가노동자의 신분을 보장받았던 노동자들은 국유기업의 구조조정으로 기업 내에서의 발언권이 많이 약화되었을 뿐 아니라, 유연화된 노동시장에서 일할 기회조차 얻기 힘들어졌다. 최근의 추세로 볼 때 노동자들의 지위하락뿐 아니라 생존수단까지 위협받고 있다는 위기감에 국유기업의 노동자들은 다양한 형태로 경제적 불만을 표출하고 있다. 또한 경제적 불만뿐 아니라 사회주의 역사의 주체로서 자존을 잃었다는 상실감과, 젊은 시절 사회주의 국가 건설을 위해 헌신했던 청춘에 대한 보상심리 등의 기억을 동원하여 집단적인 행동에 나서고 있다. 이와 같이 노동자 저항의 유형은 점차 조직적이고 공개적인 형태로 옮겨가고 있는 중이다.

부록 1 : 중국노동자 피조사자 명단

베이징 사례

고유번호	이름	성별	출생년도
베이징A1	쑤BD	남	
베이징A2	천TY	남	1927
베이징A3	진XJ	여	1936
베이징A4	쑹WL	여	1938
베이징A5	마HJ	여	1937
베이징A6	화HY	여	1940
베이징A7	왕DG	남	
베이징A8	야오CY	남	1934
베이징A9	쉬WX	여	1922
베이징A10	장J	남	1934
베이징A11	차이SF	남	
베이징A12	단ZQ	남	1938
베이징A13	쑹HM	여	1943
베이징A14	우CF	남	1936
베이징B1	한Z	남	
베이징B2	마SF	남	1946
베이징B3	자오YL	여	1928
베이징B4	먀오YF	남	1931
베이징B5	류JW	남	
베이징B6	장JS	남	
베이징B7	장ZH	남	
베이징B8	리HL	남	
베이징B9	양XM	남	1931
베이징B10	장Z	남	1941
베이징B11	챠오FQ	남	1959

상하이 사례

고유번호	이름	성별	출생년도
상하이 A1	리SF	여	1941
상하이 A2	천SF	여	1946
상하이 A3	황BM	여	1930
상하이 A4	황S	남	1922-3(?)
상하이 A5	우GC	남	1945
상하이 A6	왕GC	남	1946
상하이 A7	시에HS	남	1950
상하이 B1	판SF	남	1949
상하이 B2	뤼SF	남	1938
상하이 B3	저우SF	남	1933
상하이 C1	왕RY	여	1932
상하이 C2	딩ZL	남	1930년대
상하이 C3	구SF	여	1940
상하이 C4	천SF	남	1931
상하이 C5	위엔XF	남	1926
상하이 C6	위엔FR	여	1930
상하이 C7	샹FQ	여	1933
상하이 D1	주JM	남	1930
상하이 D2	탕YS	미상	?
상하이 F1	런DR	남	1940

충칭 사례

고유번호	이름	성별	출생년도
충칭A1	저우JY	남	1945
충칭B1	런ST	남	1931
충칭B2	장SQ	남	1932
충칭C1	판TG	남	1935

다롄 사례

고유번호	이름	성별	출생년도
다롄A1	류ZL	남	1932
다롄A2	정SY	남	1950
다롄A3	쉬ZP	남	1939
다롄A4	따이SJ	남	1932
다롄A5	마HJ	여	1942
다롄A6	마ZW	남	1937
다롄A7	저우DF	남	1952
다롄A8	위FM	남	1975
다롄A9	왕L	여	1956
다롄A10	지앙SF	여	1957
다롄A11	천SF	남	1951
다롄A12	위CW	남	1950
다롄A13	리LC	남	?
다롄A14	리SF	여	1942
다롄A15	장JJ	여	1938

부록 2 : 상하이 조사의 녹취록 사례 (발췌)*

입사와 문혁 전 공장 상황

문 : 고등학교 졸업 후에 이 공장에 입사했습니까?

답 : 부친이 돌아가셔서 집을 돌보아야 했기 때문이에요.

문 : 몇 년도의 일입니까?

......

답 : 63년 말에 들어 왔네요.

문 : 다른 사람을 대체하여(頂替)[1] 입사했나요?

답 : 대체한 것이 아니에요. 부친이 돌아가셨지만 회사의 당위원회에 계셨기 때문에 대신할 수 없었고 그래서 다른 사람들과 함께 사회에서 모집할 때 입사했어요. 조직에서 거민위원회를 통하여 모집하여 입

---

* 편집자 주: 여기에 수록한 것은 조사의 한 사례로, 2006년 1월 6일 오후 상하이A 공장에서 피조사자 〈상하이A1〉에 대해 조사를 진행한 녹취 자료의 일부이다. 조사는 A공장 노조 사무실에서 진행되었으며, 중국 측 조사자 3인과 한국 측 조사자 1인이 참여하였다. 질문을 이끌어 간 것은 문화혁명 시기의 경험이 있는 중국 측 조사자 1인이었다. 이 사례의 경우에는 사례의 특성상 다른 조사의 경우보다 조사자가 중간 중간 피조사자의 기억을 풀어내는 데 조금 더 많이 개입했다.

[1] 노동자 입사의 한 형태는 가족 등이 자신의 자리를 물려주는 것이었는데 그렇게 대체하여 입사하는 것을 "딩티(頂替)"라고 한다.

사했어요.

……

답 : 2년 도제를 했어요. 16위안 8쟈오 4펀을 받았어요. 2년 후 임금이 오르기 시작했어요. 등급을 매길 때 나는 1등급을 받아 42위안을 받았는데 최고 많은 것이었어요.

……

문 : 노동자 중 교육수준이 비교적 높은 데 속했죠?

답 : 맞아요. 나는 고졸이었잖아요.

문 : 그때 많은 노동자들은 중졸 또는 기술학교 졸업이었죠.

답 : 맞아요. 교육을 받지 못한 경우도 있었어요. 그 때는 어려운 시절이었기 때문에 나와 동년배 중에는 교육을 받지 못한 경우가 많았어요. 우리는 교육을 받은 축에 속했어요. 64년, 66년 문화대혁명이 시작될 즈음에 우리는 공장에서 일하고 있었어요. 우리가 일할 때 문혁 전에는 공장에 야간학교가 있었는데 우리는 함께 야간학교에서 공부했어요.

문 : 당신은 고졸이었는데 야간 대학을 다녔나요?

답 : 아니에요. 공장의 많은 노동자들이 글을 몰랐기 때문에 모두가 함께 서로 가르쳐 주고 배우고 하였기 때문에 글을 좀 많이 알아도 문제가 아니었어요.

문 : 그러한 생활이 문혁시작 때까지 계속 되었나요?

답 : 예

문 : 사청(四淸)운동을 했습니까?

답 : 했어요. 그때는 우리가 공장에 들어온 지 얼마 안 되었고, 거의 마칠 때 쯤 우리가 입사하여, 선배들이 사청이 어떤 상황이었는지 말하는 것을 들었어요.

문 : 63년에 입사했다고 했는데, 사청은 64, 65년 아니었나요?

답 : 64, 65년은 문혁과 함께 한 것 같은데, 그런데 우리는 당시 잘 이해하지 못했고, 정치방면에는 많이 관심을 가지지 않았어요. 일하려 와서 일 하고 하루 8시간 일하고 계획을 완수하면 끝이었어요.

문혁 초기

문 : 그런데 문혁 때 이 공장이 왜 그렇게 유명해진 거죠?
답 : 어떻게 말해야죠? 당시에 공작조가 이미 공장에 들어왔고, 우리는 무엇을 사청이라고 하는지 몰랐어요. 나는 당시 작업장의 생산 조장이었는데, 공작조 사람들이 우리들에게 (외부로) 나가지 말고 공장에서 일하라고 했어요. 그래서 우리는 나갈 수 없었어요. 그것이 문화대혁명이 막 시작되었을 때였어요.
……
문 : 왕홍원(王洪文)을 문혁 이전 공장에서 모두가 알았나요?
답 : 알았죠. 보위과의 일반 업무원이었어요. 그때는 회의가 특히 많았는데 회의시간에 만나기도 했죠.
문 : 나서는 사람이 아니었나요?
답 : 아니에요. 평범한 사람이었어요.
문 : 당시 문혁이 시작되고 공작조가 들어온 후 모두들 나가지 않았으면 매우 평온했겠네요?
답 : 그렇지는 않아요. 당시 공작조가 들어온 후 그들은 우리들에게 나가지 말라고 하면서 그들도 모두 마오 주석을 보위한다고 했죠. 그러면 혁명을 부여잡고 생산을 촉진하는 것을 주로 해야 한다고 했습니다. 나도 우리 노동계급은 생산을 위주로 해야 한다고 했습니다. 나는 당

시에 조장이었는데, 작업장의 대부분의 사람들이 (외부로) 나가서 겨우 5~6명만 남아 있어, 당시에는 한 사람이 여덟 명분의 일을 했어요. 다른 사람들은 시위에 참가할 사람들은 시위에 참여하고, 연합을 하기 위해 다른 공장으로 돌아다니는 사람들은 돌아다니고 했어요. 나는 나이도 어렸고, 또 어머니가 공장에서 혁명을 부여잡고 생산을 촉진하라고 하셔서 공장에 있으면서 나가지 않았습니다. 또 그때 나는 담도 적어서 집에서는 부모님 말씀을 듣고 공장에서는 윗사람 말을 들었죠.

문 : 당신 같은 노동자가 공장에서 다수였나요?

답 : 나간 사람들이 다수였고 작업장에는 거의 아무도 남아 있지 않았습니다.

문 : 그때 이미 공장 지도부는 비판투쟁을 당했나요?

답 : 공장 지도부의 두 사람이 비판투쟁을 당했어요. 그 중 한사람은 당 지부 서기 ○○○인데 아주 좋은 사람이었습니다.

문 : 그러면 왜 그들을 비판했지요?

답 : 그들이 주자파라고 했어요. 사실 우리는 당위원회에 대하여 잘 알지 못했지만, 회의를 개최한다거나 보고를 한다거나 등등의 평상시의 공작으로부터 판단했을 때, 그들 지도부가 괜찮았고 비교적 좋았다고 할 수 있어요.

……

문 : 당신 공장의 서기가 잡혀 비판받은 것은 왕홍원과 같은 사람들 때문이 아니었나요?

답 : 전적으로 그런 것만은 아니었어요. 내 생각에는, 문혁시기에는 비교적 혼란스러웠고 대소자보가 어지럽게 붙여졌는데, 어떤 사람들은 다른 마음을 가졌는데, 예컨대 내가 당신에게 의견이나 불만이 있으

면 그 기회를 타고 당신에 대하여 써 붙여 당신의 이미지를 왜곡시키는 거죠. 그리고 대자보를 나는 매일 보았는데 매우 흥미가 있었어요. 당시에는 사회를 잘 이해하지 못했기 때문에 문혁이 왜 그랬는지를 이해하지 못했지만, 우리도 토론을 했고 공장에서도 토론이 전개되었으며, 두 파가 형성되기 시작했어요. 한 파는 공장의 당위원회와 공장의 노간부들을 보호하였는데, 당시는 그들을 보수파라고도 하고 보황파라고도 했으며, 다른 파는 조반파였어요. 공작조는 보황파도 마오 주석을 보위하고 당의 노선을 지키기 위한 것이라고 했어요. 나는 당시 아무데에도 참가하지 않았어요.

문 : 공장에는 보수파에 참가한 사람들이 많았어요. 조반파에 참가한 사람이 많았습니까 아니면 아무데도 참가하지 않은 사람들이 많았나요?

답 : 당시 나는 참가하지 않았고, 우리 작업장에는 함께 입사한 사람들이 비교적 많았는데, 그중 내가 제일 어려서 나를 막내라고 불렀어요. 그들은 모두 막내야 너는 왜 참가하지 않느냐고 물었어요. 당시 내가 이해할 수 없었던 것은 양쪽 모두 마오주석을 보위하자는 것이었습니다. 어느 날 조반파가 나에게 회의에 참가하게 했는데, 거기서 많은 사람들을 마주쳤는데 왕(王) 조장이 나를 보자 회의에 참가하지 말라고 했어요. 그렇지만 나는 회의에 참가했어요. 회의 후 그들은 시위에 나가자고 했데, 나는 양측 모두 마오 주석을 보위하자고 하고, 또 나는 당시 중간 교대조였기 때문에 시간이 있어서 작업장의 동생들과 함께 나갔습니다. 나가서 그 날은 공장으로 돌아가지 못했고, 회의장에 갔는데, 그들과 많은 사람들이 연설을 했습니다. 그들은 베이징으로 고발하러 가자고 했어요. 작업장의 퇴역 군인들이 나한테도 가라고 했는데 나는 가기 싫었어요. 그들은 자신들 군인들도 따라 가는데 마오 주석을 보위하는 것이 무엇이 잘못이냐고 했습니다. 나는 중간

교대조로 출근하지 않으면 월급을 못받는다고 했지만 그들이 나를 끌고 가면서 월급은 줄 것이라고 했습니다. 이후 나는 그들에게 잘 못 보일까봐 그들을 따라 갔어요. 당시 베이징으로 가는 차가 안팅(安亭)역에 도착하자 정차했습니다. …… 우리는 거기서 돌아오지 못하고 삼사일 밤낮을 지냈습니다.

문 : 그것이 유명한 사건인데 당시 왕훙원이 이미 이름을 날렸어요?

답 : 당시 왕훙원은 아직 그렇게 유명하지 않았어요. 판궈핑(潘國平)은 이미 이름이 났어요. ……

문 : 사흘간 먹고 자는 것은 어떻게 해결했죠?

답 : 먹을 게 없었어요. 많은 사람들이 굶어서 거기서 쓰러졌어요.

답 : 이후 어떻게 해결되었어요?

답 : 이후 장춘차오가 왔어 너희들이 돌아가면 내가 책임지겠다고 했어요. 이후 우리는 이해 못했는데 그들이 돌아가라면 돌아가자고 했어요. 이후 그들이 연설하여 대표를 뽑았는데, 판궈핑이 상하이 방직 17창은 왕훙원을 선출한다고 했고, 그래서 뽑혔어요. 실제로 왕훙원은 이름이 나지 않았고 일반 노동자 과원이었어요. 사실 그는 아주 좋은 사람이었어요.

문 : 공장에서 혁명을 할 때 그의 이름이 나지 않았나요?

답 : 예. 이름이 나지 않았어요. 그 외 다른 욕심이 있는 사람들이 왕훙원의 이름을 이용했는데, 그가 보위과였기 때문이었어요. 보위과는 공장의 최고기구였어요. 그들이 왕훙원을 조장으로 뽑았는데, 그것이 결국은 왕훙원에게 해결 가한 것이죠.

……

권력탈취와 무장투쟁

문 : 67년 초 1월 혁명시기 공장이 어지러웠나요? 권력탈취를 조반파가 했나요? 왕훙원이 이끌었나요?

답 : 조반파가 했어요. 당시 왕훙원은 공장의 일반 과원으로 이름이 나지 않았고 그가 이끌지도 않았어요. 당시 우리는 출근을 했는데, 보황파와 조반파가 싸우고, 퇴직 노동자들과 싸우며, 상하이 강철 1공장, 상하이 디젤기관 공장 등에 대한 것을 들었어요. 그들은 이후 싸워 많은 사람들이 다쳤죠. 매우 심하게 싸웠어요.

문 : 왜 그랬죠. 권력이 이미 조반파에게 있지 않았어요?

답 : 그랬죠. 보황파가 그들과 논쟁을 하지 않았습니까? 논쟁으로 이기지 못하자 싸운 거죠.

문 : 그러면 이 공장 사람들은 상하이 디젤 기관 공장에 가서 디젤기관 연합사령부와 싸웠나요 그들과 함께 했나요?

답 : 상하이 디젤 기관 공장은 조반파가 디젤기관 연합사령부와 싸웠는데 그 공장에서는 싸움이 치열했죠. 이후 디젤 기관 공장 사람들이 우리 공장에 와서 상하이 강철 1공장 사람들과 함께 연합하여 디젤 기관의 연합사령부와 싸웠죠.

문 : 연합사령부가 상하이 디젤 기관 공장의 권력을 장악하자 타도된 측에서 당신들 공장으로 왔는가요?

답 : 연합사령부는 조반파고, 다른 사람들도 조반파인데, 두 파가 모두 권력을 탈취하려고 했어요. 그래서 싸움이 일어난 거죠. 조반파와 우리 공장이 연합했어요. 그 외 상하이 강철 1공장이 있었는데 우리 공장으로 왔어요. 그날 나는 야간 반이었는데 출근을 빨리했어요. 그들이 나에게 건물 꼭대기로 올라가라고 했어요. 나는 야간반인데 거기

가서 뭐하느냐고 물었죠. 이후 우리 작업장의 많은 사람들이 올라갔어요. 올라가 보니 그들 앞에는 많은 돌무더기와 벽돌이 쌓여 있었어요. 내가 뭐 하려는 것이냐고 묻자 그들이 오면 싸울 거라고 했죠. 이후 그들은 우리가 신호를 보라고 했죠. 손에 붉은 띠를 묶고 있으면 우리 사람이고 황색 띠를 묶고 있으면 아니라고 했어요. 당시 우리는 상관하지 않고 작업장으로 들어가 일을 했는데, 작업장의 많은 사람들은 뛰어 나와 그들이 싸우는 것을 보았죠. 당시 다친 사람들도 많았어요.

문 : 공장이 상하이 디젤 기관 공장과 가까웠나요?

답 : 가깝지 않았어요.

문 : 그러면 그들 두 공장 사람들이 와 누구랑 싸웠어요?

답 : 보황파와 싸웠어요. 우리 공장의 보황파와 그들 공장에서 우리공장으로 도망 온 사람들과 싸웠어요. 그들의 차가 우리 공장의 문 앞을 지날 때 싸웠어요. 당시 나는 야간반이어서 가서 봤는데 많은 사람들이 우리 의무실에서 잤는데 아는 사람도 있었고 모르는 사람도 있었어요.

문 : 공장은 지금 이곳인가요?

답 : 예. 바로 우리가 있는 이곳이에요. 당시 싸운 곳은 북쪽 공장 벽에 닿아 있는 이곳이었어요. 많은 사람들이 머리를 맞아 피가 흘렀고, 허리도 다쳤어요. 칼을 휘둘러 그 자리에서 죽기도 했어요. 상하이 디젤 공장 연합사령부의 사람들이 다른 단위 사람들을 불러와서 많은 사람들과 연합을 하여 공장 입구를 지나면 싸웠던 것 같아요. 명령이 있으면 벽돌을 던지고 싸우기 시작했어요. 당시 우리는 야간반 출근하여 구체적 상황은 잘 알지 못해요. 당시에는 생산이 비정상이었는데 억지로 유지되었죠. 그래서 우리들은 작업장에서 한 사람이 4~5인분의 일을 했고, 다른 사람들이 나가 혼란을 일으켰지만 무엇이라고 할

수는 없었어요. 우리로서는 일을 잘하려고 생각했고 나는 생산조장이었기 때문이 나가기가 쉽지 않았죠.

문 : 그러면 1월 혁명 이후 공장은 어떠했나요?

답 : 1월 혁명 이후 사인방이 파산하기 전까지의 기간에는 마톈쉐이(馬天水), 탕원란(唐文蘭) 등이 모두 우리 공장으로 왔어요. 우리 공장에서 노동을 했어요. 이후 1976년 10월 1일 우리는 연장 근무를 했는데 당 총지부 서기가 그들을 잘 보살피라고 했어요. 그들으 그 때의 노동이 사실은 피난이었다는 것을 이후에야 알게 되었어요. 이때는 이미 사인방은 어렵게 되었기 때문에 그들도 곤란한 상황에 처해 우리 작업장으로 왔는데 이후 10월 6일 체포되었죠. 당시 나와 장○○가 책임을 맡았는데 그들이 식당이나 화장실을 갈 때도 따라갔어요. 공장에서는 우리들에게 보위업무라고 했어요. 당시 공장과 노조가 나서서 나에게 일을 맡게 했는데 나도 공장에 어떤 문제도 발생하지 않도록 하겠다고 보증했죠. 4~5일 노동을 하고 나서 그들이 오지 않았는데 아마도 그들이 체포되었기 때문이었을 겁니다.

......

문 : 왕훙원이 잘 나갈 때 당신들 공장이 덕을 본 것이 없었나요?

답 : 없었어요. 내가 분명히 기억하는데, 우리가 당 학습을 하고 있을 때 누군가가 "왕훙원이 왔다, 국가주석이 왔다"고 외쳤고, 이후 왕씨 3인과 랴오도 왔어요. 나는 그들에게 왕훙원이 왜왔는지 물었죠. 그들은 왕훙원이 친정에 둘러보러 온 것이라고 했어요. 우리가 당의 학습을 하고 있었기 때문에 누군가가 "왕 주석을 환영합니다. 한마디 하시죠"라고 하자 모두들 기뻐 박수를 치고, 왕훙원이 몇 마디 했어요. 이때 왕훙원은 매우 기뻐하면서, 그가 공장으로 돌아와 그와 함께 일했던 노동자들을 보니 매우 기쁘다고 하면서, "동지들이 나를 믿어 나

를 선출했는데, 나는 일에 힘써 나라의 혼란을 바로 잡겠다"고 했죠. 모두 그를 격려하면서 잘하라고 했죠. 결국 그도 전역한 군인이었고, 당원으로, 잘해서 국가를 위해 힘을 보태려고 했죠. 많은 고참 노동자들이 "이 번에 왔다 가면, 다시 언제 돌아오느냐?"고 묻자 그는 "상황을 봐야죠. 다시 올 수 있으면 다시 오고, 제일 좋은 것은 공장으로 돌아와 모두와 함께 일하면 합니다. 나도 하고 쉽지 않아요"라고 했어요. 당시 나도 그 자리에 있었는데 남쪽 공장은 작은 강당에서였어요.

수습기

문 : 당위원회는 언제 복구되었어요?

답 : 구당위원회가 타도된 후 문화대혁명 시기에는 탕○○을 당서기로 했고, 류○○등도 있었는데 그들이 괜찮았다고 생각해요.

문 : 원래의 간부는 함께 했나요 안 했나요. 원래 당 위 서기가 공장에서 직위를 회복했었나요?

답 : 함께 했어요. 당위원회 서기는 회복되지 않고 옮겨갔어요. 장○○는 이후 병이 났어요.

문 : 원래의 공장장은 복귀 했나요?

답 : 복귀해서 계속 공장장을 맡았어요. 이후 왕씨가 당위 서기였고, 장○○는 이후 다른 학교에서 옮겨왔어요. 그 왕서기는 매우 뛰어났어요. 그는 일과 말, 대회에서의 보고 모두 사실에 부합했어요. 당시 대부분은 그를 지지했는데, 젊은 사람들은 이해하지 못하고 보황파가 파견한 사람이기 때문에 그는 안 된다고 했죠. 그것이 그에게 유리한 것이 못되어 결국 다른 곳으로 가기를 원해 다른 곳으로 갔어요.

문 : 군선대가 들어온 적이 있었어요?

답 : 아니요. 우리 공장 사람들이었어요.

문 : 그러면 보수파와 조반파 중 특징이 없었습니까? 예를 들면 젊은 노동자들이 쉽게 조반하는 경향이었나요?

답 : 조반파는 젊은 사람들이 다수였고, 보황파는 다수가 나이 많은 사람들이었어요. 당시 우리 이곳은 보황파들 다수는 공안국에 잡혀갔는데 실제로는 보호를 받은 것이었어요. 보황파 고참 노동자들이 공안국과 ○○분국 문 앞에 가서 석방을 요구하면서 거기서 울었어요. 그렇지만 조반파 젊은이들은 거기서 소란을 피워 그들을 떠나게 했어요. 당시 나도 거기에 있었어요. 조반파들은 나무에 기어오르게 했는데 당시에 많은 사람들이 있었어요. 만 명도 넘었을 겁니다.

문 : 공장은 노동자들은 다수가 운동에 참가했나요 구경하는 사람들이 많았나요.

답 : 구경하는 사람들이 많았어요. 일반적으로 고참 노동자들은 이 사건에 참가하지 않았는데, 그들은 구사회를 거쳐 왔기 때문이었죠. 우리가 이전 반동파와 투쟁하고 상하이를 해방시켰을 때에도 문화대혁명처럼 그런 혼란은 없었어요. 모두 당중앙을 보위하고 마오주석을 보호하고 공산당의 지도부를 보위하려면 그렇게 혼란되어서는 안 된다고 봐요. 많은 고참 노동자들이 그렇게 말했고 우리도 그때 그렇게 생각했어요.

문 : 문혁 중 그렇게 혼란되어 생산이 비정상적이었던 것이 몇 년이었어요?

답 : 여러 해였어요. 대체로 67년에는 작업장이 비정상이었어요. 시위 나가거나 먹고 게으름 피우는 사람도 많았어요. 우리는 한마음으로 일을 했는데, 돈을 어머니께 드려 집안을 보살피고 동생들을 보살폈어요.

……

공선대 경험

문 : 당신의 경력은 의의가 있는데, 공선대에 여러 해 동안 참가해 2공장을 거쳐 1학교에 갔었죠.

답 : 맞아요. 방직학원에 갔었어요. 그리고 상하이 위생국과 시 위원회도 갔었어요.

문 : 당시 공선대로 나갈 때, 문화 공작에서 지도적 역할을 할 수 있을 거라고 생각했어요?

답 : 나는 이렇게 생각했어요. 나는 68년 하반 년에 나갔어요. 공장에서 제일 처음이었죠. 우리 서기는, 나간 후 높은 사람들을 따라 하라고 했어요. 어쨌든 조직이 있으면 그들의 지휘를 받아야 하죠. 우리는 나갈 때 군대처럼 중대와 분반, 분대로 나누었어요. 나는 중대에 속했는데 내게 문서를 담당하라고 했어요. 나는 잘 쓸 줄 모른다고 했지만, 다른 사람이 말하는 대로 쓰면 된다고 했죠. 나는 나간 후 계속 문서 일을 했고 보도도 내게 썼어요.

문 : 당시 공선대로 들어간 두 공장에서는 생산선을 정돈했나요?

답 : 예 생산선을 정돈했어요. 당시 우리가 OOO조선소에 갔을 때 그곳은 괜찮았고 노동자들도 비교적 좋았어요. 모든 자리에는 두 사람의 노동자가 있었고 비교적 안정되어 있었어요. 우리는 들어가서 주로 그들의 지도공작 등의 문제 —예를 들면 그들이 위에 대하여 어떤 의견을 가지고 있는지를 이해하려고 했어요. 지도간부들은 좋은 간부도 있고 문제 있는 간부도 있었어요. 모모가 비판당한 것은 과오를 범했기 때문인지, 대중이 지지하지 않기 때문인지, 혹은 다른 원인이 있는지를 분명히 해야 했어요. 다른 하나는 마오쩌둥 사상을 선전하는 것이었습니다.

문 : 당시 일반적인 공장에서 노동자를 파견했나요 아니면 당신네 공장이 왕홍원의 공장이었기 때문에 특별히 신임을 받았던 것인가요?
답 : 아니요. 그것과 그는 아무 관련도 없어요. 우리가 갈 때도 그들 단위가 우리와 마찬가지 인데 왜 그들 공장에 가느냐고 물었어요. 그 공장의 건설과 정돈을 더 잘하고, 나쁜 사람들이 제멋대로 굴지 못하도록 하기 위한 것이었는데, 당시 문혁 중에 많은 간부들이 기회주의적으로 승진하고 줄을 타고 올라가고 했는데, 나쁜 사람들이 어떻게 간부가 될 수 있습니까? 당시 나는 그런 현상을 참지 못해 나선 것입니다.
문 : 학교에 가서는 무슨 일을 했죠?
답 : 학교에 들어간 것은 당시 학생들을 혼란을 바로잡기 위한 것이었어요. 당시에 무투는 없었지만 논쟁은 끊이지 않았어요. 매일 매일이 논쟁이었어요. ……
문 : 당시 학생들과 공선대와의 관계는 어땠죠?
답 : 괜찮았어요. 의견을 발표하고자 하는 동지들은 몇 마디 했고 원하지 않는 경우는 멀리했죠. 당시 우리는 일을 한 것이잖아요.
문 : 대학생들의 졸업 후 배치에도 관여했나요?
답 : 관여하지 않았어요.
문 : 거기서 얼마나 있었죠.
답 : 길지 않아요. 7개월여 있었어요.
……

기타

문 : 그때 공장에서의 계급대오청산은 없었나요?

답 : 우리 공장에는 없었어요.

문 : 그때 당신 공장에는 고급지식분자와 지주계급은 없었나요?

답 : 있기는 있었어요. 예를 들면 우리 작업장에도 지주성분의 사람이 있었어요. 그러나 그도 당원이었어요. 지주 가정과는 분리의 선을 긋고 해방 전에 입당을 했는데 그는 아주 좋은 사람이었어요. 그리고 또 가정 출신이 좋지 않은 OO라는 사람이 있었는데 많은 억압을 당했어요. 그도 지주계급출신인데, 이후 특무로 몰렸는데 매우 고통스러웠어요. 그는 원래 공원이었는데 청소를 하게하고 매일 비판을 했어요. 나는 그들을 볼 때 가련하다고 생각하고 마음으로는 동정했어요. 당시에는 모두 함께 살고 작업장 동료였기 때문이죠. 집은 지주이지만 그는 집과 분리의 선을 그었죠.

문 : 모두들 (공장의) 숙소에서 살았나요?

답 : 나는 아버지 어머니와 살았기 때문에 OO로의 부대 초대소에서 살았는데 모두 북방인이었어요. 그들은 집단적으로 OO로에 몇 동의 건물을 지었는데 네 동의 건물이 모두 우리 초대소의 사람들이었어요. 지금까지 그래요.

문 : OO창 노동자들도 자기 숙소가 있지요? 그것이 운동이 일어난 것과 관련이 있습니까?

답 : 여전히 가족 숙소에 사는 사람도 있어요. 함께 사는 사람들이 많으니까 모두들 단결이 잘 되죠. 어떤 고참 노동자들은 어려서 예속 노동자가 되었다고 12~13세에서 15~16세에 공장에 들어왔죠. 그들 고참 노동자들은 단결이 아주 잘 되었고 함께 살았어요. 이 건물들은 그들 예속 노동자들이 전에 거주하던 곳이에요.

문 : 그들 노동자들은 문혁에 어떤 태도였죠?

답 : 그들은 상관하지 않았어요. 그들은 마오 주석을 보위했어요. 적위대

가 그랬어요. 일반적으로 조반파는 없었어요.

문 : 문혁이 끝난 이후 사인방 타도 후 그들은 상하이 대하여 어떤 반응을 보였습니까?

답 : 사인방 타도 후 나도 기쁘게 생각했어요. 세태가 변했기 때문에 사인방 타도 후 우리나라가 안정되었죠. 둘째는 공장생산이 정상으로 돌아왔고 기계가 다시 녹슬지 않았어요. 문혁 때는 기계가 고장 나면 아무도 고치지 않았어요.

문 : 임금은 계속 42위안이었나요?

답 : 문혁중에 한번 조정이 되어 64여 위안을 받았어요. 사인방 타도 이후에는 88위안 여가 되었어요.

문 : 문혁 중 상하이 노동자들에게는 보너스가 있었어요?

답 : 보너스는 이전에도 있었어요. 매월 평가를 했어요. 문혁 전과 문혁 후도 마찬가지였어요. 문혁 중 비교적 혼란스러웠지만 마찬가지였어요. 당시 바깥에 나간 사람들에 대하여는 평가를 주지 않았고 공장에 있던 사람들에게는 모두 1등 보너스를 주었어요.

문 : 문혁 때의 보너스는 대개 얼마 정도였어요?

답 : 얼마 안 됐는데 10여 위안이었어요. 해가 바뀔 때는 수십 위안을 받았어요.

문 : 그것이 문혁기간 상하이에서는 취소되지 않았나요?

답 : 우리 공장에서는 취소되지 않았어요. 다른 공장은 모르겠네요.

문 : 그때 물질지상주의에 대하여는 어떻게 비판했죠?

답 : 안했어요. 이후 매월의 측정에 따라 보너스를 정했어요. 기술 시험을 보아 1등을 하면 1등의 상금을 받고 2등을 하면 2등 상금을 받았어요.

문 : 문혁이 끝났을 때 계속 생산선에 있었나요? 이후 생산조장이었습니

까 공단장도 했나요?
……

문혁 이후

……

문 : 언제 퇴직을 했습니까?

답 : 93년에 퇴직했어요. 문혁 후 여러 해를 일했어요. 건강이 좋지 않아 그들이 나를 여러 차례 이동을 시켰어요. 퇴직할 때는 보위과에 있었어요.

문 : 그때는 당원이었어요?

답 : 맞아요. 문혁 후 입당했어요.

문 : 공장은 현재도 국영입니까? 효율은 어때요?

답 : 국영이고 생산 상황은 아주 좋아요. 일반 공장은 문 닫았는데 우리 OO공장은 안 그래요.

……

문 : 현재 공장에서 왕훙원과 그 같은 사건에 대하여 말하나요?

답 : 일반적으로는 말하지 않아요. 노동자들은 그런 일에 관여하지 않아요. 왕훙원이 감옥에서 죽었고, 이후 소식이 알려져 『신민만보』(新民晚報)에 아주 작게 실렸는데, 우리는 알고 난 후 마음이 안됐었어요. 어쨌든 함께 일했던 사람 아닌가요.

……

문 : (문혁시기) 두 파로 나뉜 것이 이후 노동자들에게 후유증을 남기지 않았나요?

답 : 남겼어요. 예컨대 조반파의 당 위원들이 실권한 후 보황파인 ○○○
가 올라가서 당위원회 서기가 되었는데 그는 이전에는 기계공이자
당원이었어요.

문 : 그것이 문혁 중기인가요 후기인가요?

답 : 문혁 후기 사인방이 타도된 후입니다. 우리 공장의 당위원회는 사인
방이 타도된 후 실권하고 그들이 올라왔어요. 당시 야오○○는 보황
파의 우두머리로 당위원회 서기를 했어요. 그가 좋지 않다고 생각하
거나 그에게 이견이 있는 사람들에게 업무를 통해서나 혹은 말로 타
격을 가했어요. 그렇게 하여 일을 잘 처리할 수 없었고 모순과 다툼도
끊이지 않게 되었죠. 실제 그 자신도 문제가 많았어요. 그는 우리 공
장 노동자들의 돈을 횡령하여 도망쳤어요. 이후 잡혀서 형을 살았을
겁니다.

문 : 당신이 보기에 요즘 노동자들의 전체 사회에서의 지위가 그 때보다
못하다고 생각하십니까?

답 : 어느 정도는 그렇다고 봐요. 지금의 사람들은 이전 우리와는 생각이
달라요. 지금 사람들은 자신을 위해서 생각하지 대중을 위해서 생각
하지 않고 국가를 위해서 생각하지 않아요. 그들은 자신들이 노동하
여 돈을 버는 것은 당연하다고 여기고 조금이라도 적으면 안 된다고
봐요. 그렇지만 우리는 그렇지 않았어요. 우리는 이 공장에 들어온 것
이 나라에 책임을 지는 것이므로 일을 잘 해야 한다고 생각했죠. 국가
와 지도자들이 안심하도록 했죠.

문 : 확실히 현재의 개인주의는 중요한 문제죠.

답 : 맞아요. 아주 심각한 문제죠.

문 : 그러나 어떤 사람들은 우리가 지금 자신을 위해 경제건설을 하여 경
제를 잘 건설하고 재부도 증가했다고 말하죠.

답 : 무엇이라고 할까요. 재부의 증가는 한 사람이 아니라 전체에 영향을 미치죠. 예를 들면 우리는 지금 매주 두 번 공장에 가서 목욕을 할 수 있는데, 지난 주 고참 노동자 2명을 만났어요. 그들은 나와 이야기 하는 것을 좋아합니다.

문 : 그러면 퇴직 노동자의 생활이 괜찮다는 거죠.

답 : 모두 괜찮아요. 기본적으로 매우 어려운 경우는 없어요. 자녀가 없는 경우는 거민위원회에서 보살펴줍니다.

......

[안치영 옮김]

제5장

일상생활의 낭만화, 집단화 :
신중국 1세대 노동자의 기억에 관한 연구

퉁신(佟新)

1. 문제제기

　　신중국 건립 이후 노동집단은 지속적으로 확대되어 왔다. 1949년에서 1958년까지 당과 정부는 과거 중국이 남겨 놓은 4백여만 명의 실업 문제에 역점을 두었다. 이 문제는 1958년에 이르러 기본적으로 해결되었고, 이후 노동취업의 중점은 노동연령 인구의 취업과 배분으로 옮겨진다. 1981년 비농업 취업인구는 이미 1억 940만 명에 달해, 1952년의 1,630만 명에 비해 6.9배 증가했다(袁方 1984). 베이징의 경우를 보면 공업 분야 취업인구의 증가를 알 수 있다(〈표 1〉 참조).

〈표 1〉 1949~79년 베이징시 공업 취업인구 상황[1]

연도	공업 취업인구수 (경공업과 중공업)	공업 취업인구의 비중(%)
1949	156,317	31.5
1952	247,174	-
1957	360,979	-
1965	546,567	31.1
1975	1,115,449	46.9
1976	1,185,528	46.5
1979	1,330,339	43.1

이는 신중국 건립 이후 30년 동안 중국의 공업화가 매우 발전했음을 보여준다. 베이징시의 공업 분야 취업인구는 1949년 16만 명 미만에서 1979년 133만 명으로 증가해 8.5배 성장했다. 이는 수치상으로 중국의 노동자가 30년 동안 거대한 규모를 갖춘 집단으로 성장했음을 보여준다.

상당한 규모의 중국 노동집단이 어떻게 하나의 계급으로 성장할 수 있었는가? 많은 학자들은 중국 노동계급의 출현은 정당합일의 국가가 인위적으로 만든 결과라고 여긴다(Walder 1996, 283). 필자는 정당합일의 국가가 인위적으로 노동계급을 만들었다면, 노동집단이 심리적으로 동일한 계급의식을 갖게 되었을 것이라고 보는데, 실제 과정은 결코 단순한 국가구조의 문제가 아니라 국가구조와 노동자집단 간의 능동적인 상호과정이라고 봐야 한다. 실제로 신중국 성립 이후 노동계급은 수적 성장보다는, 각종 정치운동에서 하나의 사회적 역량으로서 이데올로기와 문화 영역의 형성과정에서 훨씬 중요한 역할을 했다고 볼 수 있다. 신중국 성립 이후의 각종 사회정치운동은 노

---

[1] 『北京市社會經濟統計資料(勞動工資, 文敎衛生) 1975~1980』, 北京市統計局(內部資料), 第1~4쪽, 1983年.

동계급의 존재를 돋보이게 했으며, 이런 중대한 사회적 의의를 지닌 운동으로는 1953년에 시작된 '제1차 5개년계획', 1956년의 '생산수단 사유제의 3대 개조', 1958년의 '삼면홍기'(三面紅旗), 즉 8차 당대회 2차 회의에서 통과된 사회주의 총노선의 건설과 대약진, 인민공사, 문화대혁명 등을 꼽을 수 있는데, 특히 문혁 시기 제기된 '노동계급은 영도계급이다'라는 구호는 중국노동자가 계획적인 공업발전 생산의 실천 활동에 참여했을 뿐 아니라, 공산당 주도 도시 건설의 중요하고도 믿을 만한 정치적 역량이 되었다는 것을 의미한다.

이 글에서는 이런 정치운동 자체를 논의하지 않고 일상의 삶으로 돌아가 노동자의 기억과 그들 스스로의 삶에 관한 구술에 주목하고자 한다. 이런 정치운동이 노동자의 마음에 어떻게 작용했는지 어떤 집단기억과 노동자의 심령사(心靈史)를 낳게 되었는지에 관심을 갖는다. 이 시기의 역사는 중국 노동계급이 정치운동과 사회주의 건설 과정에서 혁명을 느끼고 혁명에 참여하면서, 마음속으로 스스로 계급의식을 깨달아가는 역사이다. 조금의 과장됨 없이 이런 일련의 역사 사건에서 중국노동자는 공업화 과정과 이데올로기 영역에서 혁명의 참여자이자 중요한 역량이었을 뿐 아니라 역사 과정의 화자이자 해설자였다. 만약 중국노동자가 개체에서 노동자집단으로 성장했고 계급적 지위를 갖춘 집단이라고 믿는다면, 우리는 일종의 새로운 틀로 노동계급의 의식이 성장하는 역사를 드러낼 필요가 있다. 이것이 이 글의 목적이다.

이런 생각으로 나와 공동연구자들은 2005년부터 중국노동자의 집단기억을 연구해 왔다. 우리는 노동자들의 기억과 그들의 구술이 마치 하나의 다리처럼 과거와 현재를 이어주고, 사회구조와 노동계급의 능동성을 이어주며, 또한 방대한 국가와 일상생활에서의 사회를 연결시켜 준다는 것을 믿는다. 이 글에서는 다음과 같은 물음에 대해 답을 찾고자 한다. 노동자들은 어떻게 그들의 '찬란했던 과거'를 기억하는가? 서술의 방식 혹은 특징은 무엇인가? 또한 이런 기억은 어떻게 현재적 사회 전환에 대한 그들의 이해와 행동

선택으로 연결되는가?

2. 이론틀과 자료 소개

1) 연구의 이론틀과 개념

이론적으로 우리가 부딪치는 어려움은 어떻게 노동자의 개인기억으로 노동자의 계급기억과 집단기억을 드러내는가이다.

우선 기억이란 무엇인가? 기억은 과거에 발생했던 일을 간단히 기억해 내는 것이 아니라 현재 상황을 인식하고 느끼는 상황에서 선택적으로 과거를 서술하는 것이다. 따라서 기억은 일종의 서사(narrative)이다. 이런 서사는 사람들의 과거에 대한 과거지향(retention, 把持, 되당김)이자 표출이기도 하며, 일종의 미래지향(protention, 豫持)이기도 하다. 기억은 과거의 경험을 경험구조로 상승시켜 과거의 행동이 의미 있는 행동이 되도록 하며, 또한 그런 의미를 계승할 만한 역사로 만든다. 따라서 기억은 시간의 의미 속에서 사람들의 과거에 대한 과거지향과 미래에 대한 미래지향으로, 요컨대 기억의 과거지향-미래지향성이다. 후설은 기억의 두 가지 유형을 분류하는데, 하나는 과거지향(retention)이고 다른 하나는 상기(recollection)이다. 상기는 통상적인 의미에서 과거에 대한 회상이고, 과거지향은 바로 전의 과거를 통해 현재의 배경으로 인정되는 것으로 현재를 구성한다. 이런 과거에서 이탈하면 현재는 현재로 구분될 수 없다. 그것은 현재의 과거로서, 시간과 공간에 대한 체험이고 배경을 구성하는 것이다. 미래지향은 과거지향과 대응되는 개념으로, 과거와 현재의 경험 시계(視界)로부터 미래를 구성한다는 것을 강조한다. 과거지향-미래지향이라는 의미에서 기억이라는 개념을 사용하는 것은 기억이 하나의 시간 변수로서 과거와 현재, 그리고 미래를 연결해 주고 있다는 사실을 보여준다. 과거지향-미래지향이라는 시간의 틀 아래 과거는 현재의 과거이고, 미래 역시 현재의 미래이며, 과거와 미래의 의식은 현재 구조 속에 포함되어 있는 것이다. 카는 한걸음 더 나아가 상기와 과거지향의 구분은 후자가 과거의 과거가 아니라 현재의 과거라는 데 있다고 설명한다(Carr 1986). 따라서 신중국 1세대 노동자의 기억은 그들이 경험한 시간으로서 일종의 가시적인 '지점'이다. 과거는 배경을 구성하고, 그렇게 지나간 경험은 언제나 현재의 의식 속에 포함되어 있으며, 이는 미래까지 연결된다.

둘째, 집단기억이란 무엇인가? 노동자들이 개인의 경험과 시간에 대한 과거지향-미래지향을 '우리'로 표출했을 때 이런 서사는 집단성을 드러낸다. 따라서 노동자의 기억에 관한 연구는 노동자들이 어떻게 '우리의 역사'를 서술하는지를 연구하는 것이다. 프랑스 학자 알바시는 뒤르껨의 "사회가 어떻게 가능하게 되는가"의 문제에 대해 집단기억에 주목하고 세 권의 유명한 저작을 남겼다. 그는 기억을 심리학의 해석에서 해방시키고 가정과 종교집단, 계급에 대한 분석을 통해 '과거'를 어떻게 기억하는가의 문제로 이해한다(哈布瓦赫 2002). 집단기억은 사람들의 일상의 삶 속에 존재하고 그들의 일상적인 일과 친족관계, 공동체, 종교, 정치조직, 계급, 민족 등의 요인과 연결되어 하나의 집단행동으로 서술된다. 또한 집단기억은 '연령군'의 문제와도 관련되는데, 즉 동일한 연령대의 사람들은 공통적인 사회 사건을 겪었기 때문에 공통의 역사와 독특한 이데올로기를 지니고 있다. 문혁을 겪은 노동자 세대는 가히 '혁명노동자' 세대로 부를 수 있는데, 이들은 시간의 틀 속에서 집단기억을 형성하고 바로 이런 노동자 세대의 기억을 빌어 중국노동자의 역사변천을 묘사할 수 있다. 우리는 문화대혁명이라는 중요한 역사적 사건이 어떻게 노동자의 집단기억 속에 배태되었는지를 중점적으로 고찰할 것이다.

셋째, '계급' 존재로서 집단기억은 어떤 사회적 기능을 갖고 있는가? 이것이 이 연구의 최종적인 목적이다. 우리는 노동자의 기억이 노동자들로 하여금 과거를 빌어 현실을 해석할 수 있게 할 뿐 아니라 동시에 집단 구성원들이 빠르게 변화하는 사회에서 동질감과 자아의식을 찾을 수 있도록 해주며, 집단생활이 연속적으로 이어져 내려갈 수 있도록 해준다고 믿는다. 세네트는 컴퓨터회사 실직자들의 기억에 관한 연구를 통해 체제적이고 개인화된 불안감은 주관적인 삶 자체를 고도로 불안정하거나 불확실하게 만든다고 지적하고 있다. 이런 기억은 중요한 의의를 지니는데, 즉 의지할만한 제도적 기반이 없는 세계에서 자아감은 절박한 심리 문제로 변하고 이런 상황은 삶의 시간적 연관성과 연속성을 파괴한다는 것이다. 그렇다면 기억은 사람들에게 주관적인 응집감(凝集感)을 제공하는데, 바로 이런 기억을 통해 사람들은 자신에 대한 이해를 갖게 된다는 것이다. 여기서 기억은 마치 일종의 사유재산처럼 변한다(森尼特 2006, 14). 그렇다면 신중국 1세대 노동자들의 집단기억은 또한 어떻게 하나의 자원이 되어 시장화하는 사회 변화에 대응하는가 하는 질문이 제기된다.

상술한 내용을 토대로 이 글에서는 세 가지 측면을 분석하고자 한다. 첫째, 노동자의 기억을 분석한다. 즉, 문혁 등의 중대한 역사적 사건에 대한 노동자들의 서사에서 어떤 특징이 나타나는 가를 발견하고자 한다. 둘째, 문혁 사건에 대한 기억을 통해 시간의 과거지향-미래지향 속에서 노동계급으로서 갖는 집단기억을 분석한다. 셋째, 이들 노동자 세대의 집단기억이 어떤 문화적·사회적 기능을 갖고 있는지를 분석한다.

2) 연구방법과 자료 소개

기억을 일종의 서사로 간주하면서 우리는 심층면접의 방법으로 자료를 수집했다. 면접대상의 선택은 주로 두 가지 측면의 요인을 고려했는데, 하나는 공장의 대한 선택이고 다른 하나는 노동자의 대한 선택이다. 공장은 문혁 시기에 중요한 사건이 발생했던 공장을 중점적으로 선택했고, 노동자는 주로 문혁 이전과 문혁 시기에 공장에 입사한 노동자들을 선택했다. 면접대상에는 최소한 공장급 간부, 작업장 주임, 공회 간부, 여공, 반조장, 기술요원 등의 구성원 중에서 한 명이 포함되도록 했다.

조사팀은 2005년 1월부터 2006년 9월까지 베이징, 상하이, 다롄, 샹판, 충칭, 정조우 등 6개 지역 7개 이상의 국유기업 노동자들에 대해 반구조적 면접을 진행했다. 면접대상은 모두 122명[2]이며, 녹취자료도 150여만 자에 이른다. 이 글은 이런 자료를 토대로 완성한 것이다.

---

2 [편자 주] 이 가운데 정조우의 조사는 퉁신 교수가 별도로 진행한 것이다. 이 글의 소개에 대해서는 佟新(2006) 참조.

〈조사자료 상황〉

공장명	공장 소재지	중요한 역사적 사건	면접수(인)
○○인쇄공장	베이징	문혁 시기 '여섯 공장, 두 학교' 중 하나 8341부대가 공장에 진주함 노동자들이 대학에 파견됨	11
7XX공장 (진공관공장)	베이징	1차 5개년 시기 국가중점 항목	14
국면○○창	상하이	해방 전 일본인이 공장 건립 문혁 시기 유명한 조반파인 왕훙원 배출	7
디젤엔진공장	상하이	문혁 시기 무투 발생	3
상하이 기타 방직노동자 등	상하이		10
○○조선소	다롄	군공업 기업	15
면방직공장 등	샹판	문혁 시기 공장 설립 삼선공장에 속함 현재 합병을 앞두고 집단시위 발생	24
제지공장	정조우	1차5개년 시기 공장 건립 합병 앞두고 집단시위 발생	38
합계			122

3. 주체로서의 서사

우리가 인터뷰를 시작하면서 노동자들에게 공장 입사에 관한 얘기를 꺼냈을 때 노동자들은 대개 일련의 사건과 그런 사건 가운데에 있는 '나'를 기억해 냈다. 이런 사건에는 대약진, 문혁, 삼선건설과 같이 사회적으로 중대한 역사적 사건도 있었고, 또한 도제 기간을 마치거나 승진과 같은 공장 경력, 결혼, 둘째 아이가 몇 년도에 학교에 갔는지 등과 같은 일상의 삶에서 개인적으로 중대한 사건도 있었다. 이런 서사는 노동자들이 주체가 되어 '오늘'

다시 말하게 되는 과정이었다. 노동자들의 구술과정에서 '나'의 존재는 선명했고 애써 힘주어 강조했다. 이런 피와 살로 이루어지고 사상과 성찰 능력이 있는 '자아'는 일종의 '내가 누구인지 안다'라는 서술이었다. 이런 주체로서의 서사는 노동자 기억의 주요한 특징을 이룬다. 이 세대 노동자들은 '주체'로서 스스로 노동자가 되었다는 행운, 권위관계에서의 평등의식, 그리고 집단노동에서의 성취감을 나타냈다. 시간의 과거지향-미래지향 속에서 노동자들은 주체의 방식으로 오늘과 과거를 비교하면서 감개무량해 했다.

1) 주체의 서사, 첫 번째: 노동자로서의 행운

'노동자가 된다는 것'은 개인이 노동자로서 직업적 생애를 시작하는 것이다. 노동자들이 스스로 노동자가 되는 기억을 얘기할 때 우리는 노동자가 된 최초의 이유는 각기 달랐지만 생활의 어려움이 가장 절실한 이유였고, 공장에 입사하기 전의 가난한 생활과 노동자가 되었다는 선명한 대비가 거의 모든 노동자들의 기억 속에 각인되어 있다는 것을 알 수 있었다. 노동자가 되어 임금을 받는다는 것, 이것은 인생의 '큰 행운'이었다.

7XX공장의 노동자 야오(姚)사부(남)는 1950년대 초반 공장에 들어왔고, 7XX공장과 함께 성장해 온 노동자였다. 그는 다음과 같이 회고한다.

전 1934년에 태어났고 톈진 사람입니다. 1952년에 일을 시작했어요. 들어간 공장은 당시 베이징시가 톈진에 건설한 몇 개의 큰 공장에 속해 있었어요. 당시 소련이 지원한 156개 항목의 프로젝트였죠. 1955년에 베이징으로 와서 베이징 공장을 지원했습니다. 톈진의 공장 역시 국방공장이었죠. 진공관을 생산했는데 조명용 진공관을 만들었어요. 축전지도요. 1952년에 견습공이 되었습니다. 당시 초등학교를 졸업했는데 제 학력 수준은 꽤 높은 편이었죠. 중학교를 졸업하면 대개 모두 간부로 배정받고 초등학교를 졸업한 사람은 일을 했습니다. 전 중학교를 잠시 다니다가 집안의 경제사정이 좋지 않아 마치지는 못했죠. 노동국에 가서 취업등록을 했더니 시 노동국에서 공장을 소개시켜 줘서 공장에 들어와 견습공이 되었습니다.

베이징으로 온 건 조직에서 배정한 겁니다. 그땐 원하고 말고 그런 건 말할 나위도 못되었어요. 그땐 또 어렸고. 주로 조직에서 배분받아 온 사람들은 원치 않는다고 말하지 않았습니다. 없었어요! 베이징으로 배분받은 건 말할 것도 없고 아주 먼 변경지역으로 배분받아도 꼭 가야했어요! 그 당시 사람들은 말이죠. 뭘 따졌냐 하면 바로 각오죠(베이징A8).

진(靳)사부(여)는 1936년에 허베이 농촌에서 태어나 1951년 결혼해서 베이징으로 왔다. 1956년 시험에 통과해 7XX공장에 입사하여 신중국의 1세대 전자산업 노동자가 되었다. 그는 다음과 같이 회고한다.

1951년에 결혼을 했습니다. 결혼이 좀 일렀는데 조부께서 정해 놓은 혼사였기 때문이죠. 1952년에 혼인법이 실시되었는데, 그때 내 나이가 불과 15살이었어요. 전 혼인법의 나이도 차지 않았어요. 제 남편은 저보다 어린 꼬마였어요. 우린 허베이 농촌에서 함께 자랐는데 서로 4~5리 떨어진 곳이었죠. 노인들이 주관을 해서 혼사를 일찍 올렸어요. 1952년에 제 남편이 베이징으로 공부하러 갔고, 저도 베이징으로 왔지요. 시어머니께서 가라고 하셨어요. 시어머닌 여자들은 집에서 한평생 고생만 하지 않냐, 안 그러냐, 아이들은 딸, 아들, 며느리 모두 내 아이들이다, 그 애도 학교에 보내주라고 하셨죠.[웃음]학교는 각자 다니고 싶을 때까지 다니라고 하셨어요. 1953년에 전 베이징으로 왔고 남편이 번 돈이 많지 않지만 제게 좀 주었어요. 전 3년 동안 중학교를 다녔습니다.

1956년 3월에 마침 전자관창에서 학생을 모집했어요. 저도 시험을 봤는데 붙었죠. 우리 남편이 있던 금속회사에서 가족들이 지원할 수 있게 해줬거든요. 남편이 대신 지원해서 시험을 봤고 붙은 거죠.[웃음] 직원을 모집할 때도 시험이 있었어요. 정치시험과 수학시험이었죠. 많은 사람들이 봤고 많은 문제가 나왔어요. 사람마다 한 장씩 답안지를 주었고 그렇게 시험을 본 거죠. 시험을 본 사람이 적지 않았어요. 어쨌든 우리 교실[시험장소]에도 몇 십 명은 됐죠. 여러 조로 나뉘어 이 공장에 들어왔는데 한꺼번에 들어온 게 아니에요. 3월에 들어온 사람도 있고 다른 달에 들어온 사람도 있고 모두 함께 들어오지 않았죠. 많은 사람이 어떻게 한꺼번에 들어오겠어요.

당시에 이곳으로 왔을 때 농촌에서 왔으니 단번에 하늘로 올라갈 것 같았죠. 출근하고부터는 열심히 일했습니다. 옛날 여자들처럼 부뚜막에서 맴돌았으면 어떻게 베이징에 올 기회가 있었겠어요. 아이고, 베이징이 이렇게 좋은데. 어릴 적 학교에 다닐 때는 '우유 마시고 빵 먹는' 것도 본 적이 없어요. 그저 남들이 그렇게 얘기하고 책에 그렇게 쓰여 있을 뿐이었죠. 아이고, 그땐 집마다 모두 옥수수면이나 수수가루를 먹었어요. 옥수수면이 제일 좋았죠. 예전엔 만두나 교자를 먹었는데 그게 가장 좋은 음식이었어요. 큰 버스나 트럭이 오면 보려고 쫓아갔죠. 본 적이 없었거든요. 그러니 공장에 들어온 일이 하늘로 올라온 거나 다름없죠. 어서 빨리 열심히 일해서 당에 보답하려구요.[웃음]

결국 3월에 공장에 들어왔고 5월에 입단을 했습니다. 그 뒤에 열심히 일해서 우리 반에서 출근할 때 반장이었어요. 5분창(分廠)이었는데 그곳엔 40여 명의 반장이 있었어요. 모두를 인솔해서 생산했죠. 그땐 소련 전문가들도 있었는데 소련 전문가들이 우리들을 지도했어요.[웃음] 간혹 우리랑 얘기도 나누고. 아이고, 정말이지 좋았어요. 어쨌든 일하면서 줄곧 숫자도 많았고 성품도 비교적 좋은 사람들이었지요(베이징A3).

산(單)사부(남)는 1938년 생으로 1956년에 7XX공장에 들어온 노동자다. 그는 다음과 같이 회고한다.

전 우시(無錫)에서 태어났습니다. 부친은 해방 전에 노동자였죠. 당시 개인공장에서 노동자로 있으면서 양말을 만드셨습니다. 노련하셨죠. 모친은 남의 집일을 하셨는데 지금은 보모라고 부르죠. 해방 전에 삶이란 정말로 한 끼 먹으면 한 끼 굶고 그랬어요. 전 그 제사(製絲)노동자 자녀 초등학교에 다녔는데, 노조에서 운영하는 자녀 초등학교였죠. 전 거기서 5년을 학교에 다녔습니다. 1949년 무렵 설쯤, 아버진 야채시장에서 넘어져 곤두박질쳐서 중풍에 걸리셨어요. 3일 동안 혼미한 상태였다가 돌아가셨어요. 그때 여동생이 하나 있었어요. 어머닌 모두 여덟을 낳으셨는데 저 혼자만 남았습니다. 여동생도 후에 죽었죠.

1952년에 열 서넛 되었을 때 우시에는 청년조직이 하나 있었어요. 민청련(民靑聯)이라 불렸는데, 청년들, 학교를 못가거나 실직한 청년들이 함께 공부하는 조직이었죠. 당시 우시에는 파출소마다 학습소가 있어서 진학을 못하거나 실직한 청년들을 조직해 함께 활동했습니다. 낮에는 각자 일로 바쁘다가 저녁이 되면 야간학교가 있었는데 저도 그 야간학교에서 계속 공부했어요. 당시 진학을 못하거나 실직한 청년들이 우시에는 청년 전체의 60~70%를 차지하고 있었어요. 그런 상황이었죠. 전 공부하면서 어머니를 따라 장사를 했습니다. 대략 1954년까지요. 그때가 16살이었죠. 시 청년연합에서 기술교육반을 만들었는데 그때 기술교육반으로 기술을 배우러 갔습니다. 지금 밀로는 선습공이죠. 우리 같은 사람들은 그래도 운이 좋은 겁니다. 왜냐하면 말이죠, 우리가 학습반에 갔을 때 일자리가 벌써 정해졌거든요. 바로 베이징 전자관창이 1956년에 가동되었기 때문이죠. 이 공장은 1954년에 준비하기 시작했는데 우리들이 이 공장의 정규직 노동자가 되었어요. 우시에서 교육을 받고 말이죠.

저희도 시험을 보았습니다. 시험은 중학교 지식이었는데 지금처럼 그렇게 복잡하진 않았어요. 우시 청년들이 몇 십만 명은 되었는데 일자리 구하기 힘들거나 집안 형편이 어렵거나 생활 문제가 절박한 사람들이 모여들었죠.

이미 당의 지도력이 발휘되기 시작해서 진학하지 못하거나 실직한 청년들의 취업 문제를 해결해줬습니다. 그때가 막 16살 되었을 때인데 원칙적으로 하자면 일할 나이는 아니었죠. 최소한 18살은 넘어야 했거든요 하지만 집안 형편이 어려웠고 대규모로 뽑았으니까요. 베이징 공장을 위해서만 200명을 교육시켰고 각종 직종이 다 있었어요. 주로 기계 분야인데 기기, 집게, 끌 선, 대패, 마모 다 있었어요. 공장 안에는 이런 직종이 부족했거든요. 우린 일해 본 적은 없지만 교육훈련을 통해 공장에서 핵심 역량이 되었습니다. 주로 기술 핵심 역량이죠. 당시 상하이, 난징, 우시 일대에서 적지 않은 기술노동자들이 왔어요. 전 1년간 기술을 배웠고 우시 선반공장에서 실습하다가 1957년에 베이징으로 왔습니다.

우시에서 공부할 때 입단했습니다. 선반공장에 있을 때 지부위원이었고요. 당시 젊은 사람들은 생각이 달랐어요. 우린 구 사회 시절을 겪은 사람들이라 예전의 생활고와 어려움을 체득하고 있었죠. 정말 위를 봐도 아래를 봐도 먹을 게 없는[흐느낌, 한참을 멈춤]…… 그렇게 지내왔어요. 그러니 다르죠. 나 같은 사람은 원래 베이징에 올 수도 없었어요. 왜냐하면 집에 어머니가 홀로 계시고, 전 어머니 밖에 없었어요. 우시 선반공장에선 제가 남아 있길 바랐죠. 그때 안 된다, 베이징으로 가겠다고 했어요. 왠 줄 아세요? 제1차5개년계획의 중점 항목이 [다리를 치면서] 전자관창인데 국가를 위해 공헌을 하고 싶었습니다. 당시 어머니 연세가 젊은 편이었는데 30대셨죠. 뒷걱정도 없어 베이징으로 왔습니다. 제 스스로도 확실한 마음으로 수도로 오고 싶었어요. 해방 뒤 몇 개 프로그램이 있었는데 소련 영화 〈삶을 향해〉라는 걸 보았기 때문이죠. 순전히 공산주의, 사회주의에 관한 것이었는데 사람을 매료시켰어요. 확실히 모든 청년들에게 국가나 우리 사회를 위해 무언가 하고 싶다는 생각이 들게 만들었어요. 그래서 베이징으로 갔습니다. 그땐 일할 때 뭘 따지지 않았어요. 전 젊었고 총명한 편이라 4급 직종의 기술을 곧 익혀서 중등 기술노동자가 되었죠. 일이 순조로웠습니다(베이징A12).

샹판 면방직공장의 왕(王)사부(남)는 1936년 허난 농촌에서 태어났다. 그는 1958년 대약진 시기에 공장에 들어갔고 스스로 노동자가 되었다는 것에 대해 성찰하는 모습을 보였다.

제 교육 수준은 높지 않아요. 학교를 다니지 못했죠. 제가 공장에 들어간 게 1958년이었는데, 대약진으로 공업발전을 하던 때라 어디서나 노동자를 모집했죠. 그 시대, 그 시절이 바로 대약진으로 5개년계획의 156개 항목을 지원했어요. 우리는 농촌에서 모집되어 왔고 공장의 도제공이 되었죠.

그 시절 …… 대약진으로 노동자를 모집했는데, 막말하자면 마치 쓰레기를 줍는 거나 마찬가지였어요. 차를 몰고 와서 노동자를 모집한다고 하면서 차에 올라타라고 했죠. 학력이니 뭐니 따지지도 않았어요. 또 어떤 생각들을 했냐면요, 공장으로서는 사람이 많을수록 등급이 훨씬 높았죠. 1만 명이 넘으면 지급(地級)이었는데, 노동자가 많은 공장의 등급은 높았어요. 뤄양(洛陽) 베어링공장의 OOO는 원래 허난성의 부성장이었어요.

제가 노동자가 됐을 때가 22살이었습니다. 1958년쯤이었는데, 저는 36년생이거든요. 전 어떤 공부도 하지 못했습니다. 공장에 들어올 땐 거의 문맹이었어요. 공장에 들어온 뒤 야간학교를 다녔는데 밤에 30분, 두 시간 정도 수업을 했고 수준은 높지 않았어요. 그땐 농촌이 특히 가난했는데 과장된 허풍 때문이었죠. 10만 근이다, 20만 근이다, 인민들은 먹을 밥이 없었어요. 정말로 어려운 시기였죠. 어려운 시기는 대개 인재 때문이었어요. 과장된 허풍이 너무 심했죠. 그래서 모두들 도시로 가고 싶어 했어요. 농촌에서는 먹을 것이 없으니까요. 전 그때 뤄양 베어링공장에 들어가 연마공이 되었습니다.

상하이 국면OO창의 노동자 천(陳)사부(여)는 1946년에 출생했다. 1961년 이 공장의 제1회 중등전문학생으로 들어와 공장에서 공부했고, 1964년에 정식으로 방직여공이 되었다. 그는 다음과 같이 회고한다.

그 시절엔 집안에 아이들이 많았는데, 전 집안의 장녀였고 집은 무척 가난했죠. 1961년에 중학교를 다 마치지 못하고 공업중학교에 들어갔어요. ○○면공업학교였죠. 그 땐 학비를 받지 않았어요. 생활보조금도 있어서 첫 번째 해엔 16위안, 두 번째 해엔 18위안을 받았는데 견습공인 셈이었죠. 전 처음 기수로 공장에 들어왔는데 모두 두 개 반의 학생이 있었어요. 그 시절 우린 정말 열심히 일했어요. 공부도 하고 노동도 하면서 말이죠. 1964년에 공장에 들어와 방직작업장으로 배치됐습니다.

1950~60년대 공장에 들어온 노동자들의 구술 속에서 우리는 지나친 '계급'구조나 혹은 '출신 압력' 등을 느낄 수가 없었고, 대개는 가정의 책임감과 생활의 어려움으로 인한 압박 등이었다. 최소한 1964년 '4청'운동이 시작되기 전까지는 출신이라는 것은 한 사람이 노동자가 될 수 있는지 여부를 판단하는 중요한 자격 기준이 아니었다. 최소한 노동자들의 구술 속에서는 '출신이 좋고 뿌리가 바른' 계급 출신은 정치적 기억의 주요한 부분이 아니었고, 오히려 그들의 가정에 대한 책임이나 생활의 어려움이 그것을 표출하는 주요한 내용이었다. 1950~60년대 공장에 들어온 노동자들은 '빈곤'에 대해 절감했기 때문에 '절대 계급투쟁을 잊지 말자'라는 구호가 제기되었을 때 중요한 계급적 기초를 갖게 되었다고 해석할 수 있을지도 모르겠다. 또한 이 노동자들의 기억 속에서 청소년 시기의 가난은 더욱 쉽게 노동자가 되었다는 '행운'과 일에 대한 열정, 그리고 당에 대한 보은사상으로 환기될 수 있었다.

2) 주체의 서사, 두 번째 : 노동관계에서의 평등의식

우리가 1950~60년대의 간부-군중관계에 대해 물었을 때, 노동자들이 권력관계에 대해 느낀 것은 대개 평등이었다. 또한 이런 평등의식은 주로 시간의 과거지향-미래지향 선상에서 구축된 것으로 "지금과는 다르죠"라는 비교의 말을 항상 들을 수 있었다.

베이징 OO 인쇄공장의 마(馬)사부는 1946년생으로 10살 때 쇼우강(首鋼)에서 일하게 된 아버지를 따라 베이징으로 왔다. 1964년 중학교를 졸업한 그는 베이징 OO인쇄창으로 들어와 견습공이 되었고, 문혁 시기에는 공농병 학생으로 대학에 진학할 기회도 얻었다. 그는 다음과 같이 회고한다.

중학교를 졸업한 뒤 우선은 별로 공부하는 걸 좋아하지 않았고 또 집에서도 빨리 일하라고 하셨습니다. 아버지 혼자 일하고 계셨고 밑으로는 동생들이, 위로는 할아버지, 할머니가 계셨어요. 공장에 들어와 3년 동안 견습공으로 지냈습니다. 첫 해엔 16위안을 받았고, 두 번째 해엔 18위안, 세 번째 해엔 24위안을 받았죠. 견습을 마치고는 30위안을 넘게 받았어요. 그 시절엔 모두들 기율을 엄격하게 지켰는데, 견습공들도 아침 일찍 나와 기계를 정비하고 아침을 먹고 나면 기계에 기름칠도 했죠. 제때 기름칠을 안 하면 기계가 어떻게 되겠어요. 30분 먼저 일찍 나와 기계를 깨끗하게 닦아 놓고 바닥도 청소했죠. 사부님들이 오시면 일을 하실 수 있게 말이죠. 지금 같이 사부와 도제의 구분이 없지 않았죠. 그땐 꽤 엄격해서 출근하면 기율을 준수해야 했어요. 지금과는 달랐습니다.

그때 노동자들은 간부들과 사이가 좋았어요. 만약에 작업장 주임으로 승진되면 승진만 할뿐이지 월급은 오르지 않았어요. 원래 전 제 직급에서 80위안을 받았는데, 작업장 주임이 되고 난 뒤에도 80위안을 받았습니다. 게다가 작업장 주임이나 공단장들은 밤에도 작업장을 돌아야 하고 노동자들과 얘기도 나눴지요. …… 당시 간부들 임금은 노동자들과 별 차이가 없었어요. 우리 작업장 주임과 공단장의 집안 형편은 꽤 어려웠지요. 아이들이 많았기 때문이죠. 많이 벌어도 어렵게 살았어요. 지금처럼 직급에 따라 차이가 크지 않았죠. 그 시절엔 자발적이든 강제적이든 당에 대한 충심(黨性)이 정말 높았어요(베이징B2).

7XX공장의 송(宋)사부는 1938년생으로 1956년에 7XX공장에 들어와 줄곧 보통여공으로 있었다. 그는 다음과 같이 말한다.

그 시절엔 간부-군중관계가 정말 좋았어요. 간부들은 가는 곳마다 군중과 노동자를 생각했어요. 무슨 탐관오리 같은 것은 없었어요. 누구는 임금이 많고 누구는 임금이 적은 것[차별]은 없었어요. 걱정할 것도 없었고 집집마다 모두 정말로 평화로웠답니다(베이징A4).

상하이 국면OO공장의 조우(周)사부(여)는 1933년생으로 1955년 상하이 구제실업인원으로 OO공장에 들어와 정비공이 되었다. 그는 다음과 같이 말한다.

우리 같은 예전의 간부와 군중의 관계는 매우 좋았어요. 그 시절 간부는 보통노동자보다 갖고 가는 임금이 얼마 많지 않았는데도 정말로 책임감이 있었어요. 정비공들이 있으면 간부들은 매일 와서 몇 바퀴를 돌면서 상황을 보고 정말로 열심히 일했죠. 그러니 임금이 좀 적더라도 보통노동자들에겐 무슨 불공평한 마음이 들진 않았어요(상하이B3).

1968년 OO인쇄공장에 입사한 한(韓)사부(남)는 면접 당시에도 공장에서 일하는 노동자였다. 그는 다음과 같이 말한다.

예전의 노동자들은 의기투합하고 동지 같은 그런 관계였지요. 지금은 어떻게 변했습니까. 일하면 돈을 줘야 하고 무엇이 옳은 것인지 모두 상관하지 않잖아요. 마오 주석은 공통의 목표를 위해 모두가 함께 가자고 말했습니다. 프롤레타리아계급만이 전 인류를 해방시킬 수 있고 최종적으로 자신도 해방시킬 수 있다고 말이죠. 그건 그 시절의 말이지만 지금은 어떻습니까. 돈을 주면 가서 일하고, 적당한 돈이면 일하고 돈이 적으면 일하지 않죠(베이징B1).

노동자들은 구술과정에서 마오쩌둥 시대의 간부-군중관계의 평등한 상황을 보편적으로 기억해 냈다. 이런 '평등'은 그들이 보기에 '임금격차가 많지 않다는 것'과 간부들이 작업장에 내려와 노동했다는 것이다. 노동자들의 평등에 대한 서술은 단순히 예전과 오늘날의 대비에서 나온 회고가 아니라, 일종의 실천 경험에서 나온 평가였다.

3) 주체의 서사, 세 번째 : 집단노동에서의 성취감

노동자들이 구술에서 밝히고 있듯이, 그들의 기억 속에서 집단적으로 한 장소에 모여 일하는 과정은 새로운 일이었다. 집단적인 명예와 성취는 노동자들의 주체로서의 존재를 강화시켰고, 노동자들이 일 속에서 주체로서 경험하는 낭만을 얻을 수 있도록 했다.

7XX공장의 진(靳)사부(여)는 자신의 성취와 일에 대한 열정을 말하면서 걷잡을 수 없는 느낌을 전하고 있다.

1956년에 공장에 왔고 1957년에 열심히 공부했습니다. 각종 생산품을 만들었는데 대량으로 만들었죠. 1958년에 대약진이 되었을 땐 하루 24시간 집에도 돌아가지 않았어요. 아이고, 정말 모든 사람이 참고 견뎠어요. 피곤해지면 재빨리 샤워하러 갔다 다 씻고 나면 다시 일했죠. 그때 신기록을 세웠는데 누가 생산한 양이 많은지 생산 품질이 좋은지 등을 봤어요. 당시 전 반장이었고 그 후로 공청단 지부서기가 되었죠. 우리 작업장에는 몇 백 명의 단원이 있었어요. 전 공청단 지부서기라 더욱 시간이 없었어요. 어디 시간이 있겠어요. 집으로 돌아갈 생각도 하지 않았어요. 주로 생산을 했죠. 어떤 경우 사상 업무도 해서 말을 듣지 않거나 조직 기율이 약한 사람들을 도와주었습니다. 밤에도 낮에도 했어요. 작업장이 집이었죠.

우린 집단 기숙사에 살았는데 공장에 들어가면 모두 집단 숙사에요. 네다섯 명이나 일고여덟 명이 한 방을 썼어요. 침대 위 칸, 아래 칸 그렇게 잤죠.[웃음] 출근할 때 무슨 자전거가 있겠어요. 그저 버스를 타고 갔어요. 생활도 어려워 18위안이 들어오면 뭐 살 돈이 어디 있겠어요.

당시엔 모두 레이펑을 따라 했고 항상 선진분자를 배웠죠. 매일 출근 뒤엔 열심히 일했어요. 퇴근 후엔 한두 시간 넘게 학습을 했습니다. 대가없는 학습이었어요. 레이펑을 배우거나[웃음] 그 인분을 파낸 스촨샹(時傳祥)이나 리우후란(劉胡蘭)이나 항상 선진적인 인물들을 학습했죠. 아무도 불평하지 않았어요. 무슨 하기 싫은 일이 있었느냐? 없었어요. 엄두도 못 냈죠. 그땐 모두 성실했어요. 우리 같은 1960년대 사람들은요, 어딜 가나 지금까지, 어디 그런 사람이 있겠어요. 이 사람들은 스스로 역사에 보답하는 거예요. 뭔가를 바란다, 뭘 탐낸다, 그런 생각 없었어요. 지금은 잔업이 있다고 하면 얼마 줄 건대요라고 하죠. 그 시절엔 모두 바보였어요, 바보였죠. 그런 적이 없었죠.

그 시절엔 영광스럽게 생각했어요. 더 많이 공헌하면 인민을 위해 더 많이 봉사하는 거라구요. 자랑스럽게 생각했죠. 그땐 모두가 그렇게 생각했어요. 지금 젊은 사람들과 비교하면 다르죠. 출근할 때 그렇게 긴박했으니 안 그래요. 특히 문화대혁명 때 그랬죠. 그 당시 1959년에 반우(反右)가 있었어요. 전 하마터면 우파로 몰릴 뻔 했죠. 사람한텐 있는 대로 솔직하게 말해야 하잖아요. 1959년 단교[공청단 학교에서 학습할 때, 우리 집이 농촌에서 왔잖아요, 그때 당시는 그렇게 사실대로 말하지 않았어요. 좀 과장됐죠. 식량 얼마 얼마를 거둬들였느니 어쩌니 했죠. 사실 그렇게 많지 않았어요. 제가 농촌에서 왔기 때문에 사실대로 말했는데, 말한 뒤에 우파로 몰릴 뻔 했어요. 1959년에 입당했기 때문에 입당 후 정식 당원이 되려면 1년이 지나야 했어요. 전 집안 출신이 좋지 않았어요. 부농 출신이었죠. 집안 출신도 좋지 않고 우파로 몰릴 뻔한 데다 농촌이 그렇지 않다고 말한 거예요. 지금도 사실대로 편하게 얘기하죠, 말하고 싶은 대로 말이죠.

그땐 대명대방(大鳴大放)이라 자기가 말하고 싶은 대로 말했죠. 사실 누굴 뒤집어 씌워서 많은 사람이 우파로 몰렸어요. 전 경험이 없어서 용감하게 말했는데, 그런 일이 있고 난 뒤엔 말하지 않았습니다. 단교에서 3개월간 학습하면서 비판도 하고 회의에서 비판도 했어요. 2년 있다가 정식 당원이 되었는데, 정식 당원으로 1년 더 검증의 시간을 거친 거죠. 전 당에 반대하지도 사회주의에 반대하지도 않아 정식 당원이 되었어요.

1963년인가 몇 년도인가부터 전 그 팀에 있지 않았어요. 공장에서 지시가 있었는데, 각 분창(分廠)에서 식당이니 탁아소니 일상생활을 관리하게 됐죠. 모두 각자 관리하라는 거예요. 우리 5분창의 많은 엄마들이 출근할 수 없게 됐고 전 탁아소 일을 신청했어요. 인민을 위해 봉사하는 것이니 무슨 일을 해도 영광스러웠죠. 탁아소에 가고 싶어 자오(趙) 공장장을 찾아갔더니 승인해주더군요. 1960년대에는 스스로가 일상생활을 맡아야 했는데, 각 분창으로 내려가 분창에는 식당, 탁아소가 생겨났어요. 전 탁아소에 가서 일을 했어요. 아이들이 오면 반기고 씻기고 밥해서 먹이고 무엇이든 해야 했죠. 저랑 다른 사람까지 세 사람이 있었어요. 엎치락뒤치락 무슨 일이든 다 했죠. 누가 누굴 지도한다거나 지휘한다는 게 없었어요. 일이 생기면 다 같이 의논했죠.

전 아이를 낳고 56일 있다가 일했어요. 아이를 탁아소로 보냈죠. 우리 수유실이 있었는데 56일 동안 수유실로 보냈어요. 공장 안의 시설이 정말 선진적이었고 좋았어요. 지금은 무슨 사무실이 되었지요. 그땐 모두 바닥이 나무판이었고 아주머니들이 다 좋았어요. 팀으로 나눴는데 일에도 규율이 있었죠. 양육도 과학적으로 했어요. 우리 원장은 옌징(燕京)대학을 졸업한 사람이었어요. 이쪽 분야에 경험이 많아 아이들을 잘 양육했죠. 아이를 낳으면 수유실로 보내고 때가 되면 차로 보내주었어요. '엄마차'가 왔다고 했는데, 한 곳에 모여 차를 탔죠. 오전에 한번, 오후에 한번, 오전오후 모두 젖을 먹였죠. 정말 좋았고 과학적이었어요. 그것도 소련 전문가들이 설계해 준거였죠. 층마다 스팀이 나왔고 샤워실도 모두 좋았어요. 전자관창의 복지시설은 정말 좋았습니다(베이징A3).

송(宋)사부(여)는 1938년생으로 1956년에 중학교를 졸업한 뒤 7XX공장에 들어왔다. 그는 다음과 같이 말한다.

당시 우리 공장은 정말 활기가 넘쳤습니다. 전국 최고였죠. 그 시절에 노동자를 많이 모집했는데, 각종 업종과 직종이 다 있었어요. 많은 곳에서 절 뽑았는데 전자관창에 온 건 비밀을 지켜야 하는 군사공장이라고 생각해서였죠. 철도 쪽에서도 절 뽑았고 위생부에서도 간호사로 뽑혔지만 가지 않았어요. 전 특히 중공업을 좋아했어요. 전자관창은 국방공업이니까 이 전자관창에서 뜻을 펼쳐야겠다고 생각했지요. 당시엔 정말로 우리 노동자들의 열의가 충만해서 선의의 경쟁을 했죠. 노고를 마다하지 않고 하루 24시간 쉬지 않고 일했어요. 조그마한 불평도 없었죠. 당시 임금도 얼마 되지 않았어요. 그 시절엔 물건마다 모두 배급 증표가 있었지만 정말 쌌어요. 먹는 건 문제없었죠. 1전이면 땅콩이 수북했죠. 그러니 생활이 정말로 좋았어요. 노동자들도 열의로 가득 찼구요, 모두들 열심히 앞서거니 뒤서거니 했죠. 임금도 안 준다 해도 조금도 불평이 없었어요. 당시엔 3교대제였는데 24시간 모두 작업장에 있지 못하는 것이 안타까울 정도였어요. 왜냐하면 모두의 마음이 오로지 일에만 있었고 아이들을 돌보지 않아도 됐으니까요. 어머니가 절 도와 아이를 업었고 어머니가 병이 나면 이모가 절 도와주었고 집안일은 아예 걱정도 하지 않았어요. 공장에서 모두 해결되었죠. 그러니 그 시절엔 아무런

근심 걱정 없었고 ……마음이 상쾌했어요. 아무 걱정이 없으니 오로지 전심으로 일만 했죠. 일이 끝나면 오락시간도 있었어요.

어려운 시기[대약진]엔 배불리 먹지 못했어요. 전 당시 29근 정량이었어요. 대개 여자들은 28~29근, 남자들은 30근을 받았죠. 그땐 사람들 사이가 좋아 여자들이 남자들에게 조금 더 주었어요. 남자들이 모자랐거든요. 그 시절도 견뎌냈죠. 자연재해가 있었지만 모두들 허리띠를 졸라매고 어려움을 극복하려고 했어요. 소련 전문가들도 가 버리고 빚도 갚아야 했죠. 왜 허리띠를 졸라매야 했냐면 빌린 자금을 갚아야 했거요. 모두가 함께 난관을 극복했죠. 그 시절의 사람들은 의식이나 각오가 대단했지요(베이징A4).

신중국 공업화 건설과정에 직접 참여한 노동자들은 생산노동과 일상생활이 하나가 되었고 집단숙소나 아이들의 공동관리가 마음속에 집단의식을 갖도록 해주었다. 시장화와 끊임없이 비교하는 가운데 노동자들의 기억은 구술 중에 스스로를 주체로서 드러내고자 했고, 이런 주체는 대가를 바라지 않는 '희생정신'을 갖춘 것이었다. 또한 '적극적으로 일해 빨리 달성하고', '허리띠를 졸라 맨' 일상 속에서 공화국의 눈부신 성과와 어려움을 함께 했던 것은 바로 이 세대 노동자들의 집단적 성취의식이었다. 계획경제체제에서 국유공장의 체제는 개인생활관리와 서비스제공을 통해 '공장인'을 '사회인'으로, '소아'를 '대아'로 변하게 만들었다. 마음속의 집단화라는 기초 위에서 노동자들은 하나의 주체로서 스스로를 '작은 집을 버리고 큰 집을 돌보는' 노동자로 표현했다. 바로 이런 마음속의 집단화라는 분위기 속에서 노동자들은 공장과 국가에 대한 일체감을 형성해 나간 것이다.

요컨대 신중국 1세대 노동자들의 기억 속에서 노동계급의 신분은 공산당 이데올로기 담론구조의 산물이 전혀 아니며, 노동자들이 공산당의 노동계급 담론 속에서 자주적으로 공명하여 찾아낸 것이었다. 주체로서의 서사는 이 세대 노동자들의 정신을 표출해 주었는데, 한편으로 그들은 자신들이 그 시절의 행운아였다는 강한 믿음이 있었고, 다른 한편으로는 그 시대의 건설자로서 부끄럽지 않은 찬란한 시대를 겪어 왔다고 생각하고 있었다. 이런 의미에서 신중국 1세대 노동자들은 긍정과 통일의 자아를 형성했다.

4. 집단기억 : 일상생활의 낭만화와 노동자 신분의 재확인

문혁을 겪은 신중국 1세대 노동자들은 자신들의 집단기억 속에서 '동일한 연령군'의 특징을 나타냈다. 일련의 사회운동, 특히 '노동계급은 영도계급'임을 강조하는 프롤레타리아계급 문화대혁명은 이 세대 노동자들을 역사의 무대 앞으로 밀어냈고, 노동자의 일과 생활은 날로 정치화되어 갔다. 노동자들의 혁명에 대한 기억은 그들의 문혁에 대한 곤혹감과 자신감 없음을 드러냈고, 또한 하나의 계급으로서 혁명실천에 참여한 잠재력을 보여주었다. 이 세대 노동자들의 일상생활에서 혁명은 집단적으로 낭만화되었다. 혁명에 대한 곤혹감, 일상생활의 낭만화, 그리고 권위에 대한 신비감의 제거 등은 노동자들로 하여금 '자신의 본분'을 성찰하게 만들었고, 노동자의 집단인식, 즉 노동자로서의 사회 신분을 재차 확인시켰다.

1) 자신이 처한 혁명과 혁명에 대한 곤혹감

많은 노동자의 기억 속에 1950년대 중후반은 끊임없는 운동 과정이었고, 이런 운동은 거의 모두 위에서 아래로, 외부에서 내부로 들어오는 것이었다. 노동자들의 혁명에 대한 선전은 결코 낯선 것이 아니었지만, '혁명'이라는 단어에 대한 이해는 결코 일치되지 않았다. 각종 정치운동으로 인해 노동자들은 '혁명'과 '운동'에 곤혹감을 느꼈다.

7XX공장의 송(宋)사부(여)는 1938년생으로 1956년에 공장에 들어왔다. 그는 공산당을 존경했고 당의 말에 따랐지만, 각종 운동들은 이해할 수 없었다.

전 줄곧 입당을 원했어요. 1956년 공장에 들어온 뒤 얼마 지나지 않아 입단했죠. 그런데 1981년에야 입당할 수 있었어요. 왜 1981년에서야 입당했냐구요? 각종 운동이 진행되면서 정치적 태도(表現)를 보았기 때문이죠. 제가 출신이 좋지 않았거든요. 저희 집은 지주 겸 자본가였죠.[웃음] 지주 겸 자본가가 뭔지 아세요? 3무(畝) 7분(分)의 땅에다 소 한 마리가 있어서 지주로 판정됐죠. 또 공장도 있었는데 수공 직기가 있었어요. 12명의 노동자가 있었는데 대부분 친척이었죠. 12명 중 아버진 사장이었는데 주주로 2주를 가지고 있었어요. 1주에 24위안이었는데, 그래서 지주 겸 자본가가 되었죠. 문화대혁명 때 가택 수색을 당해 물건을 모두 가져가 버렸어요. 나중엔 돌려줬어요. 각종 운동들, 삼반, 오반, 자본가 타도, 4청 등, 4청 때는 심하게 다투었지만 생산에는 영향을 주지 않았어요. 문혁 때도 이쪽에서 대회를 열고 저쪽 가서 대회를 열었지만 그건 모두 우두머리들의 일이었죠. 우리 같은 보통사람들은, 전 보황파였죠. 당시 운동에 참여할 때 위의 말을 들었어요. 주로 중간 간부들이었는데 정치적 경향이 있었죠. 의견이 맞지 않을 때 그들이 싸우는 걸 보면 참 이상했죠. 무엇을 위해 죽사발을 만드는지 이해가 안 갔어요. 무슨 논쟁을 하는지 분명치 않았고 몇 명의 졸개들이 있었지만 후에 처벌받았어요.

홍위병 역시 노동자였죠. 조건이 있었는데 출신성분을 봤어요. 일반적으로 모두들 출신이 좋은 편이었어요. 1965년에 일을 시작한 노동자들 중 홍위병에 참여한 사람이 비교적 많았어요. 저보다 많이 어렸죠. 대담했고 충동적이었어요. 학교에서 막 나왔고 공장에서 교육받지도 않았어요. 기술학교를 나왔죠. 모두들 업여학교였어요. 제 남편이 소련에서 가지고 온 음반 역시 허용이 안 돼서 전부 깨뜨렸어요(베이징A4).

상하이 국면○○공장의 천(陳)사부(여)는 1946년에 태어나 문혁 당시 비교적 젊은 편이었다. 그는 다음과 같이 회고한다.

> 문혁 당시 전 인민광장에서 열린 공장 집회에 참가했습니다. 모두들 인민광장으로 갔어요. 많은 사람이 갔었는데, 저도 있었죠. 그 당시 생각은 주로 가서 듣자는 거였어요. 어떤 시각이 옳은지 어떤 얘기가 틀린지 말이죠. 뭐라고 할까요, 다듬는다고 할까, 그 당시 저 자신도 정말 유치했어요.[웃음] 그 당시 갓 스무 살이었거든요(상하이A2).

상(相)사부(여)는 해방 이전 아동노동자(童工) 출신이었지만, 공산당의 발탁과 육성을 통해 처음으로 시급(市級)노동 모델이 되었고, 대학에 들어가 공부할 기회도 얻었다. 문혁 당시 그는 이미 화학섬유공장의 기술자였다. 그는 문혁에 대해 다음과 같이 회고한다.

> 문혁 당시 전 화학섬유 작업장의 주임으로 있었습니다. 시작 당시 무슨 보황파가 있었는데 나중에 엄청나게 맞았어요. 그때 우린 볼 수가 없어서 공장장들을 보호했어요. 우리 이들이 좋은 사람들인데 어떻게 이 지경으로 만드냐고 생각했죠. 그 뒤론 저도 운 사납게 됐지요. 저더러 수정주의의 싹이라고 하더군요. 독에 물들여 나왔다고 하면서 모자도 정말 많이 썼습니다. 저희 집도 가택수색을 당했고 가짜 모범노동자라고 비판받았어요. 절 수정주의라고 하면서 학교에 있을 때도 수정주의 싹이라고 했죠. 처음에는 정말 힘들었어요. 울었지요. 우리나라가 어쩌다 이렇게 됐는지 생각했지만 잘 이해가 되지 않았어요. 납득이 되지 않아 저도 그들과 싸웠습니다. 공장 당위원회와 서

기를 보호했지요. 그랬더니 제가 반당조직의 사람이라고 공격하더군요. 당위원회를 보호했는데 오히려 5인의 반당조직이 되었어요. 우리 쪽에도 모범 노동자가 있었는데, 『해방일보』인가 무슨 신문에서 좌담회를 열어 그들더러 우리가 독에 물들었다는 문장을 쓰라고 했어요. 나중에 또 우릴 적발하라고 했어요. 원래 우리랑 같이 있던 모범노동자에게 우릴 폭로하라구요. 그들은 신문사로 보내져서 좌담회를 열더니 그런 내용을 쓴 거예요. 그들더러 절 공격하라고 했어요. 제가 무슨 교수하고 결혼했다느니 예쁘게 생겼다느니 모두 인격 모함이었죠. 많이도 썼어요. 모두 인격을 모독하는 내용들이었어요 (상하이C7).

국면OO공장의 리(李)사부(여)는 1964년에 일을 시작했다. 그는 다음과 같이 말한다.

문화대혁명 땐 비교적 혼란스러웠죠. 대자보니 뭐니 아무데나 붙였어요. 어떤 사람들은 다른 속셈이 있어, 만약 누구에 대해 이의가 있거나 불만이 있으면 그 기회를 틈타 대자보를 많이 써 붙여 이미지를 왜곡시켰어요. 대자보는 저도 매일 보았는데 매우 흥미로웠죠. 왜냐하면 당시엔 사회에 대해 잘 알지 못했고, 문화대혁명에 대해서도 어떻게 된 일인지 몰랐거든요. 하지만 우리도 논쟁하게 되었고 공장 내에서도 논쟁이 시작되어 그렇게 해서 두 파벌이 형성되었어요(상하이A1).

많은 노동자에게 '4청'에서 시작된 혁명운동은 그들을 곤혹스럽게 만들기 시작했다. 혁명소장(少將: 학생)이 중심이 된 운동은 대다수의 노동자들에게는 피동적이고 관망적이며 이해가 되지 않는 것이었다.

2) 일상생활의 낭만화와 권위에 대한 신비감의 제거

노동자들은 혁명운동에 곤혹감을 느꼈지만, 동시에 문화대혁명의 구호·표어·선전은 노동자들을 운동의 중심으로 밀어 넣었다. 노동자들은 '영도계급'의 신분으로 정치운동의 실천 활동에 참여했고, 이로써 혁명에 대한 이해는 일상생활의 낭만화로 나타나게 되었다. 노동자들은 대자보를 통해 기술관료와 정치관료의 사생활과 타락을 엿볼 수 있었고, 대자보를 쓰는 참여 활동을 통해 전통적인 노동자 생활과는 다른 장으로 옮겨 갔다. 이후 노동자들은 직접 대학이나 해외, 공장과 농촌으로 들어가 혁명을 선전했고, 이전에는 상상조차 할 수 없었던 사회적 공간을 점령하게 되었다. 이런 일과 생활 경험은 노동자 생활의 일상적인 상황을 초월하는 것으로, 이로 인해 생활에 대한 상상은 평범함과 번거로움에서 벗어날 수 있었다. 이런 이유로 노동자들의 과거에 대한 기억과 서사에서도 희열과 자부심이 가득했다. 오늘날에는 다시 경험하기 어려운 공산주의적 집단생활과 집단행동은 노동자들에게 사회주류의 구성원이 되었다는 집단 이미지와 집단의식을 형성시켰다. 이런 낭만화된 생활은 노동자들에게 득의양양한 인생자본과 평생토록 애깃거리가 될 풍부한 내용들을 제공해 주었다.

상하이 디젤엔진공장의 런(任)사부는 1962년에 전문대학을 졸업한 뒤 공장에 들어왔다. 문혁 당시 급진 조반파가 되었고 방송 일을 담당했다. 문혁 당시 상하이 디젤공장에서 일어난 일에 대해 런사부는 흥미진진하게 이야기했는데, 마치 영화처럼 생생했다. 그는 다음과 같이 말한다.

> 문화대혁명은 개인적인 원한을 푼 게 아니죠. 단지 어떤 장소에서, 어떤 상황에서 개인적인 원한을 풀 요인이 있었던 게지. 문혁처럼 전국적인 큰 운동의 목표는 아주 명확했어요. 결국 권력을 잡은 사람들을 끌어내리려는 것이었지요. 개인적인 원한풀이는 단지 밑에 있는 조장이나 과장이나 지부서

기들이지, 큰 기업에선 대개 두드러지게 나타나지 않았습니다. 하지만 그런 요인도 있었어요, 예를 들어 예전에 비판을 받았다든가 자아비판문을 썼다든가 처분을 받았다든가 하면 문혁 때 발산하곤 했죠. 상하이로 말하자면 대부분의 노동자들이 말을 잘 듣는 사람들이라 당의 말도 잘 들었죠. 그래서 사람들이 모두 일어나 혁명을 일으킨 거라오.

　나와 아내는 같은 파벌이었는데, 그때 아이를 데리고 시위를 했어요. 큰 대열을 따라 시위를 했죠. 당시엔 시위가 있다고 하면 바로 따라갔어요. 지금 생각하면 정말 영문을 모르겠어요.[웃음]

　그 후에 큰 강당에서, 모두들 그곳에서 기다리고 있었는데, 무대 옆에는 방송 마이크가 있었어요. 전 마이크를 맡고 있어 통지문을 읽고 대자보를 읽었지요. 그때 거기서 방송을 맡고 있었거든요. 그 뒤로도 전 방송국으로 갔어요. 전 노조 선전조의 방송요원이 되었죠. 전 제 전공을 별로 좋아하지 않았고 방송을 좋아했죠. 어릴 때 방송극 듣는 걸 좋아했어요. 전 방송에서 모든 군중이 단결해야 한다, 무슨 파벌이든 상관없이 단결해야 한다고 했습니다. 그곳에 녹음실이 있었는데, 매일 서로 다른 작업장과 반조(班組)의 녹음을 방송했어요. 예를 들어 노래 합창이나 만필기(萬匹機)도 있었고 선전도 있었어요. 전 인터뷰를 녹음하고 돌아오면 편집을 했죠. 모두 제가 좋아하는 일들이었어요. 또 선진적인 모범인사를 찾아내 선전도 했어요. 당시엔 좋은 사람, 좋은 일들, 전형적인 일들을 썼어요. 그땐 아주 힘이 났고 매우 감동적이었습니다. 혁명노선의 노동계급이라구요. 그때 만필기에는 실제 더빙도 하고 음악도 넣었어요. 그래서 전 지금까지도 녹화하고 편집도 하고 더빙도 하고 음악도 깔아 CD를 만들 줄 압니다. 초등학교 때부터 고등학교 때까지 제 작문 실력이 60점 정도였는데, 혁명의 열정 때문에 배워가면서 썼어요. 표준어 역시 그렇게 배우면서 말하게 되었지요(상하이F1).

　문혁과정에서 베이징 〇〇인쇄공장의 적지 않은 노동자들은 공장과 농촌, 심지어 해외로 파견되어 마오쩌둥 사상을 선전했다. 이 공장의 양(楊)사부는 1975년에서 1976년까지 알바니아로 파견되어 지원사업을 벌이기도 했다. 당시 공장 전체에서 20여 명의 당원 노동자가 알바니아로 차출되어 그곳 인쇄노동자의 기술을 지도해 주기도 했다. ○○인쇄공장의 리(李)사부는 농촌에서 마오쩌둥 사상을 선전하던 일을 얘기하면서 업무가 너무 피곤해 두 번이나 쓰러지기도 했다고 의기양양하게 말하고 있다. 노동자의 구술 속에서 일상의 삶은 일상을 초월하여 나타나고 있는데, 이는 현대의 평범한 노동자의 삶으로는 상상할 수 없는 것이다. 따라서 그들은 이런 '불가사의'한 사건들을 얘기할 때는 이런 사건에 낭만적인 의의를 부여했고, 일상의 삶에서 다시는 무슨 권위를 두려워한다거나 권위를 맹신하지 않았다. 이것은 노동자의 마음속에 하나의 진정한 혁명이 일어났다는 것을 의미한다. 물론 이 혁명이 각종각양의 곤혹스러움을 갖고 있지만, 특히 린뱌오 사건이 발생한 뒤로는 노동자의 마음속에 권위에 대한 신비감이 제거되었는데, 이는 진정한 의미의 해방이라고 할 수 있다.

3) 성찰과 노동자 신분의 재확인

노동자들은 문화대혁명에 말려 들어가면서 급진적인 '조반파', 보수적인 '보황파', 그리고 '소요파' 가운데 하나를 선택해야 했다. 이런 선택이 노동자들을 성찰하게 만들었고 또한 이 노동자 세대의 행동 능력을 단련시켰다.

역사적 과정에서 보면, 노동자들은 문혁이 끝나고 30년 동안 재차 이 운동과 자신의 경험에 대해 되돌아보면서 더욱 자주적인 성찰을 하게 되었다. 이런 성찰 속에서 우리들은 노동자들의 적극성을 볼 수 있었다. 문혁 이전 중국노동자들은 공산당에 대해 아무런 거리낌 없는 신임을 보여주지만, 문혁에 대한 부정과 시장화 개혁이 시작됨에 따라 과거지향-미래지향의 사회적 기억 속에서 공산당에 대해 의심할 수 없다는 금기는 깨졌고, 심지어 어떤 노동자들은 노동자가 문혁에서 '이용당했다'라고 말하기도 했다. 따라서 노동자들은 '영도계급'의 지위에 대해 그리워하지 않았고 역사적으로 자기성찰적인 신분 선택을 하게 된다. 노동자(工人)는 바로 노동자(勞動者)이고 주요한 임무는 생산이라는 것이다. 이런 노동자에 대한 신분 재확인은 문혁과 개혁을 통해 더욱 강화된다.

1964년 OO인쇄공장에 들어간 마(馬)사부는 문혁 초기에 적극적으로 운동에 참여했고, 이후 공선대원으로 추천받아 대학에 들어갈 수 있었으며, 공농병 대학생이 되어 칭화대학에서 공부했다. 그는 다음과 같이 말한다.

문혁 당시 우리가 뭘 할 수 있었겠습니까, 조직 활동에 참여하는 것이지요, 대회가 열리는 게 다죠, 또 뭐가 있겠어요. 주자파를 비판하고 구호를 따라 외치는 게 다죠. OO공장에서는 다른 단위처럼 비판대회가 심하진 않았어요. 하지만 하지 않으면 안 됐죠. 위대한 지도자 마오 주석이 일으킨 문화대혁명인데 자신을 도외시할 순 없었어요. 모두 해야 했죠. 어떤 공장처럼 공장장을 때리면서 너무 심하게 하진 않았어요. 그저 팻말을 걸고 단상 위에 서서 머리를 숙이는 게 다였죠. 무슨 몽둥이로 때리거나 그런 건 아예 없었어요. 1968년에 7·27사건[칭화대에 진입한 공선대와 칭화대 홍위병 사이에 무장충돌이 벌어진 사건]이 일어났습니다. 마오 주석께서 노동계급이 영도계급이라고 했잖아요. 노동자들이 대학으로 가서 대학생들 속에 섞였죠. 저도 그때 대학에 갔어요. 우선 칭화대학에 갔는데 며칠 만 있다가 돌아와서 하루 쉬고 나서 공선대(工宣隊)로 석유대학에 갔어요. 석유대학에서 돌아온 뒤로는 공농병 대학생이 되어 대학에 들어갔죠. 7·27때 칭화 사건은 정말 혼란스러웠어요. 그 뒤로 상황이 안 좋게 되자 들어간 뒤로 그곳에 남은 거예요. 갈 땐 어떻게 된 일인지도 몰랐어요. 러닝셔츠에 짧은 바지를 입고 갔죠. 그때가 여름이었으니까요. 노동자들이 집하고 연결이 되지 않았는데, 전 첫 번째 날은 안 갔어요. 작업장에서 당직을 서고 있었거든요. 사람들의 가족들이 전화를 걸어 어떻게 되었냐고 하면서 왜 여태까지 집에 오지 않는지 묻더군요. 그래서 모두들 칭화대학으로 갔으니 별 일 없다, 안심하라고 알려주었어요. 그 후로 듣자하니 학생과 노동자가 싸우기 시작했다고 해서 걱정이 되었습니다. 그래요, 마오 주석은 노동자들이 지식인들 사이로 섞여 들어가야 한다고 했잖아요. 제 기억으론 당시 과마다 몇 명씩 파견되어 사상을 정비하고 양 파벌간의 무투를 제지했죠. 마오쩌둥 사상을 받아들여 어느 한 편을 도와 다른 한 편을 공격할 순 없었어요. 이렇게 칭화대학에서 아마 한 달쯤 있었던 것 같아요. 그 뒤로 석유대학으로 가서 1년이나 반 년 쯤 있었을 거예요. 잘 기억이 안 나네요. 석유대학에서 후방근무를 맡았는데, 주로 목공일을 했어요. 당시 학생들에게 그저 마오쩌둥 사상을 선전하고 무슨 대회를 열고 경험을 소개하고, 또 어떤 경우엔 함께 일도 했죠. 나무를 함께 들고 서로 도왔어요. 한데 뭉쳤죠.…… 우리가 석유대학에서 만난 사람들은 목공노동자였는데, 무슨 지식인이 아니라 학교 안의 노동자였어요. 그 목공들의 출신이 모두 참 가난한 집안이었어요. 그들도 학교 안에서 노동계급의 일부분에 속하지만 아마 학교에서 지식인의 영향을 받아선지 행동이 좀 과격했어요. 하지만 함부로 말하진 않았고 신중했어요.

칭화대학에서의 구체적인 일은 기억이 잘 나지 않습니다. OOO를 찾아가 보세요. 그가 당시 대외적으로 칭화대학 문혁의 경험을 소개했어요. 소개를 무척 잘했고 역시 OO공장의 노동자죠. 노동자라고 얕보지 마십시오. 노동자 안에도 숨은 인재들이 있죠. 그때 노동자 역시 …… 그가 직접 겪은 일을 들으면 분명 굉장할 거예요. 게다가 융통성 없이 얘기하는 사람도 아니에요. 말재간이 있는 사람들은 참 말도 잘하죠. 그가 이 일들을 모두 겪었어요. 겪지 않았으면 있는 그대로도 말하지 못하죠.

1970년에 전 칭화대학에서 공부를 했습니다. 그때 공장 전체에서 몇 십

명이 칭화대학으로 갔죠. 작업장에서 추천하고 군중들이 통과시켰어요. 군중들의 동의가 없으면 안 됐죠. 그때 대학입학 기준이 무엇이었냐 하면, 학력 기준은 없었어요. 당시 칭화에 간 사람들 중에는 전국 모범노동자도 있었고, 초등학교를 졸업한 사람도 있었죠. 공농병 대학생이 되려면 사상이 좋아야 했고 무슨 기준은 없었어요. 우리 작업장엔 5백여 명이 있었는데 2명을 뽑았어요. 저하고 또 다른 사람은 제대군인이었죠. 칭화에서 자동화를 전공하고 1974년에 졸업했습니다.

학교에 다닐 땐 계속 학교 안에서 지냈고 토요일에 돌아왔습니다. 매달 19위안을 받았는데, 그 뒤로 누군가 원래 임금대로 하자고 했어요. 반 년 동안은 19위안씩 받았고 그 뒤론 원래 임금대로 받았어요. 방학 때도 일해야 했죠. 겨울방학, 여름방학이 있었는데 방학하면 공장으로 돌아와 일을 했어요. 반에 30여 명이 있었는데 2명의 여학생이 있었어요. 졸업하고 다시 작업장으로 돌아와 일을 했죠. 지금도 동창생끼리 연락을 해요, 이제 많이들 퇴직했죠. 돌아온 뒤에 승진은 없었어요. 당시도 지금처럼 자격증을 중시했죠. 가기 전엔 기계를 가동하다가 돌아온 뒤엔 전기기술도 다루고 기계도 고쳤죠. 제가 배운 게 그거였거든요. 뭐 변한 건 없어요. 아는 게 늘어났을 뿐이고, 노동자로서의 신분을 유지해야 했어요(베이징B2).

7XX공장의 송(宋)사부(여)는 보통여공으로 문혁 동안의 '노동계급은 영도계급'이라는 견해에 대해 다음과 같이 말한다.

그 당시 노동계급은 영도계급이라는 구호는 우렁찼죠. 그 시절엔 노동계급으로서 영광스러웠지만 지금은 누가 노동계급을 대단하다고 생각하겠어요, 아무것도 아니죠. 공선대가 있었고 공선대가 학교로 들어가기도 했죠, 우리 작업장에도 있었구요. 그들[공선대]이 작업장으로, 공장으로 들어와 우선 노동자의 사상 수준을 높였고 또 하나는 생산을 강조했어요. 두 파벌간의 다툼이 생산에 영향을 줄까봐 우려했죠. 하지만 우리 공장에서 영향은 크지 않았어요. 두 파벌간의 투쟁이 격렬해서 생산 임무를 다하지 못한 적은 없었죠. 우리 작업장에선 없었어요. 다른 작업장에서도 제가 알기론 많지 않아요. 어쨌든 전체적으로 생산에 영향을 주진 않았어요. 군대표가 기층간부에 협조해 공장 일을 했지요, 그래도 생산은 해야 한다면서요(베이징A4).

상하이 국면○○공장의 여공 조우(周)사부는 다음과 같이 말한다.

문혁 당시 역시 생산이 가장 중요했어요. 혁명은 혁명이고, 다툼은 다툼이죠. 생산은 어찌됐든 간에 모두 끝내야 했어요. 사실 모두들 잘 알고 있었죠, 생산하지 않으면 먹을 밥이 없으니까요(상하이B3).

문혁 당시 상하이 화학섬유공장에서 작업장 주임을 맡고 있었던 상(相)사부(여)는 투쟁 중 비판을 받지만, 여전히 생산을 고수하는 노동자의 임무를 유지하고 있었다. 그는 다음과 같이 말한다.

투쟁은 물론 했지요, 제게 노동을 하라고 했어요. 전 필사적으로 청소했어요. 작업장의 구석구석을 정말 열심히 청소했죠. 많은 사람들이 절 옹호하면서 함께 청소해 주었어요. 조반파 사람들은 누가 청소를 도와주나 보고는 그 사람을 비판했어요. 전 절 도와주지 말라고 얘기했죠. 도와주면 모두 당하게 되니까요. 그 뒤로 군인들이 왔어요. 군인들은 절 무척 신임했죠. 저 같은 사람은 일해야 한다면서 제 업무로 복귀시켜줬어요. 하지만 그때도 제게 시킨 일은 그만두지 않고 계속했어요. 생산에 매진하라고 했잖아요. 당시 우리 모두 4청을 겪었기 때문에 대강의 흐름은 알고 있었죠. 또 일부 사람들은 조반파 일에는 상관하지 않고 열심히 일만 했어요. 그 사람들이 생산을 했으니까 괜찮았죠. 너희는 가서 싸워라 하면서 말이죠. 1966년에서 1973년까지 우리는 생산을 멈춘 적이 없어요. 낙하산의 조립 원료를 생산하는 군공 업종이었기 때문이지요. 공장에는 사람이 1천 명이 넘었어요.

    1973년에 총리인지 중앙의 어떤 사람인지 무슨 말을 한 것 같아요. 사람들을 육성하라고 하면서 어떻게 그들이 필요 없겠냐고 했지요. 마침 그런 기회가 온 거죠. 우리 공사(公司)엔 당위서기가 있었고, 또 우리 사부님 역시 해방 전 지하당원 출신이었죠, 저도 있었구요. 절 위로 보내 생산에 매진하게 하라는 내부적인 계획이 있었어요. 절 공사로 보내 혁명위(革命委) 부주임을 맡게 했는데, 공사 부사장급이었죠. 전 생산에 매진했지만, 생산량은 올라가지 않았어요. 전 줄곧 그곳에서 바빴어요. 생산 일로도 절 찾아오고, 만약 생산이 잘 안 되면 절 비판했죠. 그 뒤로 전 사람들을 데리고 비스코스 공장으로 갔어요. 전 그들과 싸우지 않겠다고 했고 우린 국가를 위해 일을 해야 한다고 말했어요. 그 후에 우리는 비스코스의 268탄소를 아주 적게 감소시켰고 이후 전국적으로 널리 보급되었죠.

    문혁이 생산에 미친 영향은 매우 심각해서 거의 마비 상태였죠. 우리 공장의 생산이 정지되지 않은 것은 우리가 군공업 생산이었기 때문이에요. 많은 공장이 모두 마비되었죠. 그 뒤로 혁명을 하며 생산을 촉진한다(抓革命, 促生産)를 외치면서 생산이 조금씩 조금씩 좋아졌어요. 아마 1973년에 덩샤오핑이 연설을 하더니 조금 좋아졌는데, 1975년에 다시 끝장이었죠. 파괴 정도가 너무 컸어요. 제가 공장 안에 있어서 알아요. 이 공장에서 정말로 생산이 좋아지게 된 건 1980년 가서예요. 1980년에서 1990년까지 생산이 정말로 조금씩 조금씩 위로 올라갔어요. 1982년에 전 회사 사장이 되었어요. 문혁이 생산에 미친 영향은 주로 당시 규정에 대한 비판이었는데, 규정이 가두고(關), 조이고(卡), 억압(壓)하는 거라 생각했죠. 전 이런 생산규정제도가 생산의 규율이라 생각해요. 안전생산은 안전생산이고, 어떻게 해야 하며, 무슨 규격은 무슨 규격이지요. 이걸 어떻게 수정주의라고 할 수 있겠어요. 이런 규정제도는 공업 생산이 생기고부터 조금씩 발전해 온 거지, 불현듯 떠오른 생각이 아니라구요.

무슨 비판할 게 있겠습니까. 그들이 비판한 건 완전히 정치적 필요 때문이라구요. 그건 정말 제멋대로 하는 거라 생각해요, 하나의 비극이죠(상하이C7).

상하이 ○○기관공장의 런(任)사부는 문혁에 대한 평가에 관해 다음과 같이 말한다.

문혁이 막 시작되었을 때 사람들은 모두 위태로웠습니다. 그땐 사람들도 몹시 단순했는데 공산당의 교육을 받았지요. 당시 교육도 단순해서 뭐든지 솔직하면 좋은 거라고 여겼죠. 사실 어떤 경우 반드시 좋은 것만은 아니거든요. 그건 역사이지만 이제야 분명히 깨달은 거죠. 우린 언제나 당의 말을 듣고 당에 대해 충성을 다하는 사람이 되기를 바랐고 당이 자신을 보호해 주기를 바랐던 겁니다. 사람들은 스스로 보호하기 위해 '우두머리'를 찾거나 빽을 찾았죠. 우리들은 아무 빽도 없고 의지할 곳도 없으니 당을 믿고 그렇게 해야 자신을 보호할 수 있다고 단순하게 생각한 겁니다.

그때 사람들은 존경스럽기도 하고 불쌍하기도 해요. 자기 주관도 없고 자기 영혼도 없지요. 그땐 중국에서 오직 한 사람만이 영혼을 가지고 있었다고 할 수 있어요. 바로 마오쩌둥이지요. 다른 사람들은 모두 영혼이 없었어요. 솔직히 말하면 그렇죠. 사실 문화대혁명은 재난이었고 개인에게 남긴 교훈 역시 일종의 경험의 축적이라고 할 수 있습니다(상하이F1).

노동자들은 기억 속에서 해방 초기의 행운, 일에 대한 열정, 국가 주인공 담론 등은 한데 겹쳐 마음의 주인화와 주체성을 이루었다. 따라서 노동자들의 문화대혁명에 대한 기억은 일상생활의 낭만화를 통해 권위를 해체시켰고, 무투, 좌파 지지, 원조, 대학 진입 등 '비관례적 사건'들이 노동자의 평범한 생활 속에서 칭송받을 만한 이야기가 되었다. '생산하지 않으면 먹을 밥이 없다'라는 소박한 생각은 노동자들에게 정치운동에 대해 다시 성찰하게 만들었고, 이런 노동자의 마음 깊숙한 곳에서 일어난 성찰은 '계몽운동'이나 '정신해방'과 다르지 않았다. 만약 이런 운동이 각종 사회적 위기였다고 말한다면, 이는 결코 노동계급의 위기를 가리키는 것이 아니라, 특권자들이나 권위를 독점하고 있던 자들의 위기를 말하는 것이다. 바로 이런 의미에서 집단화와 탈권위화, 그리고 노동자로서의 사회 신분이라는 신중국 노동계급의 문화전통과 공동의 집단기억이 형성되었다.

5. 행동에서 나타난 역사 계승

사람들은 대개 시장화된 오늘날 신중국 1세대 노동자들을 '한물 간' 세대이자 버려진 세대라고 여긴다. 그러나 역사적 시각에서 볼 때 이 세대 노동자들은 '영도계급'의 사명을 실천했던 노동자들로, 그들의 일과 삶은 이 세대 사람들의 목표와 이상을 대표한다. 기대되었던 이상으로서의 영도계급인 노동자들의 경험은 중국의 것일 뿐 아니라 세계적인 것이기도 하다.

사실상 우리가 이 과제를 연구하는 과정에서 처음에 품었던 바람은 신중국 1세대 노동자들의 기억을 추적하여 이 세대 노동자들의 정신 소재를 발견하고, 어떤 정신 이념이 계승되어 내려왔는가를 찾고자 하는 것이었다. 하지만 구술을 통해 나타난 기억은 종종 분산되고 일관성이 없었다. 왜냐하면 관변 이데올로기가 문혁이나 각종 운동에 대해 내리는 정리 방식 때문에, 노동자의 기억은 구술 중에 말하고 싶지만 할 수 없는 일종의 실어(失語)의 어려움을 갖고 있었다. 관변 이데올로기나 정치적 담론은 노동자들의 기억을 완전하게 뒷받침할 수 없다. 이 연구를 진행하는 우리로서는 이것이 간단한 실어가 아니라 역사적 계승의 단절이기 때문에 우려한다. 그러나 우리는 조사과정에서 신중국 1세대 노동자들이 주체성과 성찰의식, 그리고 두려움 없는 낭만정신을 갖추고 시장화에 대응하면서 연속성을 획득해 나간다는 것을 알 수 있었다.

우리는 면접과정에서 기업합병에 저항해 두 번의 집단행동을 벌인 국유기업 노동자를 만날 수 있었는데, 이런 집단행동 속에서 예전에 익숙했던 행동을 엿볼 수 있었다. 즉 노동자들이 스스로 조직해서 집단적인 형식으로 정부 관련부서와 협상하는 것이다. 모 방직공장에서 우리는 이 공장에서 조직을 꾸린 노동자와 문제를 해결하러 온 모 성급간부가 얘기하는 것을 지켜보았다. "오늘 우리 노동자들은 밥을 먹지 않겠습니다. 당신들도 밥을 먹지 마십시오. 문제해결에 반드시 결과가 있어야 합니다." 그 언어와 행동방식은 모두 문혁식 행동의 특징을 뚜렷하게 보여주고 있다. 즉 권위에 대한 무시와 권위를 타파하려는 혁명적 낭만주의이다. 어떤 제지공장에서는 공장급 간부(리씨)가 노동자들을 데리고 사유화에 반대하며 '공장과 가정을 사랑하고 보호하자'라는 집단행동을 벌였는데, 노동자들은 체계적으로 조직되어 공장을 점령하고 도로를 막아섰다. 정부가 이 지도자를 구류한 것도 역시 '문혁조반의 형식으로 사회 안정을 파괴했다'라는 이유에서였다.

우리는 정조우 노동자의 행동을 이끌었던 리씨를 세 차례 면접한 바 있다. 리씨는 1942년 출생했고 대학 졸업 후 공장에 들어와 문혁을 겪었다. 그는 다음과 같이 말한다.

> 전 이 공장에서 한평생을 보낸 셈이죠, 한평생을 이 공장에 의지했단 말입니다. 그러니 말이 나왔으니 말이죠, 모든 사람들이 이 공장에서 보낸 시간이 아주 길어요. 이 공장에 대해 애착이 있다구요. 이런 감정 역시 지금 국유기업 소유제 개혁이 [어렵게 진행되는] 일종의 …… 일종의 근본적인 원인이

기도 하지요. 이건 매우 중요한 겁니다. 전 이 공장에서 몇 십 년을 보냈습니다. 처음엔 노동자가 되었고, 그 다음엔 작업장 주임, 그 다음엔 기술원, 다음에 과장이 되었죠. 가장 높은 직위는 부공장장이었어요. 생산에 매진했고 기술에 매진해 부총공정사가 된 겁니다.

　　1992년 말 전 광둥으로 갔습니다. 그곳에서 5, 6년을 일했습니다. 국영공장이니 사영공장이니 삼자기업이니 모두 가서 일해 봤습니다. …… 공장의 일은 당시 두 명의 노당원이 이끌고 있었는데, 전 참여하지 않았죠. 그 뒤로 다른 동지가 제게 말하더군요. …… 다들 시정부로 갔어, 시정부로 가보세. 전 거기 가서 뭐하냐고 말했지요. 가보세, 공장 일인데 모두들 관심을 가져야지. 그의 말이 일리가 있더라구요. 그러고 나서는 다시는 광둥에 가지 않았어요. 가서 보니 빠져들더군요. 그곳에 가서 보고, 일부 자료들을 보니 법적인 과정에 문제가 있었어요. 그 뒤로 저도 참여했죠. 마침 배운 사람이 부족한 터라 모두들 저와 자주 접촉하기 시작했어요. 제게 많은 것을 쓰라고 하고 선전 자료니, 위로 보내는 문건이니, 노동자들을 교육시키는 각종 문건들을 썼습니다. 거기서부터 공장 전체 노동자들과 결합하기 시작했어요. 전 한 번 참가하고 나면 스스로 사상노선이 있기 때문에, '맹세코 공장을 되찾아오겠다'라는 것이 우리의 최종 목적이었습니다. 그렇게 안 하면 안 됐거든요. 절대로 그들 손에 놔둘 수 없었고 반드시 재산을 찾아오겠다고 했죠. 우리가 스스로 주인인 것, 이것이 제 자신의 사상입니다. 전 이 사상을 모두에게 주입하기 시작했어요. 이 과정에서 원래 조직을 이끌었던 두 노당원이 그들의 목표와 나의 목표가 다르다면서 갈라서기 시작했죠. …… 그들의 목표는 합병협의서를 집행하는 것이었고 길게 보지 않았죠. …… 하지만 점점 그들은 저의 생각을 받아들이기 시작했어요. 우리는 반드시 [공장을] 되찾아 오겠다. …… 되찾아 오면 우리는 스스로 주인의 지위를 회복할 수 있다, 다른 사람에게 팔고 나면 결국 공장을 잃게 되어 의지할 곳이 없게 된다고 말이죠. 그 뒤로 모두들 제 말이 일리가 있다고 생각했어요. 공장 전체 노동자들이 제 생각을 받아들여 모두 그 구호 아래 단결했습니다.

여기는 국유공장입니다. 노동자는 국가의 주인입니다. 그러니 이것은 정치 문제입니다. 굳이 공장소유제를 개혁해야 한다면 왜 노동자들에게 말을 하지 못하게 합니까. 이는 정치 문제입니다. 그렇지요? 이것은 정치 문제이자 경제 문제입니다. 예전에 우리 국영기업 노동자들은 모두 제일이었습니다. 모든 잉여가치는 가져가 버렸습니다. 그런데 이제 와서 갑자기 상관하지 않겠다니요. 일자리는 어떻게 하고 생활은 어떻게 보장합니까. 정치적으로 우리는 반드시 이 문제를 해결해야 합니다. 두 가지입니다. 합병하려는 측은 반드시 이 공장의 채무를 갚아 주어야 하고, 두 번째는 이 공장의 노동자들의 직위를 보장해야 합니다. 바로 이 두 가지입니다.

그 후 제지공장의 직대회대표가 쓴 "모모 제지공장 직원과 합병측 사장이 심각하게 충돌한 역사 진실과 근본원인"이라는 보고서에서는 다음과 같이 적고 있다.

제지공장의 법인재산은 원래 국유재산으로 전인민 소유이다. 전인민의 부분인 제지공장 전체 직원 혹은 직대회 형식으로서 법인재산의 합병행위 과정에서 나타나는 소유권 이전에 대해 합법인지 아닌지 여전히 확고부동한 '주인' 감독책임의 지위가 있는지에 대해 〈헌법〉 16조와 〈공업법〉 9조 관련 조항에서는 명확하게 규정하고 있다. 기존의 제지공장 직대회대표는 여러 번 속인 전 제지공장 법인대표 OOO와 H회사 측 몇 명의 인사와 권력으로 법을 대신하려는 사람들에 대해 정당성을 따질 충분한 법적 권력이 있다. 세상천지 어디에 '사기만 허락하고 항변은 불허하는' 법 도리가 있는가?! 또한 모든 직원들은 독립적인 민사주체의 자연인으로서 '합병협의서'의 많은 조항들이 통과되면 합병측과 민사 법률관계를 형성하게 된다. 합병측은 채무인이고 모든 직원은 채권인이다. 상술한 전체의, 그리고 개별적인 이중적 민사주체로서의 법적 지위를 감안할 때 합병측이 악의를 가지고 합병하려 하고 기업이 법인재산을 갈취하며 채무인 의무를 이행하지 않고 오히려 채권인을 가해 했을 경우에는 〈민칙통법〉 114조 재산보호관련 조항에 의거하여 공장과 권리 회수방침을 채택하여 합법적 권익에 대한 손해가 지속적으로 확대되지 못하도록 보장한다. 그 합법성은 말할 필요도 없는 것이다. 이는 바로 노동계급임을 자각하는 본질이자 사회주의제도가 생명력 있음을 말해주는 것이며 법치로 향하는 좋은 현상이다.

권위에 대한 두려움 없는 노동자들의 정신과 급진적인 태도로 인해 결국 정부는 매입측의 합병행위를 중단했다.

어떤 학자는 마오쩌둥 혁명 시기와 이후 경제개혁 시기의 중요한 차이로 두 시기의 인물이 확연히 다르다는 점을 지적한다. 중국에서 비교대상은 두 가지 문화가 아니라 사회 경험의 두 가지 혹은 여러 종류의 역사 형식이다(流心 2005, 29). 신중국 1세대 노동자들의 기억에 관한 연구는 이들의 일과 삶의 경험이 뚜렷하게 독특한 문화를 형성했고, 이런 문화 전승이 비록 명확한 형태로 표출될 수는 없지만 사회 변천에 대응해 노동자들의 중요한 문화자원과 집단행동의 능력이 되었음을 보여준다. 이 세대 노동자들의 행동 능력은 줄곧 잠재적으로 존재해 왔다. 그것이 반드시 격렬한 행동으로 표출되지는 않더라도 그럴 수 있는 잠재 능력은 결코 소홀히 다룰 수 없는 사회적 역량을 형성했고, 국가가 정책결정 과정에서 노동자들의 이익과 행동능력을 경시할 수 없도록 만들었다. 여기서 이 세대 노동자들의 중요한 사회 경험의 역사적 형식은 이미 하나의 문화로 승화되었으며, 이런 문화의 핵심은 권위를 무시하고 권위에 도전하는 용기와 정신력이다. 이것이 어쩌면 혁명의 정신적 의의인지도 모른다.

6. 결론과 이론적 논의

　신중국 1세대 노동자들의 기억을 종합해 보면, 노동자들이 주체적인 방식으로 자신의 과거를 서술하고 있음을 알 수 있다. 이런 피와 살로 이루어지고 사상과 성찰 능력이 있는 '자아'는 일종의 '내가 누구인지 안다'라는 서술이었다. 이런 주체로서의 서사는 노동자 기억의 주요한 특징을 이루는데, 이는 '주체'로서 스스로 노동자가 되었다는 행운, 권위관계에서의 평등의식, 그리고 집단노동에서의 성취감으로 나타났다. 문화대혁명의 발생은 이 세대 노동자들의 집단기억을 형성했다. '노동계급은 영도계급'이라는 문혁에서의 강조는 이 세대 노동자들을 역사의 무대 앞으로 이끌어냈고 노동자의 일과 삶의 일상을 정치화했다. 이 세대 노동자들은 일상생활 속에서 혁명을 집단적으로 낭만화시켰다. 바로 혁명에 대한 곤혹감과 일상생활의 낭만화, 그리고 권위에 대한 신비감의 제거로 인해 노동자들은 '자신의 본분'을 성찰하게 되었고 노동자로서의 사회 신분을 재확인했다. 비록 담론 측면에서 노동자들의 기억을 완전한 설명하기는 힘들지라도, 행동의 측면에서 신중국 1세대 노동자들이 갖춘 주체성과 성찰의식, 두려움 없는 낭만정신은 시장화의 변화에 대응해서도 이 세대 노동자들이 지닌 잠재적 집단행동의 능력을 보여주고 있다.

　그러나 여전히 많은 문제들이 논의되어야 할 것이다. 예컨대 노동자 내부에 명확한 분화 현상이 존재하고 있다. 한편으로 기술노동자와 비기술노동자의 분화가 존재하여 그들의 기억과 서술에 차이가 있었으며, 다른 한편으로는 지역적 차이가 존재하여 상하이 노동자, 베이징 노동자, 다롄 노동자 등이 서로 다른 경험과 지역적 지식을 갖고 있었다. 이는 더 자세히 분석되어 이 세대 노동자들의 다양성을 보여줘야 한다.

　분명한 것은 이 노동자 세대의 마음의 역사가 없었다면, 오늘날 중국 공업화의 신속한 발전 역시 없었다는 점이다. 어떤 의미에서 중국노동자들은 자주적으로 개혁개방의 길을 선택했다고 볼 수 있다. 개혁개방의 과정에서 때때로 상실감을 느꼈지만, 그들의 '마음의 집단화'와 '낭만적 정서'로 인해 그들은 '작은 집'을 희생하여 공화국이라는 '큰 집'이 급속히 발전할 수 있기를 소박하게 희망했다. 역사에 대한 이런 노동자들의 기억으로 인해 그들은 과거지향-미래지향의 시간 속에서 시장경제라는 이성을 받아들일 수 있었으며, 과도한 박탈이 있을 때에는 행동 능력과 권위를 두려워하지 않는 정신력을 보여주기도 했다.

톰슨의 말대로 '계급'은 역사적이고 구조적인 개념이며 또한 문화적이고 일상생활의 경험에서 나온 개념이다(湯普森 2001). 이 세대 노동자들의 기억은 신중국 1세대 노동계급이 자주성을 갖춘 주체임을 보여준다. 왈더는 일찍이 다음과 같이 지적했다. "중국의 혁명지도자 …… 그들의 이상은 결국 완전히 다른 현실로 변해 버렸다. 이런 변화의 과정에서 마르크스 역사유물주의의 논단 ─자본주의적 산업화 과정에서 노동계급은 총체적 계급으로 일어나 권력을 쟁취하고 획득한다는─은 다른 현상에 자리를 내주고 말았다. 즉 강대한 당정합일의 국가가 정치와 경제 모두에서 기업과 기업의 하급 정치관료에게 의존하는 노동계급을 무에서 유로 만들어 낸 것이다"(Walder 1996, 283-284). 그러나 20여 년이 넘는 개혁 이후 노동자들은 오히려 주체의 형식으로 자신들의 역사를 서사하고 있다. '무에서 유로 만들어져 나온 노동계급'은 결코 기업이나 기업의 관료에게 의존하는 계급이 아니었으며, 자부심을 갖춘 노동자였고 자신의 이익을 보호할 때 권위를 두려워하지 않는 정신력을 표출하는 능력을 가졌다.

이 글에서는 신중국 1세대 노동계급의 목소리를 기록하고 또한 이 세대 노동계급의 정신력과 행동 능력을 묘사함으로써 이들이 창조한 문화전통을 보여주고 있다. 이런 문화전통은 마치 작은 시내처럼 졸졸 흘러서 작지만 끝

없이 중화대지에 스며들어 이곳의 문화적 자양이 될 것이라 믿는다.

[장윤미 옮김]

부록
문화대혁명 연구자료 안내

안치영

1. 서론

2006년은 문화대혁명(이하 문혁) 시작 40주년이다.[1] 문혁은 발생 직후부터 전세계적인 관심의 초점이 되었을 뿐만 아니라 여전히 주목을 받는 주제로 남아 있다. 전무후무한 대규모 정치운동이라는 특이성에 그 한 원인이 있다면, 긍정적인 측면에서든 부정적인 측면에서든 현재의 중국을 구성하는 과정에서 그 영향이 결정적이라는 점에서 현대 중국을 이해하기 위해서는 문혁에 대한 이해가 불가결한 데에도 원인이 있다.[2] 문혁은 세계에 미친 직

---

[1] 문혁의 시기 구분에 대해서는 논란이 있지만 현재는 1981년 중국공산당의 〈건국 이래 당의 약간의 역사 문제에 대한 결의〉에서 주장한 10년 문혁설을 대체로 인정하고 있다. 대표적인 예가 2006년 하버드대학에서 출판된 문혁 연대기에서도 문혁 기간을 1966~76년으로 인정한 것이라고 할 수 있다(MacFarquhar and Schoenhals 2006).
[2] 맥파콰와 쇤할스는 오늘날의 중국이 '왜 그런지'를 이해하기 위해서는 문혁 시기에 '무슨 일이 발생했는지'를 이해해야 한다고 주장한다(MacFarquhar and Schoenhals 2006, 1).

접적 영향뿐만 아니라 그 자체로서도 인류의 중요한 경험의 일부이지만 여전히 많은 영역이 베일에 가려져 있기 때문이기도 하다. 또한 문혁은 장막 속에 가려진 중국정치의 내부가 전면적으로 드러난 시기를 포함한다는 점에서 중국정치의 내부 동학을 이해하기 위해 반드시 연구해야 할 영역이기 때문이기도 하다. 그렇기 때문에 중국뿐만 아니라 구미와 일본 등에서도 많은 연구가 이루어져 왔고 또 이루어지고 있다.3

문혁 연구도 다른 연구와 마찬가지로 자료에 대한 접근과 분과학문의 접근방법 및 중국 연구에서의 관심 영역의 변화에 의해 규정된다. 그런데 문혁은 중국에서는 여전히 정치적으로 민감하게 여겨지는 주제로 연구에 대한 제약이 존재할 뿐만 아니라 자료에 대한 접근이 엄격하게 제한되고 있다. 그렇기 때문에 문혁 연구와 관련하여 자료의 문제가 무엇보다도 중요한 문제라고 할 수 있다.

자료에 대한 접근 제한이 곧 자료가 결핍되어 있음을 의미하지는 않는다. 문혁 초기의 홍위병운동 시기(1966~68)에는 현재까지의 어느 시기에도 접근 불가능한 내부 자료들이 유출되었는가 하면, 개방의 확대에 따라 점진적인 자료의 개방과 공식적인 허가를 받은 다양한 연구를 통해 간접적인 자료 공개가 확대되고 있기 때문이다. 또한 시간의 경과에 따라 다양한 층위와 입장의 문혁 경험자들이 자신들의 회고록이나 일기를 출판하고 있기 때문이다. 그런데 이들 자료 중 일부는 중국대륙에서 출판되지만 정치적인 이유로

---

3 문혁에 대한 연구는 그 자료와 연구목록집만으로도 여러 권의 책이 출판될 정도로 많은 연구가 이루어졌다. 문혁에 대한 영문 연구목록 선집(Tony Chang, *China During the Cultural Revolution, 1966~1976: A Selected Bibliography of English Language Works*, Westport: Greenwood Press, 1999)과 중문, 일문, 영문의 자료와 연구목록집(Yongyi Song and Dajin Sun, *The Cultural Revolution: A Bibliography, 1966~1996*, Cambridge: Harvard-Yenching Library, 1998) 등이 대표적이다.

출판이 불가능한 경우 홍콩이나 타이완 혹은 미국에서 출판되기도 한다. 또한 중국에서 출판되는 자료들 중에는 논픽션 소설인 기실로 가공되는 것도 있고, 문혁과의 연관성이 잘 드러나 보이지 않는 경우도 많다. 그렇기 때문에 문혁 연구의 기초 작업으로 중국 국내외와 다양한 형식으로 출판되는 자료에 대한 종합적인 정리가 필요하다고 할 수 있다.[4]

이 글은 바로 그런 필요에 따라 중국 국내외에서 발간된 다양한 형식의 문혁 연구자료를 정리·소개하는 데 목적이 있다. 자료는 문건, 신문, 각종 대자보(大字報)와 소자보(小字報) 등 문혁 당시에 발간된 원자료와 그것을 수집하여 편집·출판한 것을 1차 자료로 분류하고, 대사기와 연보, 전기, 당사자의 회고록 및 기실 등과 같은 여러 자료와 인터뷰 등에 기초하여 문혁 이후 작성된 자료를 2차 자료로 분류할 것이다. 최근 재편집되어 다수 출판되는 일기는 당시에 작성된 1차 자료이기는 하지만 개인 자료인 회고록과 더불어 2차 자료로 분류하며, 각종 당안 자료 등 1차 자료를 이용하여 편찬되는 중국 공산당 각급 조직의 조직사 자료와 지방지 등도 2차 자료에 포함시켰다.

---

[4] 최근 출판된 *The Chinese Cultural Revolution as History*의 서문(Esherick et al. 2006, 6-14)에서는 새롭게 출간된 문혁 연구자료를 문건과 공식 자료, 비공식 자료, 공식적 역사 등으로 분류하여 소개하고 방대한 목록을 주석으로 제공한다. 이 글에서 소개하는 자료와 부분적으로 중복이 있지만, 병음으로 표기되어 국내 연구자들이 이용하기에 불편하다는 점 외에도, 이 글에서는 거기에 누락된 자료와 새로운 자료를 소개한다는 점에서 보완적인 의미를 지닌다.

2. 문혁 연구의 범위와 문혁 자료의 특징

문혁은 1966년부터 1976년까지 정치, 경제, 사회, 문화 전반에 걸쳐 발생한 역사적으로 전례가 없는 사변이었다. 그렇기 때문에 1966년부터 1976년까지 시기에 대한 모든 중국 연구는 문혁 연구에 해당한다. 또한 문혁 연구는 그 원인과 영향을 포함하는 문혁 자체뿐만 아니라 문혁의 기원과 문혁 이후에 이루어진 문혁으로 인한 문제 처리과정을 포함하기 때문에, 시기적으로도 문혁 시기뿐만 아니라 문혁 이전과 문혁 이후의 기간을 포함한다. 그것은 문혁 연구가 광범위한 주제와 관련될 뿐만 아니라 비교적 긴 시기를 포함한다는 것을 의미한다. 다시 말해서, 문혁 연구는 1966년부터 1976년까지의 정치, 경제, 사회, 문화 전 방면에 대한 것뿐만 아니라, 그 기원 및 원인과 관련하여 대약진운동이 끝난 이후 그에 대한 평가를 둘러싸고 중공 지도부의 내부 갈등이 표출되는 1961년, 중공 내부의 급진사상이 등장하는 것으로 평가하는 1957년의 반우파투쟁, 또는 정치운동의 원형으로 평가되는 1940년대의 옌안정풍운동까지 거슬러 올라가야 한다. 또한 문혁 문제의 처리와 관련해서는 1976~78년의 반사인방운동, 1978년 이후의 문혁 피해자에 대한 '평반' 작업, 1980~82년의 사인방 및 급진파에 대한 재판, 그리고 1983~89년의 이른바 삼종인(三種人) 조사운동을 포함해야 한다.[5]

이것은 문혁 연구의 주제와 시기가 광범위할 뿐만 아니라 정치적으로도 민감하다는 것을 의미한다. 주제와 시기의 광범위성은 연구자료의 총량이 많을 개연성을 보여주지만, 정치적 민감성은 자료에 대한 접근에 제약이 있

---

[5] 문혁의 원인과 기원 또는 문혁 문제 처리가 광의의 문혁 문제로 문혁 연구 범위에 포함되지만 다른 범주의 연구주제와 중복되기 때문에, 이 글에서 소개하는 자료는 문혁 시기에 대한 것으로 한정한다.

을 수밖에 없다는 것을 의미한다. 현대사 연구와 관련해서는 신문과 잡지 등 일반적으로 공간되는 것만으로도 자료의 과잉이라고 할 수 있는데, 전술한 홍위병운동 시기의 경우 양적으로뿐만 아니라 질적으로도 자료의 과잉이라고 할 수 있다. 그렇지만 공산당과 관련된 자료를 보관하는 중앙당안관에는 극히 예외적인 경우를 제외하고는 연구자들의 접근이 불가능할 뿐만 아니라, 특히 문혁 관련 자료의 출판이나 공람이 엄격하게 통제된다는 점에서 자료가 제한적이라고 할 수 있다.

이런 특징이 문혁 자료의 과잉과 동시에 과소라는 모순적 특징을 낳았다. 그와 동시에 비대칭성과 편향성이 문혁 자료의 중요한 특징이라고 할 수 있다. 특정 시기와 지역 및 영역 또는 특정 집단에 대한 자료는 비교적 풍부한 반면 다른 경우는 그렇지 못하다. 이런 특징은 문혁의 상황, 문혁 이후의 자료 접근에 대한 정치적 통제, 자료에 대한 선별적 개방, 시간의 경과와 개방의 확대, 경험자 집단들 가운데 목소리를 낼 수 있는 능력의 차이 등 여러 가지 요소에 의해 복합적으로 규정된다.

앞서 언급한 홍위병운동 시기에는 홍위병들의 '가택몰수'(抄家)와 당 및 정부기관에 대한 공격을 통해 많은 문서들이 획득되어 공개되었을 뿐만 아니라 고위지도자들의 대중연설이 채록되어 공개되었다. 기밀문서가 대대적으로 공개되고 지도자들의 생경한 연설과 문답이 가공되지 않은 형태로 공개된 것은 중국공산당의 역사상 전무후무한 일이었다. 그렇기 때문에 이 시기의 고위층과 관련된 자료는 양적·질적으로 어느 시기보다 풍부하다고 할 수 있다. 그렇지만 1968년 홍위병운동이 종결된 후 자료의 공개는 격감한다. 뿐만 아니라 현재까지도 문혁 시기 자료의 공식적인 공개가 이루어지지 않고 있기 때문에, 1968년 이후의 시기에 대해서는 다른 어느 시기보다도 자료가 희소하다고 할 수 있다.

또한 중국에서 문혁은 여전히 정치적으로 민감한 문제로 여겨지기 때문에 연구에 제약이 있을 뿐만 아니라 당안 자료는 물론 일반적인 문혁 관련 자료도 열람이 제한되어 있다.6 이는 자료에 대한 체계적인 정리와 공개가 여전히 요원하다는 것을 의미한다. 그렇지만 지방지나 개인 연보와 전기의 편찬 과정에서 일부 지방 또는 사건에 대한 선택적 자료 공개가 이루어지고 있다. 다른 한편 문혁 시기에 유출된 자료의 경우도 주로 베이징이나 홍콩과 이웃한 광둥 지역에 국한된 것이며, 다른 지역의 자료는 소수에 불과하다. 그런 점에서 문혁 시기는 물론 현재에 이르기까지 자료의 공개와 접근은 비대칭적이고 편향적으로 이루어지고 있다고 할 수 있다.

자료의 편향성은 회고록의 경우 더욱 극심하다. 초기의 회고록은 주로 문혁의 고위층 피해자 또는 그 주변인물이나 지식인의 것이었다. 회고록의 특성에 비추어 볼 때 특정 위치에 있던 인물들의 회고록은 개인의 의도와 상관없이 제한적일 수밖에 없다. 최근에 와서 문혁 피해자뿐만 아니라 문혁 수혜사와 문혁 급진파들의 회고록이 중국대륙과 중국 외부에서 출판되고 있기 때문에 부분적으로 그런 한계를 보완할 수는 있다. 그렇지만 이 경우에도 문혁에 참가한 일반인, 특히 노동자와 농민의 경험에 대한 회고는 거의 없다는 점에서 문혁에 대한 기억도 제한적이고 편향적으로만 전달된다고 할 수 있다.

---

6 중화인민공화국당안법과 당안법실시판법에 의하면 당안 자료는 30년이 지나면 공개가 가능하지만 국가이익과 관련된 것은 공개를 연기할 수 있다고 규정하고 있으며, 문혁 관련 당안이 이런 경우에 해당한다. 뿐만 아니라 중국국가도서관에서는 2,611종 6만 6,790부에 해당하는 『홍위병신문』을 마이크로필름으로 정리했지만 공개하지 않고 있다(陳東林 2000b).

3. 문혁 연구자료

1) 1차 자료

1차 자료는 문혁 당시의 문헌, 신문, 잡지, 각종 대자보와 『홍위병소보』 (紅衛兵小報), 문혁 시기 문제가 되었던 문예작품 등을 포함한다. 문혁 시기 자료는 중국의 고서점과 고물시장 등에서 여전히 쉽게 접할 수 있는 대중적인 기념품의 하나가 되어 있으며, 모조품이 대량으로 제작되어 유통되기도 한다.7 그러나 그런 자료들은 부분적으로 유용하기는 하지만 제한적이고 체계적이지 못하다. 그런 자료들은 중국에서는 제한적으로 정리·공개되고 있지만, 중국 외부에서는 체계적이고 광범위하게 정리·출판 작업이 이루어져 왔고 또 이루어지고 있다.

중국에서는 공개적으로 출판된 자료를 제외하고 문혁 자료에 대한 정리와 출판이 극도로 제한되어 있다.8 그렇지만 제한된 범위에서 회람되는 내부 연구를 위한 일부 자료의 비공개 출판은 이루어졌는데, 1983년 '중국인민해

---

7 이들 자료는 크게 문헌 자료와 포스터, 마오쩌둥 기장 등의 기념품으로 나눠진다. 전자는 『毛澤東思想萬歲』를 비롯하여 각종 『中央首長講話』, 각종 홍위병 자료와 비판 자료 및 문혁 이후의 사인방 비판 자료 등 다양한 것이 있으며, 중국서점이나 베이징 판자위엔(潘家園) 골동품 시장 등에서 운이 좋으면 쉽게 구할 수 있다. 후자의 경우 외국인들뿐만 아니라 중국인 사이에서도 소위 '문혁 문물'에 대한 수집 바람이 불면서 원본과 더불어 각종 복제품이 제작되어 골동품 시장에서 거래되고 있다.

8 중국에서 공식적으로 중앙문헌연구실(中央文獻硏究室)에서 편찬·출판하는 문건집인 『建國以來重要文獻選編』 1~20卷(北京: 中央文獻出版社, 1992~1998)은 문혁 직전인 1965년까지를 포함하며, 이후 11기 3중전회 이후의 문건도 중앙문헌연구실에서 편집하여 『三中全會以來』를 위시하여 각 당 대회별로 『大以來』의 제목으로 문헌집을 출판하고 있지만, 문혁 시기의 문헌에 대해서는 공식적으로 출판하지 않고 있다. 다만, 有林 等 主編, 『中華人民共和國國史通鑑: 第3卷(1966~1976)』(北京: 當代中國出版社, 1996)에 약 950쪽 분량의 자료가 포함되어 있는데, 거의 대부분이 『인민일보』, 『홍기』 등에 이미 공간된 내용이다.

방군 정치학원훈련부'(中國人民解放軍政治學院訓練部)에서 편찬한 3권 본의 『중공당사교학참고자료』(中共黨史敎學參考資料) 중 문화대혁명 시기 권과 '인민해방군 국방대학 당사당건정공교연실'(人民解放軍國防大學黨史黨建政工敎硏室)에서 1988년 편찬한 3권 본의 『문화대혁명'연구자료』('文化大革命'硏究資料) 등이 그것이다. 후자는 인민해방군 국방대학의 전신인 인민해방군 정치학원에서 문혁을 중심으로 현대사를 정리하기 위해 1979년부터 내부 연구용으로 발행한 『중공당사교학참고자료』의 제25~27권 부분의 자료이다. 그런데 1990년대 중반 이후 문혁 자료의 공개 범위가 확대되고 있는데, 비록 내부 발행이기는 하지만 중앙문헌출판사(中央文獻出版社)에서 1998년 출판한 『건국이래모택동문고』(建國以來毛澤東文稿)의 12권(1966~68)과 13권(1969~76)이 대표적인 예이다.

문혁 시기에는 홍위병 자료 등을 통해 많은 자료의 해외 유출이 이루어졌기 때문에 중국 외부에서 대량의 문혁 자료 출판이 이루어졌다. 홍위병 자료 중 대표적인 것은 미국의 중국연구자료센터(Center for Chinese Research Materials)에서 편집·출간한 자료집이다.9 중국연구자료센터에서는 미국 정보기관에서 수집한 홍위병 자료를 넘겨받아 1975~79년까지 모두 20권을 영인 출간한 『홍위병자료』(紅衛兵資料, Red Guard Publications)를 비롯하여, 1980년과 1992년 각각 8책 분량의 『홍위병자료 속편 1』(Red Guard Publications, Supplement 1)과 『홍위병자료 속편 2』(Red Guard Publications, Supplement 2)를 편찬·출간했다.

---

9 미국의 중국연구자료센터는 미국학술단체협회와 사회과학연구협회 휘하의 현대중국연구위원회(The Joint Committee on Contemporary China of the American Council of Learned Societies and Social Science Research Council)에 의해 1968년 설립되었으며, 현대 중국 자료를 수집하고 편집·복사하여 중국 연구자들에게 제공하는 기능을 하는 민간 비영리기구인데, 원래는 미국의 도서관연합회(Association of Research Libraries) 휘하에 있었지만 1986년 분리되었다.

또 1999년에는 저우위엔(周原, Zhou Yuan) 주편으로 20권의 『신편홍위병자료 제1부분: 소보』(新編紅衛兵資料 第1部分: 小報, *A New Red Guard Publications*)와 2001년에는 송용이(宋永毅, Song Yongyi) 주편으로 40권의 『신편홍위병자료, 제2부분: 북경지구문혁소보특집』(新編紅衛兵資料, 第2部分: 北京地區文革小報特輯, *A New Red Guard Publications Part 2*)을 편집·출판했다. 또한 지방 각 성의 홍위병소보, 문혁 초기 대자보, 중앙지도자들의 연설 등도 출판을 준비 중에 있다(丌冰峰 2003).

또한 문혁 시기인 1973년 타이완의 『중공연구』(中共研究) 잡지사에서 『중공문화대혁명중요문헌휘편』(中共文化大革命重要文獻彙編)을, 1970~71년 일본의 동방서점출판부(東方書店出版部)에서 5권의 『중국프롤레타리아문화대혁명자료집성』(中國プロレタリア文化大革命資料集成)을 편찬·출판했다. 그리고 일본의 아주경제연구소 편(亞洲經濟研究所 編), 『홍위병보총목』(紅衛兵報總目) 1~5; 일본 국제문제연구소 편(日本 國際問題研究所 編) 『홍위병신문』(紅衛兵新聞) 마이크로필름; 일본 와세다대학의 문혁연구회 편(文革研究會 編), 『홍위병보게재잡지별색인』(紅衛兵報揭載雜紙別索引), 홍콩의 우련연구소 편(友聯研究所 編), 『홍위병자료목록』(紅衛兵資料目錄) 등도 있다(陳東林 2000b).

『신편홍위병자료』(新編紅衛兵資料)를 영인 출판한 저우위엔, 송용이 등은 '라오산제'(老三屆) 홍위병 출신으로 미국 대학에 교수로 재직하고 있는데, 이들은 자신들이 수집한 자료를 집대성하고 새로운 자료를 더하여 2002년 '홍콩중문대학 중국연구복무중심'(香港中文大學中國研究服務中心)에서 『중국문화대혁명문고』(中國文化大革命文庫) CD를 출판했다. 이 CD는 약 3,000만 자 분량의 문헌에 대한 1차 자료를, 1) 중공의 문건, 2) 마오쩌둥의 지시와 연설, 3) 린뱌오의 연설과 지시, 4) 중앙지도자들의 연설과 지시, 5) 중요 신문의 사설, 6) 홍위병 군중운동 문헌, 7) 이단 사조와 관련된 중요 문헌 등으로 분류하여 수록하고 있다.[10] 또한 필자가 2004년 2월 홍콩중문대학중국연구복무중심을 방문했을 때 들은 바에 의하면, 위의 『신편홍위병자료』(新編紅衛兵資料)를 포함한 『홍위병신문』의 CD 출판도 계획 중이다. 그리고 중국에서도 1990년대 중반 『인민일보』와 『홍기』가 각각 CD로 출판되었다.[11]

또한 분야별 자료집으로 문혁 시기 중요 대자보(譚放·趙無眠 編, 『文革大字報精選』, 香港: 明鏡出版社, 1996)와 서신집(余習廣 主編, 『文化大革命上書集』, 香港: 泰德時代出版有限公司, 2006)도 출판되었다. 중국에서는 린뱌오와 사인방 집단에 대한 재판 자료(『歷史的審判』編輯組 編, 『歷史的審判』, 北京: 群衆出版社, 1981; 最高人民法院研究室 編, 『中華人民共和國最高人民法院特別法庭審判林彪, 江靑反革命集團案主犯紀實』, 北京: 法律出版社, 1982, 內部),[12] 그리고 기타 급진파에 대한 재판 자료(『歷史的審判(續集)』編輯組 編, 『歷史的審判(續集)』, 北京: 群衆出版社, 1986, 內部)도 출판되었다.

그리고 1970년대 말부터 문혁을 정리하면서 문혁 시기에 문제가 되었던 글에 대한 재출판도 이루어졌는데, 문혁의 도화선이 되었던 베이징 부시장 우한(吳晗), 랴오모샤(廖沫沙), 덩투어(鄧拓)의 글(吳南星, 『三家村札記』, 北京: 人民文學出版社, 1979), 덩투어의 글(馬南邨, 『燕山夜話』, 北京: 北京出版社, 1979), 소설을 이용한 반당으로 1974년 문제가 되었던 장양(張揚)의 글(『第二

---

10 2006년 6월 이 자료에 대한 약 500만 자 분량의 보완 자료 CD가 출판되었다.
11 『인민일보』는 인민일보사의 자회사에서 CD로 출판했고, 검색 등의 문제에 대한 오류를 수정하여 2006년 인민일보사의 자회사인 금보전자출판중심(金報電子出版中心)에서 1946~2006년까지의 『인민일보』를 모두 수록한 CD를 출판했으며, 인터넷 서비스와 CD 판매를 동시에 실시하고 있다. 『홍기』의 경우 원래 인터넷 도서관인 초성도서관(超星圖書館, www.ssreader.com)에서 1990년대 중반에 1958년 『홍기』부터 1994년 『구시』(求是)까지를 CD로 제작·판매했으며, 인터넷 서비스를 실시했지만 현재는 중단되었다.
12 여기서 '내부'(內部)는 내부 발행을 의미한다. 내부 발행은 국외 유출 또는 외국인에게 열람이나 판매를 금지한다는 것을 의미하지만 현재는 그 의미를 상실했다고 할 수 있다.

次握手』, 北京: 中國靑年出版社, 1979) 등이 그것이다. 또한 1968년 1월 "출신론"이라는 글을 잡지에 게재하여 현행 반혁명분자로 1970년 총살당한 위뤄커의 유고(徐曉·丁東·徐友漁 編, 『遇羅克遺作與回憶』, 北京: 中國文聯出版公司, 1999)도 출판되었다. 또한 문혁기 발생한 다양한 사상적 탐색도 그런 사상적 흐름을 소개하는 긴 총론과 더불어 편집·출판되었다(宋永毅·孫大進, 『文化大革命和它的異端思潮』, 香港: 田園書屋, 1997).

그리고 문혁의 실상을 이해할 수 있는 사진집도 출판되었는데, 문혁의 다양한 사진을 담고 있는 600쪽이 넘는 양커린(楊克林) 편저의 사진집(『文化大革命博物館』上, 下, 香港: 天地圖書有限公司, 2004), 자료 자체가 거의 없는 티베트의 문혁에 대한 귀중한 사진자료집(唯色, 『殺劫』, 臺北: 大塊文化, 2006) 등이 그것이다.

2) 2차 자료

2차 자료는 문혁 이후 재가공된 문혁 시기에 대한 자료로, 문혁 시기만을 대상으로 한 것과 문혁 시기를 포함하는 것으로 나눠진다. 중국에서 많이 출판되는 각종 대사기, 연보, 전기, 조직사 자료, 지방지 등과 『당대중국총서』는 문혁 시기만을 대상으로 한 것은 아니지만 중요한 역사 시기인 문혁기를 제외할 수 없기 때문에 편차는 있지만 문혁에 대한 상당한 자료를 포함하고 있다. 또한 회고록과 일기[13] 및 논픽션 소설에 해당하는 기실 류의 출판도 많이 이루어지고 있는데, 최근에는 특히 문혁 시기에 대한 다양한 회고록과 기

---

13 일기의 경우 1차 자료라고 할 수 있지만 편의상 비슷한 성격의 회고록과 더불어 2차 자료로 분류했다.

실이 대량으로 출판되고 있다.

(1) 대사기, 연보, 전기

대사기는 일종의 일지로『신화월보』(新華月報)에서 편찬하는 대사기(『中華人民共和國大事記』, 北京: 人民出版社, 2004) 외에도, 공산당 조직공작, 민주당파 등 각 부문과 민족공작, 경제, 외교 등 업무 영역별 대사기가 있는데, 모두 관련 기관에서 편찬한다.14 또한 중요 인물들에 대해서는 중공중앙선전부 등의 비준을 받아 중앙문헌연구실 또는 당사연구실 등에서 연보와 전기 및 문집을 편찬한다. 이렇게 당과 국가기관에서 편찬하는 것을 공식적인 자료라고 할 수 있다. 공식적인 자료는 이미 당과 국가의 비준을 받아 작업이 진행되기 때문에 광범위한 인터뷰는 물론 공개되지 않은 당안 자료와 심지어는 정치국회의 기록까지도 이용한다(高華). 그렇기 때문에 공식적인 전기는 자료에 대한 신뢰도가 높다고 할 수 있다. 그러나 정치적인 요인에 의해 이미지가 손상이 되거나 정치적으로 민감한 내용은 수록되지 못하는 경우가 있다는 점에서는 한계가 있다.

이에 비해 당과 국가기관과는 별개로 이루어지는 작업을 비공식적 자료라고 할 수 있다. 비공식적인 자료는 전문연구자들의 저작과 기실 작가들의 저작으로 나눠질 수 있다. 이런 저작들은 자료에 대한 접근에서 제한이 있을 뿐만 아니라 정치적 제약에서도 자유로울 수 없다는 점에서 한계가 있지만,

---

14 각종 대사기에 대한 상세한 목록은 안치영, "북경에서의 자료수집", 정재호 편,『중국정치연구론』(서울: 나남출판, 2000), 406-408쪽 참조.

개별 연구자들의 관점이 반영될 뿐만 아니라 사인방 등 공식적으로 다루어지지 않은 인물의 논픽션 전기와 같은 다양한 자료가 출판된다는 점에서 사료 비판을 전제한다면 부족한 자료를 보완하는 데 유용하다고 할 수 있다.

문혁 시기에 대한 공식적인 대사기는 편찬되지 않았지만, 다른 공식적인 대사기에 미비하기는 하지만 문혁 시기의 기본적인 일지가 포함되어 있다는 점에서 유용하다. 중국에서 출판된 비교적 상세한 문혁 시기 대사기로는 10책으로 이루어진 『중화인민공화국실록』(徐達深 主編, 『中華人民共和國實錄』, 長春: 吉林人民出版社, 1994)의 제3권(상, 하)이 문화대혁명 부분이다. 또한 앞의 주8에서 소개한 『중화인민공화국국사통감』(中華人民共和國史通鑑)에도 비교적 긴 대사기가 포함되어 있다. 홍콩에서 출판된 『문혁대연표』(曹無眠, 『文革大年表』, 香港: 明鏡出版社, 1996)와 6권 본의 『문혁비밀당안』(李魁彩 編著, 『文革秘檔』, 香港: 香港中華文化出版社, 2003)도 문혁 대사기라고 할 수 있다.

주요 정치 인물의 공식적인 전기는 크게 중앙문헌연구실에서 편집·출판하는 것과 『당대인물전기총서』(當代中國人物傳記叢書)로 나뉘진다. 전기는 원래 1984년 『당대중국총서』의 일부로 기획되었지만, 그중 마오쩌둥, 저우언라이, 류샤오치, 덩샤오핑, 천원 등 주요 정치 인물들의 전기는 중앙문헌연구실에서 편찬·출판했으며, 나머지 인물들의 전기는 『당대인물전기총서』로 출판되고 있다. 연보는 기본적인 자료로 정리·출판되는데, 일반적으로 전기 작업과 병행하여 이루어지지만 전기와는 달리 연보는 인민출판사와 중앙문헌출판사에서 출판되고 있다.[15]

---

[15] 중공중앙문헌연구실과 중앙문헌출판사에서 출판된 전기와 연보로는 『毛澤東傳記1949~1976』(2003); 『周恩來傳記』(1998); 『年譜』(1997); 『鄧小平年譜(1975~1997)』(中央文獻出版社, 2004); 『陳雲傳記』(2005); 『年譜』(2000); 『朱德傳記』(1993); 『年譜』(人民出版社, 1986); 『劉少

그런데 1990년대 출판된 전기와 연보에서는 문혁 시기의 기록이 최소한으로 축소되어 있었지만 최근 출판되는 연보와 전기에서는 그 분량이 점점 증대되고 있다. 특히 2003년 중앙문헌출판사에서 출판된 『毛澤東傳 1949~1976』(毛澤東傳 1949~1976)에는 무려 400쪽에 걸쳐 문혁 시기에 대해 기술하고 있다. 그런 점에서 연보와 전기는 문혁 시기를 이해할 수 있는 중요한 자료라고 할 수 있다. 뿐만 아니라 문혁 시기에 대한 그런 기술의 증대는 문혁 시기에 대한 회고록이나 기실 등의 광범위한 출판 조건을 형성했다는 점에서 1988년 중공중앙선전부와 신문출판서에서 실시한 문혁 관련 자료 출판 금지를 약화시키는 작용을 했다고 할 수 있다.16

비공식적 전기는 공산당 선전기관이나 정부의 공식적인 비준을 받지 않고 연구자 개인 또는 집단 및 기실 작가들이 자신들이 조사한 자료 또는 면접을 기초로 작성한 전기이다. 이런 전기도 공식적인 입장에서 벗어날 수 없다는 한계가 있기는 하지만, 공식적인 전기에서 다루어지지 않은 내용과 연구자 개인의 입장이 투영된다는 점에서 장점이 있다. 이런 비공식적인 전기에는 공식적인 전기가 작성될 수 없는 부정적 평가를 받은 사인방과 문혁 급진파 등 문혁 시기 중요 인물들에 대한 전기가 포함되어 있다.17 그런 전기 자

奇傳記』(1998); 『年譜』(1996) 등이 있다. 또 개인 주편(主編)이라는 명의로 되어 있지만 공식적인 기관의 허가를 받아 공식적 기관에서 집단 작업으로 만들어져 인민출판사에서 출판된 『王稼祥年譜』(中央文獻出版社, 2001); 『陳毅年譜』(1995); 『聶榮臻年譜』(1999); 『賀龍年譜』(1996); 『彭德懷年譜』(1998); 『張聞天年譜』(中共黨史出版社, 2000) 등이 있으며, 陳毅, 賀龍, 聶榮臻, 彭德懷, 徐向前, 劉伯承, 葉劍英, 羅瑞卿, 王震, 王稼祥, 康世恩 등의 전기는 『당대인물전기총서』로 출판되었다.
16 1장 주 9 참조.
17 그런 전기는 중국대륙과 홍콩에서 동시에 출판되고 있는데, 예융러(葉永烈), 린칭산(林青山), 옌취옌츠(延權赤) 등이 대표적인 작가들이다. 예융러는 장칭, 장춘차오, 야오원위엔, 왕훙원 등 사인방전기(四人帮傳記)와 천보다전기(陳伯達傳記)를 출간했으며, 린칭산은 린뱌오전기를 출판했고, 옌취옌츠는 문혁 시기의 양청우를 대표적으로『微行: 楊成武在1967』, 廣州: 廣東旅遊出版社, 1997)

료는 문혁 연구자료의 공백을 메워주는 작용을 한다는 점에서 중요하다. 그렇지만 공식적인 입장을 벗어날 수 없다는 한계 외에도 검증과정의 한계 또는 과도한 상상으로 인해 부정확한 부분이 많다는 문제가 있다.

    그렇지만 해외에서 출간된 전기 중 문혁 연구에 불가결한 중요한 자료적 가치를 지니는 것도 있다. 문혁 시기의 저우언라이에 대한 전기(高文謙, 『晚年周恩來』, 香港: 明鏡出版社, 2003)와 장칭 전기(Roxane Witke, *Comrade Chiang Ch'ing*, Bosto-Tronto: Little, Brown and Company, 1977)가 그것이다. 전자는 저자가 중공중앙문헌연구실의 저우언라이 연구소조 조장으로, 저우언라이 전기와 연보를 편찬하는 과정에 참여해 당안과 기밀 자료를 보고 정리한 자료에 기초하여 해외에 이주한 후 출판한 것으로 중국에서 회피하려고 하는 많은 자료가 포함되어 있다. 후자는 저자가 문혁 시기 중국을 방문하여 장칭과 직접 면담했을 뿐만 아니라 장칭으로부터 많은 자료를 받아 작성한 것이다.

(2) 조직사 자료와 지방지 및 당대중국총서

    조직사 자료와 지방지는 문혁뿐만 아니라 중국정치를 이해하기 위해 없어서는 안 될 중요한 자료이다. 『중국공산당조직사자료』(中國共産黨組織史資料)는 1984년에 계획되어 1988년부터 출판되었는데, 모두 13권 19책으로 출판된 중앙권(中共中央組織部·中共中央黨史硏究室·中央檔案館, 『中國共産黨組織史資料中央卷』, 北京: 中共黨史出版社, 2000)을 위시하여, 2000년 말 까

와 허룽(賀龍)(『龍困: 賀龍與薛明』, 廣州: 廣東旅遊出版社, 1997)에 대한 기실을 발표했다. 또 캉성에 대한 전기(仲侃, 『康生評傳』, 北京: 紅旗出版社, 1982, 內部); 왕자샹(王嫁祥)의 부인 주중리(朱仲麗)의 장칭에 대한 전기(『江青外傳』, 北京: 東方出版社 1988, 內部) 등도 있다.

지 현급 2,700여 부, 지구급 300여 부, 성급 29부 등 모두 3,065부가 출판되었다(中共組織史資料中央編纂領導小組 2001, 40).

또한 2000년 말까지 각종 지방지 1만 9,000여 종이 출판되었는데, 그중 성·시·현(省·市·縣) 3급의 행정 단위에 관한 것이 5,000여 종이며, 향진지(鄕鎭誌), 전문업종지, 부문지, 광공업기업지 등이 1만 2,000여 종, 지명지가 1,500여 종이다(中國社會科學院圖書館地方誌所藏中心 2002, 1). 그리고 지방지영도소조 판공실에 의하면, 2001년 12월 현재 성지는 2,510종 계획에 1,662종이 출판되었고, 시지는 1,048종 계획에 745종이 출판되었으며, 현지는 2,761종 계획에 2,382종이 출판되었다(倉修良 2003, 650-651).

『중국공산당조직사자료 중앙권』(中國共産黨組織史資料中央卷)의 제6권이 문혁을 다룬 권이며, 지방조직사 자료에도 문혁 시기가 따로 분류되어 있다. 다만 문혁 시기의 기록은 당조직이 마비되었기 때문에 간략하게 소개되어 있을 뿐만 아니라, 지방의 경우 당조직이 파괴되었던 1967~68년의 탈권부터 1969~70년 당조직 회복 사이의 기록은 없다. 또한 당조직이 아닌 문혁 조직에 대한 기록도 포함되어 있지 않다는 점에서 한계가 있다.

지방지의 편찬은 중국의 전통이다. 중화인민공화국 시기에도 1950년대 이후 부분적으로 지방지 편찬작업이 이루어졌으며, 1980년대 이후 본격적으로 이루어졌다. 그런데 문혁 시기에 대한 기록은 대부분이 생략되고 최소화되었다.[18] 그렇지만 일부 지방지에서는 불충분하지만 비교적 자세한 내용을 기재하고 있을 뿐만 아니라 새롭게 편찬될 지방지[19]에서는 문혁 시기의 기록을 상세하게 포함하는 것을 원칙으로 삼고 있다(倉修良 2003, 665). 그렇

---

[18] 대부분의 지방지는 문혁 시기에 대해 제대로 기록하지 않았다(倉修良 2003, 664).
[19] 2001년 리톄잉(李鐵映)은 중화인민공화국 50년에 대한 1차 지방지 편찬작업의 완료와 새로운 지방지 편찬작업을 선언했다(倉修良 2003, 647).

기 때문에 기존 지방지 중 문혁 시기의 기록이 비교적 잘 된 지방지와 새롭게 편찬될 지방지는 문혁 연구에서 불가결한 자료라고 할 수 있다.

『당대중국총서』는 1984년부터 출판되었는데, 중공중앙서기처에서 그 편찬을 결정한 현대 중국에 대한 기초적인 안내서라고 할 수 있다(鄧力群 2006, 334-335). 총서에는 앞에서 언급한 전기 외에도 업종, 부문, 전문영역, 지방 등을 포함해 1984년부터 1998년까지 150권 200여 책이 출판되었다. 이 총서의 각 권에도 충분하지 않지만 관련 영역에 대한 문혁 시기 기술이 포함되어 있기 때문에 문혁 연구에 참조할 수 있다.

(3) 회고록과 일기

문혁을 이해할 수 있는 또 하나의 중요한 자료는 회고록이나 일기 등 개인 자료들이다. 그런 자료는 생생한 경험과 기억을 전해 준다는 점에서 문혁을 이해하는 데 빼놓을 수 없는 중요한 자료라고 할 수 있다. 그렇지만 개인적 기록이라는 점에서 경험의 제한성과 더불어 의도적이든 무의식적이든 자신에게 불리한 기록은 은폐하는 경향이 있다는 점에서는 한계가 있다. 더구나 문혁 시기 사건의 복잡성으로 인해 개인적인 경험이나 특수한 위치에서의 경험으로는 부분적인 모습만을 보여줄 수밖에 없다는 점에서 제한적이라고 할 수 있다.

그런데 중국에서는 고위층과 그 주변인물, 지식인, 학생 및 일반인에 이르는 다양한 문혁 경험자들의 여러 회고록과 일기가 출판되고 있다. 최근에 와서는 문혁의 고위층 수혜자 인사들의 회고록이 출판될 뿐만 아니라, 홍콩 등 중국대륙 외부에서는 문혁 주도세력인 급진파 지도자들과 조반파들의 회고록과 일기 등이 출판되고 있다. 그런 다양한 위치와 경험을 가진 인물들의 회고록과 일기는 문혁에 대한 다양한 측면에서의 이해를 가능하게 할 뿐만 아니라, 상호 비교를 통해 개인 기록이 갖는 한계를 보완할 수 있으며, 좀 더 종합적인 문혁의 상을 재구성할 수 있게 한다.

문혁 회고록의 출판은 문혁 이후 복권되어 권력을 장악한 고위층을 포함한 문혁 피해자 가족과 주변인물[20] 및 하방되었던 지식청년들의 회고록,[21] 그리고 홍위병 출신 유학생들이 서구에서 출판한 것에서 비롯한다.[22] 1980년대 중앙선전부의 금지에 의해 주춤했던 회고록의 출판은 1990년대 이후 다시 활발해지는데, 초기의 회고록은 주로 고위층 주변인물과 지식인에 의한 것으로, 문혁에 대한 중공의 공식적인 입장과 궤를 같이하고 있었다.[23] 또

---

[20] 문혁 희생자 류샤오치, 덩샤오핑 등의 고위층 가족과 비서들의 회고록인 周明 編,『歷史在這裏深思: 1966~1976年記實』1~3권(北京: 華夏出版社, 1986)과 4~6권(太原: 北岳文藝出版社, 1989); 린뱌오의 비서 張雲生의 회고록『毛家灣紀實: 林彪秘書回憶錄』(北京: 春秋出版社, 1988) 등이 대표적이다.

[21] 우리에게 삼강평원으로 잘 알려진 지역을 포함하는 헤이룽장성 베이따이황(北大荒)으로 하방되었던 지식청년들의 회고집 石肖岩 主編,『北大荒風雲錄』(北京: 中國青年出版社, 1990); 네이멍구 초원지역으로 하방되었던 베이징 출신 지식청년들의 회고집『草原啓示錄』; 編委會 編,『草原啓示錄』(北京: 中國工人出版社, 1991) 등이 있다. 기타 지식청년의 하방에 대한 연구와 회고록에 대한 자세한 목록은 邱新睦,"知識青年上山下鄉研究綜述,"『當代中國研究』, 2003年 4期 www.chinayj.net/StubAticle.asp?issue=03041&total=83(검색일: 2006년 5월 14일) 참조.

[22] Gao Yuan, *Born Red: A Chronicle of the Cultural Revolution*(Stanford: Stanford University Press, 1987) 등이 있다.

[23] 고위층 주변인물의 회고록으로는 마오마오(毛毛)라는 필명으로 출간된 덩샤오핑의 딸 鄧榕의『我的父親鄧小平: 文革歲月』(北京: 中央文獻出版社, 2000); 뤄루이칭의 딸 羅点点의『紅色家族檔案: 羅瑞卿女兒的点点記憶』(海南: 南海出版社, 1999); 마오쩌둥의 경호원 陳長江·趙桂來의『毛澤東最後十年: 警衛隊長的回憶』(北京: 中共中央黨校出版社, 1998)을 위시하여, 1996년에 출판되었다가 2002년 재판이 나온 安建設 編,『周恩來的最後歲月 1966~1976 2版』(北京: 中央文獻出版社, 2002); 黃崢,『劉少奇的最後歲月 1966~1969 2版』(北京: 中央文獻出版社, 2002); 국무원 비서실 주임을 역임한 吳慶彤,『在文化大革命中的周恩來: 回憶周總理同林彪,江青兩個反革命集團的鬪爭(修訂本)』(北京: 中共黨史出版社, 2002) 등이 대표적이다. 지식인의 회고록으로는 季羨林,『牛棚雜憶』(北京: 中共中央黨校出版社, 1998. 국역본은 이정선·김승룡 공역,『우붕잡억(牛棚雜憶)』, 서울: 미다스북스, 2004); 저명한 작가와 지식인의 회고집인 鄧瑞金 主編,『名士自白: 我在文革中』上, 下(呼和浩特: 內蒙古人民出版社, 1999) 등이 대표적이다.

한 하방되었던 지식청년들의 경험담에 대한 회고록도 많이 출간되었는데, 당시의 사회상이나 하방당한 청년들의 정신세계 및 그 변화의 궤적을 이해하는 데 도움이 된다. 그런데 이 시기 출간된 지식청년들의 회고록은 문혁 시기 정치운동에 대해서 개인적인 경험과 단상에 대한 묘사, 하방의 경험과 생활상을 보여주는 데 불과하며, 지식인들의 회고록은 문혁의 폐해와 고통스러운 경험에 대한 묘사가 주를 이룬다. 그런 점에서 문혁 시기의 정치운동 자체를 이해하는 데는 제한적이라고 할 수 있다.

그런데 1990년대 말, 특히 2000년대 이후 문혁에 대한 좀 더 종합적인 이해를 심화시킬 수 있는, 문혁에 대한 서로 다른 이해와 입장을 가지는 다양한 층위의 인물들의 회고록이 출간되었다. 대표적인 것이 문혁 수혜자로 덩샤오핑의 등장과 더불어 실각된 왕동싱(汪東興), 우더(吳德) 등의 회고록과 구술이다.24 또한 문혁 피해자 출신인 고위간부들 가운데 문혁 시기에 자신이 경험한 사건에 대한 회고록을 출간하는 경우도 있는데, 칭화대 부서기로 1975년 덩샤오핑을 통해 두 차례 마오쩌둥에게 편지를 보내 이른바 '우경적 재평가 바람에 대한 반격'(反擊右傾飜案風)과 문혁 시기 덩샤오핑의 두 번째 실각의 빌미를 제공했던 류빙(劉冰), 사인방 재판에 재판관으로 참여한 왕원정(王文正)의 재판과 심문에 대한 구술, 상하이 서기를 역임하다 1967년 이른바 '1월 폭풍'을 계기로 실각한 천비시엔(陳丕顯)의 회고록, 1976년 사인방

---

24 중앙판공청 주임 등을 역임한 汪東興, 『汪東興回憶: 毛澤東與林彪反革命集團的鬪爭』(北京: 當代中國出版社, 1997)은 린뱌오 사건에 대한 회고록과 문혁 직전 지린성(吉林省) 서기였다가 문혁이 시작되는 1966년 5월부터 베이징 서기를 역임한 우더의 문혁 시기 전반에 대한 구술 회고록 『吳德口述: 十年風雨紀事, 我在北京工作的一些經歷』(北京: 當代中國出版社, 2004) 등이 있다. 그런데 전자의 경우 중국 내에서도 내용의 진실성 여부에 대한 논란이 있으며, 후자는 1976년 톈안먼 사건에 대한 기술과 문혁 도중 일어난 사건들에 대해 공식적 견해와는 다른 관점을 제공한다는 점에서 중요하다.

체포 이후 상하이를 정리하기 위해 파견된 중앙공작조(中央工作組)의 일원으로서 4년 동안 상하이에서 경험한 바에 기초하여 상하이의 문혁 상황을 기술한 쓰마동취(司馬東去)의 회고록 등이 있다.25 그중에서 류빙의 책은 내부 간행으로 출간되었지만 나머지는 모두 공개 발행되었는데, 이는 문혁 자료에 대한 점진적 개방을 보여주는 사례라고 할 수 있을 것이다.

그 외에도 중국에서 은퇴한 많은 고위층 인사들이 회고록을 쓰고 있지만, 문혁 시기에 대해서는 언급을 회피하는 것이 일반적인 특징이다. 1968년 이른바 '양위푸 사건'으로 7년간 연금되었던 푸충비, 1970년부터 상하이 경비구 사령관이자 1971년부터는 상하이시 서기를 역임했던 주춘린(朱純麟) 등도 회고록을 출판했지만 당시 수행한 역할에 비해 문혁 시기에 대한 언급은 미흡하며, 1969년 9전대회 이후 정치국위원을 역임했을 뿐만 아니라 문혁 말기에 1976년 톈안먼 사건 이후 군대의 일상 업무를 담당하는 등 중요한 역할을 수행했던 천시리엔(陳錫聯)의 경우에는 극히 일부만 언급하고 있을 뿐이다. 그리고 홍스에즈(洪學智)의 경우 750쪽에 이르는 회고록 중 10년 문혁에 대한 언급은 불과 7쪽에 불과하다.26 다만, 문혁 시기 중미관계와 핑퐁외교와 같은 실무에 종사했던 슝샹훼이(熊向暉)나 사인방 체포 후 방송과 신문 관리를 담당했던 겅뱌오(耿飈) 등은 자신이 경험한 사건에 대해서 비교적

---

25 劉冰,『風雨歲月: 淸華大學文化大革命憶實』(北京: 淸華大學出版社, 1998, 內部); 陳丕顯,『陳丕顯回憶錄: 在'一月暴風'爲中心』, 香港三聯書店과 上海人民出版社에서 2005년 동시 출간; 王文正·沈國凡,『共和國大審判: 審判林彪,江靑反革命集團親歷記』(北京: 當代中國出版社, 2005); 司馬東去,『浩劫上海灘: 一個中央工作組成員的耳目目睹』(北京: 中共中央黨校出版社, 1999).
26 傅崇碧,『傅崇碧回憶錄』(北京: 中共黨史出版社, 1999); 朱純麟,『朱純麟回憶錄』(北京: 中共黨史出版社, 2005); 陳錫聯,『陳錫聯回憶』(北京: 解放軍出版社, 2004); 洪學智,『洪學智回憶錄』(北京: 解放軍出版社, 2002). 그 외 해방군출판사 등에서 출판된, 군인을 비롯한 대부분의 고위층 회고록의 상황은 모두 대동소이하다.

자세하게 기술하고 있는 것이 예외라고 할 수 있다.27 그 외에도 중국중공당사학회에서 발행하는 『백년조』(百年潮), 은퇴한 고위간부와 이데올로그로 구성된 중화염황연구회(中華炎黃文化硏究會)에서 발행하는 『염황춘추』(炎黃春秋), 중공중앙당사연구실과 중앙당안관에서 공동으로 편찬하는 『중공당사자료』(中共黨史資料) 등의 잡지에도 고위층 인사와 지식인의 회고록이 비교적 많이 발표되고 있다.28

또한 지식인들의 문혁 회고록과 일기의 출간도 이루어지고 있다. 위에서 언급한 베이징대학 교수 지산린(季羨林)의 『우붕잡억』(牛棚雜憶)을 위시하여, 천바이천(陳白塵)의 일기, 저명한 공산당사 연구자 허간즈(何干之)의 부인이자 중국인민대학 역사과 교수인 류리엔(劉煉)의 회고록, 라오셔(老舍), 션총원(沈從文), 바진(巴金), 위핑보(兪平伯) 등 중국의 저명한 지식인들의 문혁 시기에 대한 자술집, 66명의 지식인들의 5·7간부학교 경험에 관한 구술, 개혁 시기 덩샤오핑의 중요한 브레인이었던 위광위엔(于光遠)의 회고록 등이 있다.29 지식인들의 회고 또는 구술은 일반적으로 피해자의 입장에서 되풀이 되지 말아야 할 역사적 비극을 반성하거나 비판하는 것이 주류를 이룬다.

문혁 급진파와 관련해서는 급진파 지도자들의 비서를 지낸 인물들의 부

---

27 熊向暉, 『我的情報與外交生涯』(北京: 中共黨史出版社, 2005); 耿飈, 『耿飈回憶錄(1949~1992)』(南京: 江蘇人民出版社, 1998).
28 그 외에도 회고록과 자료가 많이 발표되는 잡지로는 허난성 당사연구실의 『당사박람』(黨史博覽), 랴오닝성 당사연구실의 『당사종횡』(黨史縱橫), 장시성 당사연구실의 『당사문원』(黨史文苑) 후난성 당사연구실의 『상조』(湘潮), 산시성 사지연구원(史地硏究院)의 『당사문회』(黨史文滙) 등이 있다.
29 陳白塵, 『牛棚日記』(北京: 三聯書店, 1995); 劉煉, 『風雨伴君行: 我與何干之的二十年』(南寧: 廣西敎育出版社, 1998); 鄧瑞金 主編, 『名士自白: 我在文革中』上, 下(呼和浩特: 內蒙古人民出版社, 1999); 賀黎·楊健, 『無罪流放: 66位知識分子五·七干校告白』(北京: 光明日報出版社, 1998); 于光遠, 『文革中的我』(上海: 上海遠東出版社, 1995).

정적 평가를 제외하면,30 중국 내에서 출판된 문혁 급진파의 회고록은 전무하다고 할 수 있다. 그렇지만 한 가지 다행스러운 것은 공식적인 평가와는 다른 목소리를 들을 수 있는 문혁 급진파의 회고록이 1990년대 중반, 특히 2000년대 이후 홍콩 등 중국대륙 외부에서 많이 출판되고 있다는 사실이다. 급진파의 회고록으로는 1967년 우한 사건 이후 중앙문혁소조의 일원이었던 왕리의 회고록을 필두로 중국공산당 정치국상무위원을 역임했으며 린뱌오 사건과 관련하여 숙청된 대표적인 급진파 이데올로그 천보다 등의 회고록이 출간되었으며, 2000년대 이후에는 상하이 서기로 문혁 후 18년형을 받고 복역한 쉬징시엔, 문혁 시기 베이징대 철학과 당지부 서기였으며 이른바 '전국 최초의 마르크스-레닌주의 대자보'를 붙이고 홍위병 5대 영수 중의 하나였다가 문혁 후 17년형을 받은 네위엔즈, 문혁 시기 문혁 급진파와 직접 관계되어 있었던 베이징대와 칭화대 대비판조(大批判組)인 '양샤오'의 조장 판다런(范達人)의 회고록 등이 출간되었으며, 린뱌오의 비서 장윈성(張云生)도 1988년 출판된 자신의 글의 증보판을 홍콩에서 출간했으며, 린뱌오의 심복으로 정치국위원과 공군사령관을 역임했으며 린뱌오 사건으로 17년형을 선고받은 우파셴의 회고록도 최근 출판되었다.31

조반파 출신 등 홍위병의 회고록도 많이 출간되고 있는데, 종래의 홍위

---

30 앞에서 언급한 린뱌오의 비서 장윈성(張云生)의 회고록;『百年潮』, 1998년 5, 6호와 1999년 2, 4, 8, 9호; 2000년 3, 4, 5, 7호에 실린 장칭의 비서를 역임한 양인루(楊銀祿)의 회고록 "我給江淸當秘書(1~10)" 참조.
31 王力,『現場歷史: 文化大革命紀事』, 香港: 牛津大學出版社, 1993; 王力,『王力反思錄(王力遺稿)』上, 下, 香港: 香港北星出版社, 2001; 陳伯達,『陳伯達遺稿: 獄中自述及其他』, 香港: 天地圖書, 2000; 陳曉農,『陳伯達最後口述回憶』, 香港: 陽光環球出版香港有限公司, 2005; 徐景賢,『十年一夢』, 香港: 時代國際出版有限公司, 2004; 聶元梓,『聶元梓回憶錄』, 香港: 時代國際出版有限公司, 2005; 范達人,『文革御筆沉浮錄: 梁效往事』, 香港: 明報, 1999; 張云生·張叢堃,『文革時期我給林彪當秘書』上, 下, 香港中華兒女出版社, 2003(張云生,『毛家灣紀實』, 北京: 春秋出版社, 1988판의 개정증보판); 吳法憲,『吳法憲回憶錄』上, 下, 香港: 香港北星, 2006.

병 회고록이 일반적으로 개인사 중심이고, 자신들이 문혁 과정에서 부차적인 역할을 했을 뿐만 아니라 이용당했다는 입장이 주류였다면,32 새로운 홍위병 회고록은 홍위병조직과 활동 상황을 비교적 상세하게 기술하고 있다는 특징이 있다. 홍위병운동이 최초로 발생했던 칭화대학 부속중학교의 노홍위병 송포린(宋柏林)의 일기를 비롯하여, 칭화대의 홍위병운동에 대해 자세히 소개하는 선루화이(沈如槐)의 회고록, 문혁 시기 우한의 조반파조직 책임자 중 한 명이였으며 이후 '베이제양 반혁명지하조직 사건'(北决揚反革命地下組織 事件)으로 11년간 투옥된 루리안(魯禮安)의 회고록 등이 홍콩에서 발행되었고,33 충칭 조반파조직 815파 신문(八一五派 小報)인 『815전보』(815戰報) 편집자인 저우무런(周牧仁)의 회고록이 미국에서 발행되었다. 또한 베이징대학 신베이다공사(新北大公社)의 홍위병 천환런(陳煥仁)의 일기와 후난의 노동자 조반파 출신으로 후난의 문혁에 대해 많은 글을 쓰고 있는 천이난(陳益南)의 회고록 등도 출판되었다.34

그 외 정식으로 출판되지는 않았지만 많은 조반파 홍위병들의 회고록이 인터넷 사이트에 발표되어 있다.35 또한 문혁 시기 일반 홍위병들의 일기와

---

32 조반파의 회고록으로 비교적 이른 시기인 1968년에 공산당의 특권을 비판하는 "중국은 어디로 가는가?"라는 글을 후난성 급진 조반파조직인 '성무련'의 이름으로 발표하여 1969년 10년형을 받은 양시광의 회고록 『牛鬼蛇神錄: 文革囚禁中的精靈』(香港: 牛津大學出版社, 1994)도 그런 입장에 서 있다고 할 수 있다. 양시광은 양샤오카이(楊小凱)로 개명했으며, 1983년 미국으로 유학을 가서 경제학을 공부한 후 호주 모나쉬 대학의 교수를 역임하다 2004년 사망했다.
33 베이제양은 우한의 루리안 등이 조직한 조반파 학습조직 북두성학회(北斗星學會)와 무산계급 문화대혁명을 끝까지 진행할 결심자 연락소 및 그들이 펴낸 잡지 『양자강평론』(揚子江評論)에 대한 통칭이다.
34 宋柏林(余汝信 編註), 『紅衛兵興衰錄: 清華附中老紅衛兵手記』(香港: 德賽, 2006); 沈如槐, 『清華大學文革紀事: 一個紅衛兵領袖的自述』(香港: 時代藝術出版社, 2004); 魯禮安, 『仰天長嘯: 一個單監十一年的紅衛兵獄中籲天錄』(香港: 中文大學出版社, 2005); 周牧仁, 『紅委兵小報主編自述: 中國文革四十年祭』(溪流出版社, 2006); 陳煥仁, 『紅衛兵日記』(香港: 中文大學出版社, 2006); 陳益南, 『青春無痕: 一個造反派工人的十年文革』(香港: 中文大學出版社, 2006).

일반인들의 구술 등도 출판되고 있다.36 전술한 티베트 사진집을 출판한 웨쓰(唯色)는 33명의 티베트인의 구술을 정리하여『서장기억』(西藏記憶)을 출판했는데 티베트의 문혁을 이해하기 위한 귀중한 자료라고 할 수 있다.37 그런데 한 가지 지적할 것은 최근 들어 구술자료가 증가하고 있다는 사실이다. 이 글에서 별도로 분류하지는 않았지만, 앞에서 언급한 우더, 왕원정의 회고록과 천보다의 아들 천샤오농(陳曉農)이 정리한 천보다의 구술 등도 모두 구술자료이다. 류샤오치의 부인 왕광메이(王光美)의 구술도 최근 출판되었다.38 최근에는 고위층이나 유명인물 외에도 일반인들에 대한 구술자료가 많이 채록·출판되고 있다. 구술자료도 회고록과 마찬가지로 엄격한 사료 비판을 필요로 하지만, 결핍된 문혁의 기록을 보완하고, 특히 자신의 기억을 직접 기록할 수 없는 일반인들의 문혁을 복원하는 데는 중요한 의의를 지닌다고 할 수 있다.

---

35 충칭의 노동자 조반파로 문혁 후 18년형 복역한 황롄의 구술 회고록『重慶文革口述史』(http://www.cnd.org/CR/HuangLian.htm)를 위시하여 많은 회고록이 중국문혁박물관(www.cnd.org/CR/), 중국문혁연구망(www.wengewang.org) 등의 사이트에 수록되어 있다. 그 외에도 린뱌오에 대한 자료가 있는 www.linbiao.org가 있는데, 거기에서는 린뱌오 사건에 대한 자료와 연구서뿐만 아니라 黃永勝紀念館, 吳法憲紀念館, 邱會作紀念館 사이트도 링크되어 있다.
36 張新蠶,『紅色少女日記: 一個紅衛兵的心靈軌迹』(北京: 中國社會科學出版社, 2003)는 1952년생 여학생의 1966~1971년까지 5년간의 일기이며, 方廣勝(方新陽 修訂),『紅衛兵長征日記』(香港: 中國新聞出版社, 2004)는 저자가 1966년 11월18일부터 1967년 2월 17일 사이에 베이징에서 마오쩌둥의 고향인 후난성 사오산(韶山)까지 도보행진하면서 쓴 일기이다. 또 영어로도 번역·출판된 馮驥才의『一百個人的十年』(江蘇文藝出版社, 1997)는 일반인의 문혁 구술이며, 者永平 主編,『那個年代中的我們』上, 下(呼和浩特: 遠方出版社, 1998)은 다양한 계층에 속한 사람들의 문혁 회고집이다.
37 唯色,『西藏記憶』(臺北: 大塊文化, 2006).
38 黃崢,『王光美放談錄』(北京: 中央文獻出版社, 2006). 문혁 연구에서 구술사의 유용성에 대해서는 邢小群, "口述史與文革研究",『當代中國研究』(www.chinayj.net) 2006년 2기 참조. 邢小群은 李愼之, 聶元梓 등을 포함하는 지식인들의 구술『往事回聲: 中國著名知識分子放談錄』(香港: 時代國際出版, 2004)을 출판했다.

그리고 『해방군보』(解放軍報)에서 미술편집 담당으로 문혁 시기 '현행 반혁명분자'로 1968년 숙청되었다가 1973년 복권된 루훙(盧弘)의 회고록은 군대기관 내부의 문혁을 보여주는 진귀한 자료이다.39 또 1976년의 상황에 대해서 회고한 글들을 편집한 『나의 1976』(我的1976), 아동 문학가 황칭윈(黃慶雲)의 5·7간부학교 경험, 영화감독 펑샤오롄(彭小蓮), 작가 샤오바이(筱白) 등의 회고록도 출판되었다.40

(4) 논픽션 소설 기실 및 기타

다음으로 이용할 수 있는 자료로는 논픽션 소설이라고 할 수 있는 기실이 있다. 기실은 사실에 기초하여 당사자에 대한 인터뷰와 자료조사를 통해 작성되지만, 소설적 상상력이 가미된다는 점에서 자료로서의 가치에 대해서는 논란의 여지가 있으며 엄격한 사료 비판을 거쳐 이용해야 한다. 그렇지만 연구와 자료의 열람에 제약이 있는 민감한 내용들이 기실의 형식으로 출판된다는 점에서 사료 비판의 전제 위에서 부족한 자료의 공백을 메우는 데 유용하다고 할 수 있다. 특히 기실 가운데 출처를 명시하지는 않지만 비밀 또는 내부 자료를 광범위하게 이용한 작품들은 의외의 자료 가치를 지닌다고 할 수 있다.41

---

39 盧弘, 『軍報內部消息: 文革親歷實錄』(香港: 時代國際出版社, 2006).
40 彭子誠·陳敬 編, 『我的1976』(武漢: 長江文藝出版社, 2006); 黃慶雲, 『我的文化大革命』(香港: Oxford University Press, 2006); 彭小蓮, 『他們的歲月』(臺北: 麥田出版社, 2006); 筱白, 『邊緣人生: 我的文革歲月』(香港: 夏菲爾出版, 2006).
41 대표적인 것인 칭예·팡레이(青野·方雷) 필명의 『鄧小平在1976』上, 下(瀋陽: 春風文藝出版社, 1993)이다. 이 책은 저우언라이의 사망부터 1976년 톈안먼 사건, 마오쩌둥 사망 이후 10월 6일의 궁정쿠데타인 화이런탕 사변까지 고위층 내부의 정치적 상황을 상세하게 기술하고

기실에는 자신의 경험을 토대로 소설적 각색을 한 것도 있고, 전문적인 기실 작가들이 몇 가지 자료와 인터뷰 등을 확보해 작성한 것도 있다. 또 비교적 전문적인 연구를 해서 질적으로는 연구서와 차이가 없지만 연구서의 형식을 따르지 않은 것들도 있다.42 경험을 토대로 소설적 각색을 거친 것은 린뱌오와 사인방 재판에 최고인민검찰원 특별검찰청의 검사로 참여한 투먼(圖們) 장군이 젊은 문필가와 함께 쓴 기실이 대표적이다.43 전문적인 기실 작가로는 우리나라에도 몇 권의 책 번역된 예롱례를 비롯하여, 셔둥빙, 첸옌치 등이 대표적인데, 앞서 소개한 전기적 기술 외에도 사건에 대한 기실 등이 있다.44 그 외에도 린뱌오 사건 등 특정한 사건에 대한 기실 등 많은 기실이 출판되고 있다.45

있으며, 중국의 학자들은 중요한 자료로 인용한다. 그러나 많은 자료들을 이용하고 있지만 인용의 출처는 전혀 언급하지 않고 있다.
42 윈난에서 138만여 명이 조사를 받고 1만 7,000여 명의 희생자를 낸 자오젠민 사건에 대한 기실인 丁龍嘉·聽雨의 『康生與"趙健民寃案"』(北京: 人民出版社, 1999); 류샤오치 연구자로 『劉少奇傳』의 편집을 맡았을 뿐만 아니라 류샤오치 부인과의 인터뷰 기록인 『王光美放談錄』을 출판한 黃峥의 류샤오치 사건에 대한 기실인 『劉少奇寃案始末』(北京: 中央文獻出版社, 1998); 문혁 시기의 가장 전형적인 학살 사건이 발생한 광시의 문혁에 대한 기실인 曉明, 『廣西文革痛史鉤沉』(香港: 新世紀出版社,.2006); 그리고 아래 주46의 린뱌오 사건에 대한 홍콩에서 출판된 3권의 책 등이 여기에 해당된다. 내용상으로는 문혁 연구의 중요한 성과라고 할 수 있지만 분류상 기실에 포함시켰다.
43 류샤오치 사건에 대해 투먼 장군이 주동리(祝東力)와 함께 쓴 기실로 『劉少奇蒙難始末』(北京: 中共黨史出版社, 1998); 1968년 1만 6,000여 명의 희생자를 발생한 이른바 '내몽고인민혁명당 사건'에 대한 『康生與內人黨寃案』(北京: 中共中央黨校出版社, 1995); 투먼 장군의 원고를 肯思科가 가필한 린뱌오 사건에 대한 기실인 肯思科, 『超級審判: 圖們將軍參與審理林彪反革命集團親歷記』上, 下(濟南: 濟南出版社, 1992) 등이 있다.
44 문혁 시기 인물에 대한 기실로는 앞서 소개한 비공식 전기 외에 權延赤, 『陶鑄: 在"文化大革命"中』(北京: 中共中央黨校出版社, 1991); 류샤오치, 덩샤오핑, 타오즈의 숙청에 대한 師東兵, 『中國第一寃案: 劉少奇, 鄧小平, 陶鑄被打倒之謎』(鄭州: 河南人民出版社, 1993); 톈안먼 사건에 대한 師東兵의 『淸明祭: 四五運動記實』(鄭州: 河南人民出版社, 1996) 등이 있다.
45 린뱌오 사건에 대한 기실로는 張聶爾, 『風雲"九·一三'』(北京: 解放軍出版社, 1999); 邵一海, 『林彪: 9·13事件始末』(成都: 四川文藝出版社, 1996) 등이 있다. 또 최근 홍콩에서 丁凱文 主編 『重審林彪罪案』上, 下(香港: 明鏡出版社, 2004); 吳潤生, 『林彪與文化大革命』(香港: 明鏡出

그 외에도 문혁의 상황을 이해할 수 있는 소설 등 다양한 문학작품과 다큐멘터리 등도 있다. 문혁 작품으로는 1차 자료인 문혁 당시의 홍위병 시가(紅衛兵詩歌),⁴⁶ 그리고 상흔 문학으로 알려진 다양한 문혁 소설이 있다.⁴⁷ 당시의 기록 필름에 기초한 다큐멘터리는 문혁의 상황을 생생하게 이해하는 데 도움을 준다. 그러나 중국에서는 주요 지도자들에 대한 다큐멘터리에서 일부 다루고 있을 뿐 문혁의 상황에 대해서는 회피하려고 하기 때문에 문혁에 대한 상세한 다큐멘터리는 없다고 할 수 있다. 다만 홍콩중문대학에서 출간된 『아침의 태양』(八九点鐘的太陽, Morning Sun)과 홍콩의 봉황(鳳凰)텔레비전에서 제작한 문혁 관련 다큐멘터리 등은 문혁을 이해하는 데 중요한 자료라고 할 수 있다.⁴⁸

4. 결론

중국에서 문혁은 여전히 정치적으로 민감한 영역으로 남아 있기 때문에 자료 접근에 많은 제약이 존재한다. 그렇지만 이미 그것이 끝난 지 30년이 지

版社, 2006); 舒雲, 『林彪事件完整調査』 上, 下(香港: 明鏡出版社, 2006) 등이 출판되었다.
46 王家平, 『文化大革命詩歌研究』(開封: 河南大學出版社, 2004)의 303-312쪽에 홍위병 시가에 대한 긴 목록이 있다.
47 許子東, 『當代小說與集體記憶: 敍述文革』(臺北; 麥田出版, 2000)은 50편의 문혁 소설에 대해 분석한 글이며, 323-335쪽에 50편 작품의 목록과 작가들에 대해 소개하고 있다.
48 DVD〈八九点鐘的太陽 Morning Sun〉(香港中文大學出版社, 2005). 그리고 봉황텔레비전 구술역사 프로그램에서 제작한 것으로 Roxane Witke가 장칭을 방문할 때 외교부신문사부사장으로 함께 했던 장잉(張穎)과 인터뷰한〈江淸與'紅都女皇'眞相〉(1, 2); 헤이룽장성 베이따이황으로 하방된 지식청년에 대한 기록은〈北大荒紀實〉등이 있다.

났을 뿐만 아니라 주요 당사자들이 역사 속의 인물이 됨에 따라, 문혁 연구가 역사 연구의 영역이 되어가고 있으며 많은 새로운 자료들이 정리·출간되고 있다. 그런 자료들은 다시 크게 세 가지 범주로 구분할 수 있다.

우선, 문혁 시기에 유출되거나 발행된 자료들에 대한 수집·정리이다. 이 작업은 주로 중국 외부에서 이루어지며, 중국 내에서도 작업이 이루어지기는 하지만, 그 결과에 대해서는 여전히 접근이 금지되어 있다.

다음으로는 중국에서 공식적으로 발행하는 자료이다. 공식 자료 중 문혁 당시의 1차 자료를 정리하여 출판하는 경우는 소수에 불과하지만, 대사기, 개인 전기와 연보, 지방지, 지방사, 조직사 등에 많은 문혁 관련 자료들이 포함되어 있다.

마지막으로, 비공식 자료 또는 개인 자료이다. 회고록과 일기, 논픽션, 소설, 기실 등이 대표적이다. 이들 자료들은 1980년부터 출간되기 시작했으며, 특히 2000년대 이후에는 문혁 시기에 서로 다른 역할을 한 다양한 경험을 가진 중요한 인물들의 회고록이 대량으로 출간되고 있다.

문혁에 관해서는 양적으로나 질적으로 과잉이라고 할 수 있을 정도로 많은 자료들이 출간되었고 또 출간되고 있다. 그렇지만 시기적으로나 내용적으로 자료가 편향되어 있을 뿐만 아니라 많은 핵심 자료들에 대한 접근은 여전히 금지되어 있다. 고위층의 정치에 대한 많은 미스터리의 해답은 중앙당안관의 개방을 기다려야 할 것이다. 그러나 그 자료조차도 선별적이라고 할 수 있다.

문혁이 전사회적인 성격을 띠고 있고 전인민이 참가한 것이었다면, 문혁을 이해하기 위해서는 고위층의 정치뿐만 아니라 보통사람들의 다양한 경험을 이해할 필요가 있다. 스스로 기록을 남기지 못하는 보통사람들의 기억을 채록하고 수집하는 것은 문혁을 전면적으로 이해할 수 있는 중요한 전제라고 할 수 있다. 문혁의 주연들뿐만 아니라 많은 참가자들이 이미 역사 속으로 사라져 버렸으며 또 사라져 가고 있는 지금 그들의 기억을 복원하는 것은 시급한 일이라고 할 수 있다.

    마지막으로 첨언한다면, 한국은 중국의 연구자료 수집에 유리한 지리적 이점과 문화적 유사성이 있다. 문혁 연구가 중국에 대한 이해에 중요하다면, 우리의 그런 장점을 이용하여 문혁 자료에 대한 체계적 수집과 정리가 요구된다고 할 수 있다. 물론 이는 비단 문혁 연구만이 아니라 중국 연구의 전체 영역과 관련된 문제라고 할 수 있다.

참고문헌

김성곤. 1997. "문화대혁명에 대한 한국학계의 연구현황과 앞으로의 과제."『지역연구』 6-1.
김재관. 2004. "노동자 저항운동의 원인과 국가의 대응." 전성흥 편.『전환기의 중국 사회 II: 발전과 위기의 정치경제』. 오름.
딜릭, 아리프. 2005. 황동연 옮김.『포스트모더니티의 역사들』. 서울: 창비.
마이스너, 모리스. 2004.『마오의 중국과 그 이후(상, 하)』. 이산.
_____. 2005[1999]. 김수영 옮김.『마오쩌둥의 중국과 그 후』1, 2. 이산.
발리바르, 에티엔느. 1991. "마오: 스탈린주의의 내재적 비판?" 윤소영 엮음.『맑스주의의 역사』. 민맥.
백승욱. 2001.『중국의 노동자와 노동정책: '단위체제'의 해체』. 문학과 지성사.
_____. 2003. "중국 노동자계급의 분화와 동요."『진보평론』18호.
_____. 2007.『문화대혁명』. 살림.
윤택림. 2004.『질적 연구 방법론』. 아르케.
이희영. 2005. "사회학 방법론으로서의 생애사 재구성."『한국사회학』39(3).
장영석. 2002. "중국 국유기업 개혁과 노동관계의 변화."『한국사회학』36(3).
_____. 2005. "중국의 경제성장과 도시 실업문제."『한국과 국제정치』21(1).
장윤미. 2003. "개혁시기 중국의 노동자와 노동운동."『신아세아』10권 3호.
_____. 2005. "마오쩌둥 시기의 사회주의와 그 유산." 유세희 편.『현대중국정치론』. 서울: 박영사.
추이 즈위안. 2003. "마오쩌둥 문화대혁명 이론의 득과 실." 장영석 역.『중국은 어디로 가고 있는가?』. 파주: 창비.

甘 陽. 2007. "中國道路:三十年與六十年." 성균관대학교 동아학술원 동아시아 국제학술회의(3. 17).
高皐·嚴家其. 1986.『文化大革命十年史 1966~1976』. 天津: 天津人民出版社.
高文謙. 2003.『晚年周恩來』. 香港: 明鏡出版社.

高　華. "當代中國史史料的若干問題." www.gaohua.org/xsyj/000052.htm(검색일: 2005. 10. 31).

＿＿＿. 2000.『紅太陽是怎樣升起的: 延安整風運動的來龍去脈』. 香港: 中文大學出版社.

郭　建. 2007. "文化大革命, 世界六十年代與當代西方文化理論." 宋永毅.『文化大革命: 歷史眞想和集體記憶』上. 香港: 田園書屋.

郭德宏·王海光·韓鋼 主編. 2004.『中華人民共和國專題史稿 3卷 十年風雨』. 成都: 四川人民出版社.

郭德宏, 林小波. 2005.『四淸運動實錄』. 浙江人民出版社.

郭於華. 2003. "心靈的集體化: 陝北驥村農業合作化的女性記憶."『中國社會科學』第4期 第79~92頁.

邱新睦. 2003. "知識青年上山下鄕硏究綜述."『當代中國硏究』2003年 4期. www.chinayj.net/StubAticle.asp?issue=03041&total=83(검색일: 2006. 5. 14).

國家統計局綜合司 編. 1990.『全國各省, 自治區, 直轄市歷史統計資料彙編(1949~1989)』. 北京: 中國統計出版社.

金春明. 1995.『文化大革命史稿』. 成都: 四川人民出版社.

＿＿＿. 2000. "'兩個文革說'與'文化大革命'的定性硏究." 張化·蘇采靑 主編.『回首'文革'』. 北京: 中共黨史出版社.

老　田. "重慶文革口述史: 黃廉放談錄(修訂版)." http://www.wengewang.org/viewarticle.php?id=369(검색일: 2006. 2. 23).

盧　弘. 2006.『軍報內部消息: 文革親歷實錄』. 香港: 時代國際出版有限公司.

譚宗級·鄭謙. 1987.『十年后的評說: 文化大革命史論集』. 北京: 中共黨史資料出版社.

當代中國出版社 編輯部編. 1993.『當代中國的上海(上, 下)』. 北京: 當代中國出版社.

唐少傑. 2003.『一葉知秋: 淸華大學1968年「百日大武鬪」』. 香港: 中文大學出版社.

唐少杰. 2004. "文化大革命时期清华工宣队诸问题述评."『社会科学论坛』第11期.

德利克. 1996. "世界資本主義視野下的兩個文化革命."『二十一世紀』(香港). 總第37期.

圖們·祝東力. 1995.『康生與「內人黨」冤案』. 北京: 中共中央黨校出版社.

董國强. 2006. "大陸學界紅衛兵運動研究述評." 『二十一世紀(網絡版)』. 2006년 5기.
鄧力群. 2006. 『鄧力群自述: 十二個春秋』. 香港: 大風出版社.
魯禮安. 2005. 『仰天長嘯: 一個單監十一年的紅衛兵獄中籲天錄』. 香港: 中文大學
    出版社.
賴正維. 2006. "'文革'時期農民'造反'組織及其活動管窺." 『福建師範大學學報(哲學
    社會科學版)』. 2006年 4期.
廖其發. 2004. "當代中國學制改革的發展歷程與經驗教訓." 『南京曉庄學院學報』
    第2期.
劉建軍. 2000. 『單位中國: 社會調控體系重構中的個人, 組織與國家』. 天津人民出
    版社.
流 心. 2005. 『自我的他性——當代中國的自我系譜』. 常姝譯. 世界出版集團和上
    海人民出版社.
劉 曉. 2000. 『意識形態與文化大革命』. 臺北: 紅葉文化.
李 遜. 1996. 『大崩壞: 上海工人造反派興亡史』. 臺灣: 時報出版.
馬繼森. 2003. 『外交部文革紀實』. 香港: 中文大學出版社.
梅 俏. 2006. 『毛澤東的'珠峰'』. (2006年5月16日)出版.
毛澤東. 1977. 『毛澤東選集 五卷』. 北京: 人民出版社.
文匯報記者, 新華社記者. 1968. "從上海機床廠看培養工程技術人員的道路: 調査
    報告." 『紅旗』第2期.
潘 毅. 2005. "階級的失語與發聲――中國打工妹研究的一種理論視角." 『開放時
    代』第2期.
范達人. 1999. 『文革御筆沉浮錄: 梁效往事』. 香港: 明報.
范 碩. 1995. 『葉劍英1976(修訂本)』. 北京: 中共中央黨校出版社.
北京光華木材廠紅色造反者. 1967. "奪權以後." 『紅旗』. 第3期(총158기).
北京市革命委員會調査組. 1969. "毛主席建黨路線的光輝, 照亮了前進的道路: 北
    京化工三廠整黨調査報告." 『紅旗』第3, 4期(총141기).
北京第一機床廠工人黎新功. 1968. "技術大權我們工人掌定了." 『紅旗』. 第3期.
謝志紅. 2000. "毛澤東大民主觀的産生及其原因探析." 『湖南行政學院學報』第2期.
森尼特・理査德. 2006. 『幹擾記憶』. 載法拉・帕特森編・戶曉輝譯. 『記憶』. 華夏出

版社. 第2-17頁.
徐慶賢. 2005.『十年一夢』. 香港: 時代國際出版有限公司.
徐友漁. 1996a. "文化大革命中紅衛兵行爲動因的調査和分析."『中國社會科學季刊』第15期.
_____. 1996b. "西方學者對中國文革的研究." 劉青峰 編.『文化大革命: 史實與研究』. 香港: 中文大學出版社.
_____. 1999.『形形色色的造反: 紅衛兵情神素質的形成及演變』. 香港: 中文大學出版社.
_____. 2006. "文革研究從西方回到中國."『開放雜誌』2006年 5期. www.open.com.hk/2006_5p48.htm(검색일: 2006. 7. 20).
_____. 2007. "文革研究之一瞥." 宋永毅.『文化大革命: 歷史眞想和集體記憶』. 香港: 田園書屋.
舒 雲. 2006.『林彪事件完整調査』上, 下. 香港: 明鏡出版社.
席宣·金春明. 1996. "文化大革命"簡史』. 北京: 中共黨史出版社(이정남 외 옮김.『문화대혁명사』. 나무와 숲. 2000).
小嶋華津子. 2003. "プロレタリア文化大革命と勞動者." 國分良成 編著.『中國文化大革命再論』. 慶應義塾大學出版會.
宋如珊. 2002.『從傷痕文學到尋根文革: 文革後 十年的大陸文學流派』. 臺北: 秀威.
宋永毅·孫大進. 1997.『文化大革命和他的異端思潮』. 香港: 田園書屋.
宋永毅. 2006. "被掩藏的歷史: 劉少奇對'文革'的獨特貢獻."『當代中國研究』(www.chinayj.net) 2006年 3期(총94期).
_____ 主編. 2002.『文革大屠殺』. 香港: 開放雜誌社.
_____ 主編. 2007.『文化大革命: 歷史眞相和集體記憶(上, 下)』. 香港: 田園書屋.
沈如槐. 2004.『清華大學文革紀事: 一個紅衛兵領袖的自述』. 香港: 時代藝術出版社.
鞍山電業局工程師鄭代雨. 1970. "堅定地走同工人群衆相結合的道路."『紅旗』第1期.
楊東平. 2003a. "新中國十七年教育的基本特徵."『清華大學教育研究』第1期.
_____. 2003b.『艱難的日出: 中國現代教育的20世紀』. 上海: 文匯出版社.
楊鳳城. 1999. "評'文化大革命'前的兩次教育革命."『中共黨史研究』第2期.
楊志堅. 2004. "中國本科教育培養目標研究(之四): 中國本科教育培養目標的歷史

演進(1962~1998)." 『遼寧敎育硏究』 第8期.

楊曦光. 1994. 『牛鬼蛇神錄: 文革囚禁中的精靈』. 香港: 牛津大學出版社.

吳法憲. 2006. 『吳法憲回憶錄』 上, 下. 香港: 香港北星.

吳玉文. 1992. "建國40年敎育事業的回顧與思考." 『河南大學學報』 第32卷 第1期.

王年一. 1996. 『大動亂的年代(2版)』. 鄭州: 河南人民出版社.

_____. 2004. 『大動亂的年代』. 河南人民出版社.

_____. 2005. 『大動亂的年代』. 鄭州: 河南人民出版社.

汪東興. 1997. 『汪東興回憶: 毛澤東與林彪反革命集團的鬪爭』. 北京: 當代中國出版社.

王 力. 1993. 『現場歷史: 文化大革命紀事』. 香港: 牛津大學出版社.

_____. 2001. 『王力反思錄(王力遺稿)』 上, 下. 香港: 香港北星出版社.

王紹光. 1993. 『理性與瘋狂: 文化大革命中的群衆』. 香港: 牛津大學出版社.

_____. 1996. "拓展文革硏究的視野." 劉靑峰 編. 『文化大革命: 史實與硏究』. 香港: 中文大學出版社.

王若水. 2002. 『新發現的毛澤東: 僕人眼中的偉人』 上, 下. 香港: 明報出版社.

王年一. 2004. 『大動亂的年代』. 河南人民出版社(제2차 인쇄판).

王友琴. 2004. 『文革受難者: 關於迫害, 監禁與殺戮的尋訪實錄』. 香港: 開放雜誌社.

王海波. 1998. 『新中國工業經濟史(1949.10-1998)』. 太原: 山西經濟出版社.

袁 方. 1984. 『城市社會問題和城市社會學』. 『社會學與社會調査』 第1期.

袁振國. 1992. 『敎育改革論』. 南京: 江蘇敎育出版社.

劉國凱. 2006a. 『基層文革泥濘路』. 香港: 博大出版社.

_____. 2006b. 『廣州紅旗派的興亡』. 香港: 博大出版社.

_____. 2006c. 『人民文革論』. 香港: 博大出版社.

_____. 2006d. 『文化革命簡析』. 香港: 博大出版社.

_____. 2006e. "沒有文革史何來文革反思." Columbia University Symposium on Cultural Revolution. May

劉雪明. 2006. "1966~1976年我國個體私營經濟政策評述." 『當代中國史硏究』 2006年 3期.

李 剛. 2002. "1972~1976年間中國高等敎育的過渡性分析." 『社會科學硏究』 第5期.

李慶剛. 2002. "劉少奇兩種教育制度的內在邏輯."『天津大學學報』第2期.

伊 凡. 1968.『文革下的中共經濟』. 香港: 友聯研究所.

李 遜. 1995.『上海幫風雲』. 臺北: 業强出版社.

_____. 1996.『大崩壞: 上海工人造反興亡史』. 臺北: 時報文化.

_____. 2006. "工人階級領導一切?" Columbia University Symposium on Cultural Revolution. May.

李 銳. 1999.『毛澤東的晚年悲劇』. 海口: 南方出版社.

李洪林. 1999.『中國思想運動史(1949~1989)』. 香港: 天地圖書.

張建新. 1997. "毛澤東非制度化教育思想探析."『湘潭師範學院學報』第1期.

張梅華. 1971. "培養工人階級的技術隊伍."『紅旗』2期.

張化·蘇采青 主編. 2000.『回首文革: 中國十年文革分析與反思』上,下. 北京: 中共黨史出版社.

張 化. 2004.『鄧小平與1975年的中國』. 北京: 中共黨史出版社.

丁 鋼. 1996.『中國敎育的國際研究』. 上海: 上海教育出版社.

鄭 謙. 1999.『被"革命"的敎育』. 北京: 中國靑年出版社.

鄭光路. 2006a.『文革武鬥: 文化大革命時期中國社會之特殊內戰』. Paramus, NJ: 美國海馬圖書出版公司.

_____. 2006b.『文革文鬭: 文化大革命時期中國文化之喧囂怪狀』. Paramus, NJ: 美國海馬圖書出版公司.

丁 抒. 2006. "毛澤東'文革'初期在軍內的部署與葉劍英的崛起."『當代中國研究』 (www.chinayj.net) 2006年 3期(총94期).

丁龍嘉·聽雨. 1999.『康生與"趙健民冤案"』. 北京: 人民出版社.

程中原·夏杏珍. 2003.『歷史轉折的前奏: 鄧小平在1975』. 北京: 中國青年出版社.

程晉寬. 2001.『"教育革命"的歷史考察: 1966~1976』. 福州: 福建教育出版社.

周江平. 2004. "全面建設社會主義時期'半工(農)半讀'教育述評."『湘潭師範學院學報』第6期.

周 原. 2007. "文革研究的史料和史料學概述." 宋永毅 主編.『文化大革命: 歷史眞想和集體記憶』. 香港: 田園書屋.

周倫佐. 2006.『「文革」造反派眞相』. 香港: 田園書屋.

周全華. 1999.『"文化大革命"中的"教育革命"』. 廣州: 廣東教育出版社.
中共研究雜誌社編輯部. 1973.『中共文化大革命重要文件彙編』. 臺北: 中共研究雜誌社.
中共組織史資料中央編纂領導小組. 2001. "卷帙浩繁鑒往知來: 中共組織史資料編纂出版述實."『中共黨史研究』. 2001年 2期.
中國共產黨上海機床廠委員會副書記張梅華. 1971. "培養工人階級的技術隊伍."『紅旗』第2期.
中國勞動人事年鑑編輯部. 1989.『中國勞動人事年鑑(1949. 10~1987)』. 勞動人事出版社.
中國社會科學院圖書館地方誌所藏中心 編. 2002.『中國社會科學院圖書館新方誌總目』. 長春: 吉林文史出版社.
中國人民解放軍·國防大學黨史黨建政工教研室. 1988.『文化大革命研究資料』上中下册. 北京. 내부출판.
中宣部·新聞出版署. 1988. "關于出版文化大革命圖書問題的若干規定."『華夏文摘 增刊 文革博物館通訊』120. http://museums.cnd.org/CR/ZK02/ cr120. hz8.htm(검색일: 2005. 10. 31).
中央教育科學研究所. 1984.『中華人民共和國教育大事記(1949~1982)』. 北京: 教育科學出版社
亓冰峰. 2003. "健全民族的記憶: 文革研究資料編印記實."『華夏文摘增刊文革博物館通訊』160. www.cnd.org/CR/ZK03/cr160.hz8.html(검색일: 2006. 5. 11).
陳東林. 2000a. "七十年代前期的中國第二次對外引進高潮." 張化·蘇采青.『回首"文革": 中國十年文革分析與反思』. 北京: 中央黨史出版社.
_____. 2000b. "文革群衆組織報刊硏究." www.usc.cuhk.edu.hk/wk_wzdetails. asp?id=58(검색일: 2005. 11. 4).
陳伯達. 2000.『陳伯達遺稿: 獄中自述及其他』. 香港: 天地圖書.
陳丕顯. 2005.『陳丕顯回憶錄: 在「一月風暴」的中心』. 香港: 三聯書店.
陳益南. 2006.『青春無痕: 一個造反派工人的十年文革』. 香港: 中文大學出版社
陳 迹. 1960. "十年如一日: 北京市第一機床廠的職工業余教育."『紅旗』. 第16期.
陳曉農. 2005.『陳伯達最後口述回憶』. 香港: 陽光環球出版香港有限公司.

廠史編輯室. 1986. 『北京電子管廠史』.

倉修良. 2003. 『方志學通論(修訂本)』. 北京: 方志出版社.

靑野·方雷. 1993a. 『鄧小平在1976: 天安門事件』. 沈陽: 春風文藝出版社.

_____. 1993b. 『鄧小平在1976: 懷仁堂事變』. 沈陽: 春風文藝出版社.

佟 新. 2006. "連續的社會主義文化傳統 – 一起國有企業工人集體行動的個案分析." 『社會學研究』 2006年 第1期.

彭澤平. 2005a. "1958~1965年我國基礎教育課程改革的重新考察與評價." 『東北師大學報』 第2期.

_____. 2005b. "智識厄運與制度悲劇: 文革時期我國基礎教育課程革命的歷史省察." 『西北師大學報』 第4期.

河北省革命委員會. 1970. 邯鄲地區革命委員會, 邯鄲市革命委員會 聯合調査. "'三結合'的技術革新小組好: 河北邯鄲市漢光機械廠的調查報告." 『紅旗』 第7期.

何 蜀. 2002. "對'文化大革命'歷史分期的思考." 『華夏文摘增刊 文革博物館通訊』 153(12月 2日). http://www.cnd.org/HXWZ/ZK02/zk316.gb.html(검색일: 2007. 2. 9).

郝 建 編. 2006. 『文革四十年祭: 2006北京文化大革命研討會全記錄』. Fort Worth, Texas: 溪流出版社.

郝在今. 2006. 『'文革'前史』. 香港: 利文出版社.

韓德強. 2003. "五十年, 三十年和二十年." 公羊 主編. 『思潮: 中國'新左派'及其影向』. 北京: 中國社會科學出版社.

許子東. 2000. 『當代小說與集體記憶: 敍述文革』. 臺北: 麥田.

曉 明. 2006. 『廣西文革痛史鉤沉』. 香港: 新世紀出版社.

『光明日報』

『遼寧日報』

『人民敎育』

『人民日報』

『紅旗』

1967. "革命統帥生産: 山西省軍某部協同太原第一熱電廠無産階級革命派管理工業的基本經驗." 『紅旗』 第5期(총292기).

1971. "淸華大學工農兵學員和敎員談敎育革命的體會." 『紅旗』1971年 第6期.
1984. "上海機床黨委決定徹底否定'文革產物'七·二一調查報告." 『光明日報』(1984년 4월 14일).
"中共中央,國務院關于改革高等學校招生工作的通知"(1966.7.24). 中國人民解放軍國防大學黨史黨建政工敎硏室. 『"文化大革命"硏究資料(上冊)』(1988年. 내부출판).
Walder, Andrew. 1996. 『共產黨社會的新傳統主義』. 龔小夏譯. 牛津大學出版社(香港).
[美]米德·喬治. 1992. 『心靈·自我與社會』. 趙月瑟譯. 上海譯文出版社.
[美]賀蕭. 『危險的愉況-20世紀上海的娼妓問題與現代性』. 韓敏中·盛寧譯. 江蘇人民出版社. 2003年. 第343頁.
[法]哈布瓦赫·莫裏斯. 2002. 『論集體記憶』. 畢然·郭金華譯. 上海人民出版社.
[英]霍布斯鮑姆·艾瑞克. 1999. 『帝國的時代』. 賈士衡譯. 江蘇人民出版社.
[英]湯普森. 2001. 『英國工人的形成』. 錢乘旦等譯. 譯林出版社.

An, Pyong-jun. 1976. *Chinese Politics and the Cultural Revolution: Dynamics of Policy Process*. Seattle: University of Washington Press.

Andors, Stephen. 1977. *China's Industrial Revolution: Politics, Planning, and Management, 1949 to the Present*. Pantheon Books.

Andreas, Joel. 2004. "Leveling the Little Pagoda: The Impact of College Examinations, and Their Elimination, on Rural Education in China." *Comparative Education Review*. Vol.48. No.1.

Badiou, Alain. 2005. "The Cultural Revolution: The Last Revolution?" *Positions* 13(3).

Bettelheim, Charles. 1974. *Cultural Revolution and Industrial Organization in China*. Monthly Review Press.

Blecher, Marc J. 2002. "Hegemony and Workers' Polotics in China." *The China Quarterly*, No.170.

Brugger, Bill. 1978. "Introduction: The Historical Perspective." Bill Brugger(ed.). *China: The Impact of the Cultural Revolution*. Croom Helm.

Cai, Yongshun. 2002. "The Resistance of Chinese Laid-off Workers in the Reform Period." *The China Quarterly*, No.170.

Calhoun, Craig and Jeffrey N. Wasserstrom. 2003. "The Cultural Revolution and the Democratic Movement of 1989: Complexity in Historical Connections." Kam-yee Law, ed, *The Chinese Cultural Revolution Reconsidered: Beyond Purge and Holocaust.* Hampshire: Palgrave.

Carr, D. 1986. *Time, Narrative, and History: An Essay in the Philosophy of history.* Bloomington: Indiana University.

Chang, Tony. 1999. C*hina During the Cultural Revolution, 1966-1976: A Selected Bibliography of English Language Works.* Westport: Greenwood Press.

Chen, Feng. 2003. "Industrial Restructuring and Workers' Resistance in China." *Modern China* 29(2).

_____. 2007. "Individual rights and collective rights: Labor's predicament in China." *Communist and Post-Communist Studies* 40(1).

Chong, Woei Lien ed. 2003. C*hina's Great Proletarian Cultural Revolution: Master Narratives and Post-Mao Counternarratives.* Lanham: Rowman & Littlefield Pulblishers, Inc.

Dittmer, Lowell. 1990. "Book Review: Politic of Chaos; The Organizational Causes of Violence in China's Cultural Revolution; Agrarian Radicalism in China, 1968-1981." *American Political Science Review*, Vol. 84-3, pp. 1049-1050.

_____. 1991. "Learning from Trauma: The Cultural Revolution in Post-Mao Politics." in William A. Joseph, Christine P. W. Wong, and David Zweig (eds.). *New Perspectives on the Cultural Revolution.* Cambridge: Harvard University Press.

_____. 1998. *Liu Shaoqi and the Chinese Cultural Revolution*(revised edition). Armonk: M.E. Sharpe.

Dongping, Han. 2000a. *The Unknown Cultural Revolution: Education Reforms and Their Impact on China's Rural Development.* New York: Garland.

_____. 2000b. "Impact of the Cultural Revolution on Rural Education and Economic

Development: The Case of Jimo County." *Modern China*. October.

Esherick, Joseph W., Paul G. Pickowicz and Andrew G. Walder eds. 2006a. *The Chinese Cultural Revolution as History*. Stanford: Stanford University Press.

Foster, Keith. 1990. *Rebellion and Factionalism in a Chinese Province: Zhejiang, 1966~1976*. Armonk: M.E. Sharpe.

Fraser, Stewart ed. 1965. *Chinese Communist Education: Records of the First Decade*. New York: John Wiley.

Gao, Mobo. 1999. *Gao Village: Rural Life in Modern China*. London: Hurst & Co.

Hawkins, John N. 1974. *Mao Tse-tung and Education: His Thought and Teachings*. Hamden, Conn: Shoe String Press.

He, Jiangsui. 2006, "The Death of a Landlord: Moral Predicament in Rural China, 1968~1969." Esherick, Joseph W., Paul G. Pickowicz and Andrew G. Walder (eds.). *The Chinese Cultural Revolution as History*. Stanford: Stanford University Press.

Howe, Christopher. 1980. "Labor Organization and Incentives in Industry, Before and After the Cultural Revolution." Stuart R. Schram(ed.). *Authority Participation and Cultural Change in China: Essays by European Study Group*. Cambridge University Press.

Hurst, William and Kevin J. O'Brien. 2002. "China's Contentious Pensioners." *The China Quarterly*, No.170.

Jackson, Sukhan. 1992. *Chinese Enterprise Management Reforms in Economic Perspective*. Walter de Gruyter.

Jin, Qiu(金秋). 1999. *The Culture of Power: The Lin Biao Incident in the Cultural Revolution*. Stanford University Press.

Joseph, William A., Christine P. W. Wong, and David Zweig eds. 1991. *New Perspectives on the Cultural Revolution*. Cambridge: Harvard University Press.

Kwong, Julia. 1979. *Chinese Education in Transition: Prelude to the Culture Revolution*. McGill-Queen's University Press.

Lü, Xiaobo and Elizabeth J. Perry eds. 1997. *Danwei: the Changing Chinese Workplace in Historical and Comparative Perspective*. M.E. Sharpe.

Law, Kam-yee ed. 2003. *The Chinese Cultural Revolution Reconsidered: Beyond Purge and Holocaust*. Hampshire: Palgrave.

Lee, Ching Kwan. 2002. "From the Specter of Mao to the Spirit of the Law: Labor Insurgency in China." *Theory and Society* no. 31.

Lee, Hong Yung. 1978. *The Politics of the Chinese Cultural Revolution: A Case Study*. University of California Press.

_____. 1991. *From Revolutionary Cadres to Party Technocrats in Socialist China*. Berkeley: University of California Press.

Li lixu. 2001. "The Influence of the soviet educational model on the education of P.R.China." *Asia Pacific Education Review*. Vol.2. NO.2.

Lubell, Pamela. 2002. *The Chinese Communist Party During the Cultural Revolution: The Case of the Sixty-One Renegades*. Palgrave Macmillan.

Lupher, Mark. 2003, "The Cultural Revolution and the Origins of Post-Mao- Reform." in Kam-yee Law, ed, *The Chinese Cultural Revolution Reconsidered: Beyond Purge and Holocaust*. London: Palgrave.

MacFarquhar, Roderick and Michael Schoenhals. 2006. *Mao's Last Revolution*, Cambridge: The Belknap Press of Harvard University Press.

MacFarquhar, Roderick and John K. Fairbank, eds. 1991. *The People's Republic, Part 2: Revolutions within the Chinese Revolution 1966-1982* (*The Cambridge History of China* vol. 15). Cambridge: Cambridge University Press.

MacFarquhar, Roderick. 1974. *The Origins of the Cultural Revolution: 1 Contradictions among the People 1956-1957*. New York: Columbia University Press.

Pepper, Suzanne. 1978. "Education and Revolution: The 'Chinese Model' Revisited." *Asian Survey* 18, no. 9.

Pepper, Suzanne. 1990. *China's Educational Reform in the 1980s: Policies, Issues and Historical Perspectives*. The Regents of the University of California.

_____. 1996. *Radicalism and Education Reform in Twentieth-Century China: The*

Search for an Ideal Development Model. Cambridge: Cambridge University Press.

Perry, Elizabeth J. and Li Xun. 2003. "Revolutionary Rudeness: The language of Red Guards and rebel workers in China's Cultural Revolution." in Jeffrey N. Wasserstrom(ed.). *Twentieth-Century China: New Approaches*. London and New York: Routledge.

Perry, Elizabeth J. 2003. "'To Rebel is Justified': Cultural Revolution Influences on Contemporary Chinese Protest." Kam-yee Law, ed,, *The Chinese Cultural Revolution Reconsidered: Beyond Purge and Holocaust*. Hampshire: Palgrave.

Perry, Elizabeth J. and Li Xun. 1997. *Proletarian Power: Shanghai in the Cultural Revolution*. Boulder: Westview.

Price, F. 1970. *Education in Communist China*. London: Routledge and Kegan Paul; 이종태 역. 1987.『현대 중국의 교육』. 서울: 평민사.

Robert D. Barendsen. 1975. *The Educational Revolution in China*. Washington, D.C.: U.S. Government Printing Office.

Ruth Gamberg. 1977. *Red and Expert: Educaton in the People's Republic of China*. New York: Schocken Books.

Schurmann, Franz. 1968. *Ideology and Organization in Communist China*. University of California Press.

Solinger, Dorothy. 2002. "Labour Market Reform and the Plight of the Laid-off Proletariat." *The China Quarterly* No.170, 2002.

_____. 2003. "Chinese Urban Jobs and the WTO." *The China Journal* No.49.

Song, Yongyi and Dajin Sun. 1998. *The Cultural Revolution: A Bibliography, 1966~1996*. Cambridge: Harvard-Yenching Library.

Stewart Fraser, John N. Hawkins. 1972. *Chinese Education: Revolution and Development*. Phi Delta Kappan.

Su, Yang, 2006. "Mass Killings in the Cultural Revolution: A Study of Three Provinces." Esherick, Joseph W., Paul G. Pickowicz and Andrew G. Walder eds. *The Chinese Cultural Revolution as History.* Stanford: Stanford University Press.

Teiwes, Frederick C., Warren Sun. 1996. *The Tragedy of Lin Biao: Riding the Tiger During the Cultural Revolution 1966~1971.* University of Hawaii Press.

Teiwes, Frederick, Warren Sun. 2007. *The End of the Maoist Era: Chinese Politics During the Twilight of the Cultural Revolution, 1972~1976.* Armonk: M. E. Sharpe.

Teiwes, Frederick. 1984. *Leaders, Legitimacy, and Conflict in China: From a Charismatic Mao to the Politics of Succession.* Armonk: M. E. Sharpe.

Theodore, Hsi-en Chen. 1981. *Chinese Education since 1949: Academic and Revolutionay Models.* New York: Pergaman.

Tsou, Tang. 1986. *The Cultural Revolution and Post-Mao Reforms: A Historical Perspective.* Chicago and London: The University of Chicago Press.

Unger, Jonathan. 1982. Educational under Mao: Class and Competition in Canton Schools, 1960~1980. Columbia University Press.

Walder, Andrew. 2002. "Beijing Red Guard Factionalism: Social Interpretations Reconsidered." *The Journal of Asian Studies,* May.

_____. 2004. "Tan Lifu: A 'Reactionary' Red Guard in Historical Perspective." *The China Quarterly,* Dec vol. 180.

Watson, Andrew. 1978. "Industrial Management: Experiments in Mass Participation." in Bill Brugger ed. *China: The Impact of the Cultural Revolution.* Croom Helm.

White III, Linn T. 1991. "The Cultural Revolution as an Unintended Result of Administrative Policies." in William A. Joseph, Christine P. W. Wong, and David Zweig eds. *New Perspectives on the Cultural Revolution.* Cambridge: Harvard University Press.

White, Gordon. 1981. "Higher Education and Social Redistribution in a Socialist Society: The Chinese Case." *World Development* 9. no.2.

Won, Jaeyoun. 2004. "Withering Away of the Iron Rice Bowl?: The Reeemploy -ment

Project of Post-Socialist China." *Studies in Comparative International Development* 39(2).

Wong, Christine P. W. 1991. "The Maoist 'Model' Reconsidered: Local Self-Reliance and the Financing of Rural Industrialization." in William A. Joseph, Christine P. W. Wong, and David Zweig eds. *New Perspectives on the Cultural Revolution*. Cambridge: Harvard University Press.

_____. 2003. "Legacies of the Maoist Development Strategy: Rural Industrialization in China from the 1970s to the 1990s," in Kam-yee Law. ed. *The Chinese Cultural Revolution Reconsidered: Beyond Purge and Holocaust*. London: Palgrave.